Ankerbuchten in den ostschwedischen Schären

Von Utklippan bis Stockholm und im Mälaren

nach den Reisen des „Rasmus von Cochem“

von Dr. Wido und Beate Parczyk

Impressum

ISBN	3-7702-0528-6
Copyright ©:	Dr. Wido Parczyk, Cochem im Eigenverlag
Fotos:	Dr. Wido Parczyk, Dr. Fritz Barich (1), Timm Schroeder (1), Klaus Weimann (1)
Seekarten:	Sjöfartsverket, Norrköping, Schweden
Satz:	Peter Sesterhenn, Kaisersesch
Lithographie:	Reprotechnik Schenke GmbH, Koblenz
Druck:	kölner medien fabrik, Farbo Druck & Grafik Team
Buchbinderei:	Werner Berenbrock, Wuppertal-Barmen
Vertrieb:	Eckardt & Messtorff GmbH, Hamburg Telefon 0 40-3 74 84 20 Telefax 0 40-37 30 28

Die Windstatistiken und die Strömungskarten sind mit freundlicher Genehmigung angelehnt an die entsprechenden Karten aus
Küstenhandbuch Schweden 2, Kullen - Kråkelund, Öland und Gotland, Seite 14 - 16 und
Küstenhandbuch Schweden 3, Kråkelund - Eggegrund, Seite 18 - 21,
beide erschienen in
Edition Maritim, Hamburg 1989 und 1990

Gewidmet meinem
Vater, der mir sein Weltbild vermacht hat
„Fritz“, Prof. Dr. phil. Friedrich Schöneich †
Dr. med. Ruppert König †
Prof. Dr. med. Dietmar Gericke
unseren Kindern Tim und Nik,
damit sie unsere Fahrten nachvollziehen können,

und ganz besonders Mutti,
die immer Angst um uns hatte.

Inhaltsverzeichnis:

Zum Buch 7
Vorwort 9
In die Schären segeln 11
Distanzen in Seemeilen von Kiel 14

Navigatorische Informationen
An- und Abreiserouten 15
Die Steine in den Schären 17
Ankern in den Schären 19
Wetter 21
Vorhersagen, Sender, Frequenzen und Zeiten 22
– Schwedische Unterhaltungsprogramme auf UKW und Mittelwelle 22
– Deutsche Unterhaltungsprog. auf Kurz-, Mittel- und Langwelle 23
– Schwedische Küstenfunkstationen auf UKW, Seefunkfrequenzen 24
Vorhersagegebiete 24
Übersichtskarte der Küstenfunkstationen Schwedens,
Dänemarks, der BRD 25
Windstatistiken Mai, Juli, September 26
Strömungskarte 29

Allgemeines über Schweden
Die Landschaft und ihre Entstehung 30
Stichworte zur Geschichte Schwedens 32
– Erstbesiedlung, die Svear und Goten 32
– Die Wikinger 33
– Die Hanse 34
– Die Union von Kalmar 34
– Schweden als Großmacht 35
– Das 18. Jahrhundert, ein Jahrhundert der Aufklärung 36
– Der Hintergrund für Verdis Oper „Ein Maskenball“ 36
– Bernadotte, ein Franzose als schwedischer König 37
– Das 19. Jahrhundert, Schwedens Weg zum Industrie- und Sozialstaat 37
Die Schweden 39
Die Schweden und ihre Touristen 42
Feiertage 42
Das Allemansrecht, ein „Outdoor“-Knigge 44
Sperrgebiete und Naturschutz 45
Einreisebestimmungen 45
Die Einreise mit Tieren 45
Impfungen 46
Zoll 46

Geschäftszeiten	47
Chartermöglichkeiten	47

Pilotteil

Bootssportkarte Serie F

	Karte No	
Utklippan	821 SE	49
Torhamn	819 SW und 621 NE	51
Kristianopel	713 SW	53
Kalmar	713 NE, 712 NW, 712 SW und 712 SE	55
Fläskö und Solberganäset	6241 S	58
Figeholm	6241 N	59
Rågholmen und Fågelö in Figeholms Skärgård	6241 N	62

Bootssportkarte Serie C

	Karte No	
Figeholm und Rågholmen	6241 N	62
Kråkelunds Lotshus	624 NW	66
Orrholmen	624 NW	69
Käringskäret und Äspklubben	624 NW	71
Klintemåla und sein Skärgård	624 NW	74
Vippholmen	624 NW	76
Spårö, Päronholmen, Katsholmarna, Glohalsen	6231 W	80
Krokö	6231 W	84
Mjödö	6231 W	86
Västervik	6231 W	89
Södra Malmö	623 NW und 623 NE	92
Smedviken auf Vinökalv	623 NW	95
Slipholmen, Konvaljeholmen	623 NE	99
Kålmålsö	623 NE	102
Kårö, Båtsviken und Lotsskackelshamn	623 NE	105
Trollholmen, Kolmosö	622 SW	109
Långviken	622 SW	111
Lilla Ålö	622 SW	113
Stora Kalvholmen	622 SW	117
Drottningsviken bei Fyrudden	622 SW	121

	Karte No	
Finnhamn, zwischen Lindholmen und Fångö	622 SW	123
Kättilö	622 SW	124
Gubbön, West- und Südbucht	622 NE	126
Harstena, Hafen und Lagune	622 NE	130
Håskö, die Nordbuchten	622 NE	138
Håskö, die Westbucht	622 NE	142
Håskö, die Südostbucht	622 NE	143
Väggö	622 NE	146
Missjö	622 NE	149
Kupa Klint	622 NE	152
Lövö	622 NE	157
Yttre ön und Verkholm	621 SW und 622 NE	159
Risö, Äspholm und Vrångö	621 SW und 622 NE	162
Ormöarna	621 SW und 622 NE	165
Die Tonne Kejsaren	621 SW	165
Marö Kupa	621 SW	169
Gottenvik	621 SW	171
Lundasund	621 NW	174
Svartsskogskär	621 NW	176
Hasselö Bergö	6211 SW	180
Lilla Trässö	6211 SW	181
Nyköping	6211 NW	185
Långskär	6211 NW	189
Romholmen	6211 NW	191
Broken	6211 NE	192
Sackholmen	6211 NE	194
Aspö und Stora Krokholmen im Stendörren	6173 SW	196
Vasskroksholmarna bei Stendörren	6137 SW	198
Örnklubbarna, die Garage	6137 SW	201
Klovskär, Granholmen und Hasselklubbarna	6173 SW	202
Ringsön	6173 SW	206
Hökö	6173 NE	211
Trosa	6173 NE	213
Hänöbucht	6173 NE	220
Fifong	6172 NE	221
Fifongs Sörviken	6172 NW	224
Björnö	6172 NW	225
Stora und Lilla Arkholmen	6172 NW	228
Stora und Lilla Grönsö	6172 NW	230

	Karte No	
Lacka	616 SW	232
Rånö mit Rånöhamn und Hjortholmen	616 SW	235
Kyrkviken auf Utö und Südhafen Utö	616 SW	239
Dalarö	6161 W	244
Smådalarö	6145 SW	246
Ornö mit Ornöhuvud, Torviken und Söderviken	6161 E	248
Kymmendö: Persholmen und Huvudholmen	6161 E	250
Kymmendö Söderviken	6161 E	251
Ägnö: Napoleonsviken und Kälkviken	6145 NW	255
Svenska Högarna	613 SE	261
Sandhamn	615 NW u. 6144 NE	265
Lökholmen	615 NW u. 6144 NE	266
Kroksö, Ostkobben	615 NW u. 6144 NE	267
Södra Björkösundet	615 NW u. 6144 NE	269
Norra Björkösundet	615 NW u. 6144 NE	269
Stockholm, Wasahafen und Navishamn	6142 SW	270

Auf dem Mälaren	Karte Mälaren Östra Delen 111	276
Björkö im Mälarsee	Karte Mälaren Östra Delen 111	277
Mariefred	Karte Mälaren Östra Delen 111	280
Lövnäsviken	Karte Mälaren Östra Delen 111	285
Storsand	Karte Mälaren Östra Delen 111	287
Strängnäs	Karte Mälaren Östra Delen 111	288

Stichworte zu Schiff und Crew 292
Zur Person 295

Index 296

Der Autor haftet nicht für Irrtümer, Fehler oder Weglassen. Der Text und die Zeichnungen dienen nur zur Orientierung und nicht zur Navigation. Sie können keine See- oder Bootssportkarten und andere offizielle Veröffentlichungen ersetzen.

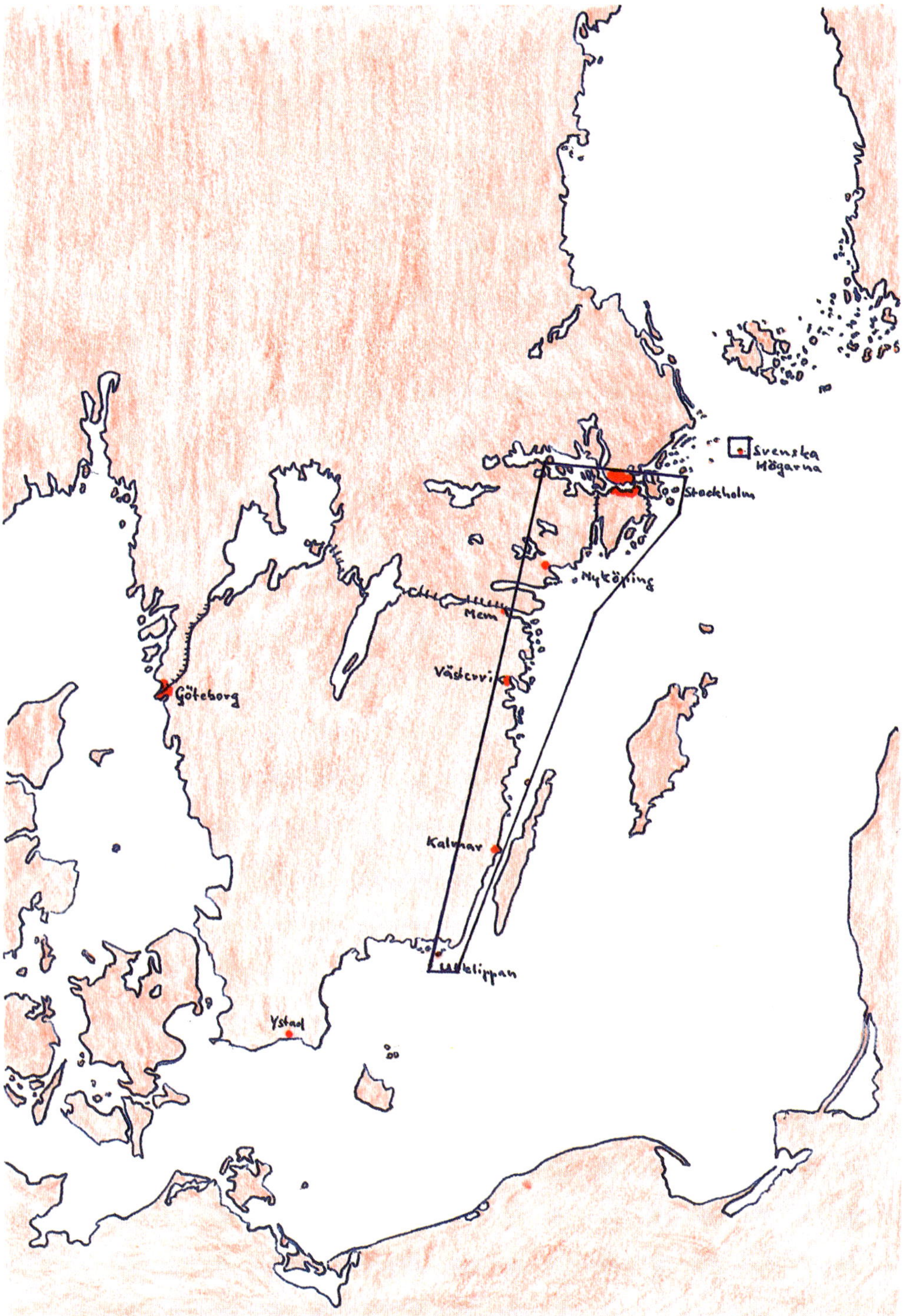

Das Buch beschreibt das eingerahmte Revier

Zum Buch

Das Buch führt durch den Schärengarten der Ostküste von Süd nach Nord, beginnend bei Utklippan. Dabei folgt es der Route, auf der wohl die meisten Segler lang segeln werden. Neben den Ankerplätzen sind auch einige Häfen erwähnt, die entweder für die Versorgung notwendig oder nützlich sind oder besondere Attraktionen aufzuweisen haben, wie z.B. Steinzeichnungen.

Zu den Skizzen in diesem Buch hier einige Erklärungen:

Die Maßstäbe der Skizzen variieren von Platz zu Platz entsprechend den Bedürfnissen.
Die Entfernungen sind in Metern angegeben.
Die Pfeile deuten auf Ankerplätze am Fels hin.
Manchmal sind Ringe vorhanden, die als Punkte an Land eingezeichnet sind.
Bojen sind als kleine Kreise eingezeichnet.
Starkstromleitungen sind mit dem Blitzzeichen bezeichnet,
Telefonleitungen mit Tk.
Ansonsten entsprechen die Zeichen den in den Seekarten üblichen.

VDO Marine zeigt uns die Richtung,
die Geschwindigkeit und den
Unterschied zur Geschwindigkeit vorher,
den scheinbaren Wind und die -geschwindigkeit
und den scheinbaren Wind noch einmal ganz genau,
die Wassertiefe,
den Wasservorrat
und den Dieselvorrat
– und sieht gut aus.

VDO KIENZLE

Vorwort

Als wir vor 13 Jahren das erste Mal nach Schweden segelten, wußten wir noch nicht, daß es der Anfang einer Liebe werden würde, die viele Höhepunkte, aber auch Enttäuschungen bereithalten sollte. Die Höhepunkte waren vor allem Begegnungen mit Menschen, deren Sprache wir anfangs nicht verstanden, aber auch die eindrucksvollen Erlebnisse in der Schärenwelt.

Zu diesen wundervollen Erlebnissen haben uns im wesentlichen schwedische Segler verholfen, die wir unterwegs trafen und mit denen wir Erfahrungen und Tips austauschten oder von denen wir getröstet wurden, wenn wir gerade wieder mal unerfreuliche Begegnungen mit Einheimischen gehabt hatten.

Besonders geholfen haben uns die Gespräche mit den Drs. Folke und Anne Westling aus Stockholm, die uns den Zugang in die Schärenwelt verschafften, die Freundschaft mit Jonny Emanuelsson aus Figeholm, der uns einige Plätze in den Schären empfahl und beschrieb und uns auch Harstena erschloß, und Lennart Wennersten vom Sjöfartsverket in Norrköpping, der uns ermutigte, das Manuskript zu veröffentlichen und uns weitere Ankerplätze, wie z.B. Kupa Klint, empfahl. Dank gebührt auch dem Pfarrer von Trosa, der uns für die Geschichte dieser Stadt begeisterte und geschichtliche Zusammenhänge mit Anekdoten erhellte. Aber auch den finnischen Seglern Frederik und Lena Ekström, die uns unter anderem auch die Geschichte vom Slippen ihres Ankers in Sandham erzählten und uns damit halfen, das miese Erlebnis, das wir da hatten, nicht mehr als charakteristisch für diesen Hafen anzusehen.

Ganz besonderer Dank aber gebührt meiner Frau Beate, die bei uns an Bord nicht nur die Navigation sehr sorgfältig erledigt, sondern mich auch noch dazu während aller Törns – nicht ganz uneigennützig – aufs genüßlichste mit täglich frischem Brot und anderen Leckereien verwöhnt und mit ihrer unendlichen Geduld und sachkundigen Hilfe sowohl an Bord als auch zu Hause dieses Buch erst ermöglicht hat.

Eigentlich sollte es ja bei einem großen Verlag erscheinen, der aber aus Kostengründen die Handskizzen am liebsten weglassen – und, wenn überhaupt, dann Schwarz/Weiß drucken wollte. Das aber entsprach absolut nicht unseren Vorstellungen. Deswegen trennten wir uns von dem Verlag und produzieren das Buch selbst, um die von uns gewünschte Qualität zu sichern.

Das bezieht sich nicht nur auf den Inhalt, sondern auch auf die Verpackung, d.h. den Einband des Buches, der auch der im Cockpit herrschenden Feuchtigkeit widerstehen und nach mehrjährigem Gebrauch das Buch immer noch zusammenhalten soll.

Aber all diese Vorstellungen kosten viel mehr Geld, als wir aufzubringen in der Lage waren. Deswegen sprachen wir die Firmen an, von deren Produkten wir überzeugt und mit denen wir in den letzten Jahren gesegelt sind, um über die Werbung einen Teil der Kosten aufzufangen und die Finanzierbarkeit zu sichern. Daher erscheint das Buch nun mit Werbung.

Im September 1997

Dr. Wido Parczyk

In die Schären segeln

Dicker Nebel schwabbert um uns herum. Es ist Anfang Juni und der zweite Morgen auf unserer Reise nach Schweden. Ich wecke Beate, meine allerbeste Navigatorin und wir beschließen, um die Ecke in die Hanöbucht zu laufen, weil das wohl sicherer ist als zwischen den Fähren nach Ystad zu segeln, – und dabei können wir diese riesigen Schiffe ja nicht einmal zeitig genug sehen. Wir bleiben also auf Kurs und erleben, als erst einmal der Nebel weggeblasen ist, einen wunderschönen Sonnentag.

Wir sind schon an anderen Küsten gesegelt – über den großen Teich in die Karibik oder auch entlang der englischen Küste – aber egal wo wir waren, immer haben wir uns hierher zurückgesehnt. Und so segeln wir jetzt schon viele Jahre zu zweit um und in Schweden und haben anfangs mit sehnsüchtigen Blicken die Masten hinter den Schären gesehen, ohne zu wissen, wie wir da wohl hinkämen. In diesen Jahren haben wir es immer wieder probiert, sind immer wieder auf Steine aufgelaufen und es vergeht auch jetzt noch fast kein Jahr, ohne daß wir unseren Kiel etwas beschädigen.

Das passiert aber beileibe nicht nur uns. Als ich wegen des Copyrights über die schwedische Botschaft einen Kontakt zum Sjöfartsverket suchte, erzählte mir der Botschafter vom Segeln in den Schären. – Bis er auf den Punkt kam: Wer hier segelt und wirklich den Eingang zu den kleinen Buchten sucht, läuft zwangsläufig irgendwann einmal auf Grund. – Auch er!

Vor einigen Jahren trafen wir einen Schweden, der uns von einem Buch erzählte, das uns zu den ersehnten Plätzen führen könnte. Von da an ging es aufwärts und wir wurden immer mutiger – so mutig, daß wir uns heute auch an unverzeichnete Ankerplätze heranpirschen. Dabei haben wir gelernt, das Wasser zu lesen, d.h., wir beobachten, seit wir auch abseits der Prickenwege segeln, viel genauer die Wasserfarbe, Wellenbildung, Tiere und Pflanzen, um auf die Beschaffenheit und Form des Grundes Rückschlüsse zu ziehen.

Wir benutzen die schwedischen Bootssportkarten sowie das schwedische Küstenhandbuch, paralell dazu das DSV Hafenhandbuch und den Yachtpilot. Die beschriebenen Ankerplätze sind in dem Kartensatz Båtssportkort Serie F Oskarshamn - Åhus, Serie C Landsort - Oskarshamn, Serie A Arholma - Landsort und in der Schwedischen Karte: Mälaren Östra Delen 111 enthalten.

Für uns sind auch Veröffentlichungen des Svenska Kryssar Klubben hilfreich. Ein Buch von Åke Améen führt in vielen Zeichnungen und schwedisch geschriebenen Beschreibungen durch den Schärengarten Ostschwedens. Améen segelte sein Leben lang in den Schären und kartographierte sehr sorgfältig die von ihm so geliebten Plätze, indem er mit seinem Dingi und einem eingebauten Echolot Meter um Meter die Ankerplätze abruderte. Sein Schüler Sven A. Hansson führte das Werk fort und auch wir nahmen uns an ihm ein Vorbild.

Die meisten Anregungen erhielten wir, wenn wir abends mit schwedischen Nachbarn auf dem Fels saßen und uns über das woher und wohin unterhielten. Bei diesen Gesprächen holten wir alle unsere Karten und markierten die vom Nachbarn empfohlenen Plätze und Besonderheiten, so z.B. Björkö (eine der vielen Inseln gleichen Namens): holzbeheizte Sauna, unbedingt wieder das verbrauchte Holz ersetzen – strenges aber freundliches Regiment eines Ehepaares, das sich um die Insel kümmert. Auf diese Weise segelten wir fast immer mit mehreren alternativen Zielen los. Es kam aber auch oft vor, daß wir die beschriebenen Plätze als zu voll empfanden und dann auf eigene Faust zu suchen begannen.

Generell kann man sagen, daß fast alle Ankerplätze, die in den schwedischen Büchern beschrieben sind, zumindest in den schwedischen Ferien von Anfang Juli bis Anfang August überlaufen sind. Hat man aber erst einmal einen Blick für solche Naturhäfen entwickelt, findet man auch andere, weniger volle Plätze. So haben wir es gelernt, und so soll es auch der Leser mit diesem Buch lernen, das anregen soll, selber zu suchen.

Die hübschesten der von uns besuchten Buchten und Inseln habe ich beschrieben, aber auch ein paar Buchten, die einfach am Weg liegen, wenn man „Strecke machen“ möchte. Ein Schwede, den ich auf einer Schäre traf, ermunterte mich dazu mit den Worten: „Wer hierher findet, gehört auch hierher.“ Dem füge ich lediglich hinzu „Aber trauen muß man sich, denn Steine lauern überall.“

Wenn ich auch dieses Buch nach bestem Wissen geschrieben habe, kann ich für die Richtigkeit der Angaben keine Haftung übernehmen. Es kann auch nicht als alleinige Navigationsunterlage benutzt werden und will keineswegs ein Küsten- oder Hafenhandbuch ersetzen.

Aber es soll zu den Ankerplätzen führen, die den meisten Seglern in schwedischen Gewässern verschlossen bleiben, und es soll dazu anregen, die noch bestehenden Spannungen zwischen den einheimischen Seglern und uns Besuchern durch Gespräche und Zuwendung abzubauen.

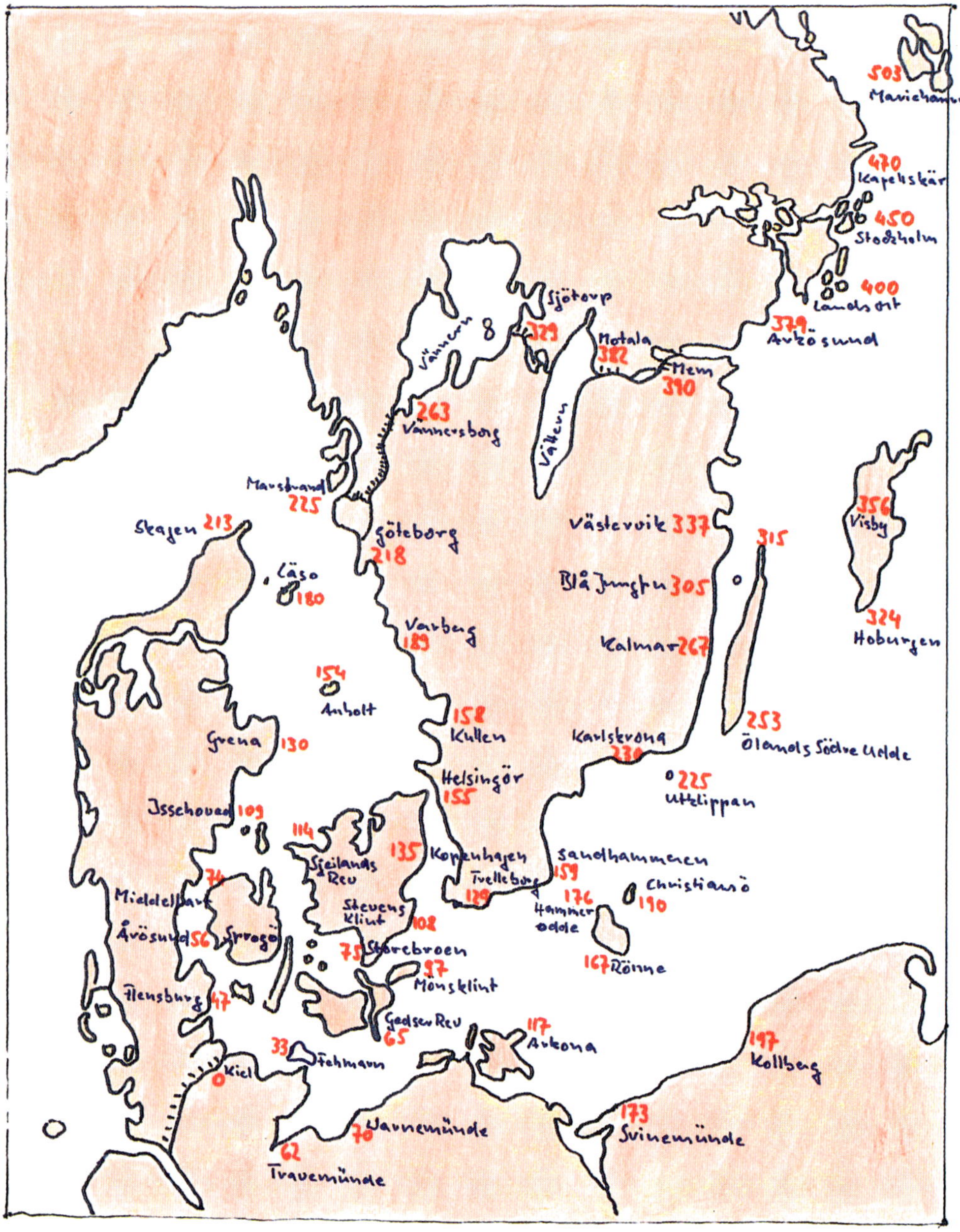

Distanzen in Seemeilen von Kiel

Navigatorische Informationen

An- und Abreiserouten

Von der Häufigkeit der einzelnen Winde her gesehen empfiehlt sich die Anreise etwa von Kiel aus vorbei an Gedser und Sandhammeren über Utklippan und durch den Kalmarsund. Die Rückreise durch den Götakanal und über das Kattegat hat den Vorteil, daß bei den vorherrschenden Winden aus West bis Südwest eigentlich immer eine schnelle Reise gewährleistet ist, aber für den Götakanal benötigt man vernünftigerweise ca. 14 Tage, denn für eine schnellere Reise ist er viel zu schön.

Die Anreise über das Gedser Rev und an der Südostecke Schwedens vorbei nach Kalmar ist auf direktem Weg etwa 270 sm lang. Und von Kalmar bis Mem, dem Beginn des Götakanals, sind es noch einmal etwa 90 sm. Bis Stockholm segelt man von Kiel aus ca. 450 sm.

Für das Segeln in den Schären sollte man sich über den Daumen gepeilt etwa 30-40% der Zeit nehmen, wenn es nicht in einem Rutsch durch gehen soll. Nachtetappen im Schärenfahrwasser sollten keinesfalls gesegelt werden. Bei Etmalen bis allerhöchstens 30 sm sollten genügend Ruhe- und Besichtigungstage, aber auch Reservetage eingeplant werden. Wir segeln an manchen Tagen sogar nur 3 bis 4 Meilen bis zur nächsten Bucht. Insgesamt sollte für eine Reise in das reizvollste Gebiet zwischen Kalmar und Landsort ein Zeitraum von 4-5 Wochen, bis Stockholm ca. 5-6 Wochen zur Verfügung stehen.

Ein großer Rundtörn von Kiel über Kalmar - Öland - Gotland - Schärengarten - Stockholm - Götakanal (2 Wochen) zurück nach Kiel wird etwa 7 Wochen dauern. Dabei wird man die Vielfalt der südschwedischen Landschaften am besten kennenlernen. Insgesamt können die angegebenen Zeiten nur Anhaltspunkte sein, denn jeder hat seinen eigenen Rhythmus. Teilt man sich aber die Reise mit anderen Crews, die jeweils nur eine Strecke segeln, gewinnt man sicherlich mehr Ruhe, die Etappen zu genießen.

Das Segeln in den Schären selbst kann recht anstrengend sein, weil dauernde Aufmerksamkeit gefordert ist. Denn die Schären sind oft schlecht voneinander zu unterscheiden, und welcher Stein welchem Punkt in der Karte zugeordnet werden muß, kann man nur sagen, wenn man immer ganz genau weiß, wo man ist. Bei uns an Bord hat meine Frau Beate entweder den Finger auf dem jeweiligen Standort liegen, oder die Tonnen, Inseln oder Steine am Weg werden abgehakt. Keinesfalls sollte man die Position des GPS überbewerten! Die dürfte oft genug zu ungenau sein.

Bei der Anreise kann man natürlich eingeweht werden. An der Südküste bieten zwar einige Häfen Schutz, aber die Etappe über die Hanöbucht nach Utklippan sollte gut geplant sein, ebenso wie die nach und von Gotland oder den Åland-Inseln. Dagegen segelt man im Schärengarten meistens recht geschützt.

Wir auf dem „Rasmus" empfinden, nachdem wir in den ersten Jahren, von Hafen zu Hafen segelnd, die Küste erkundet haben, die durchgehende Reise von Kiel bis Utklippan als schnelle und nicht unangenehme Lösung. Unterwegs erwischt uns häufig morgens Seenebel. Heute ist das zwar kein navigatorisches Problem mehr, aber es ist wegen der Berufsschiffahrt unangenehm und gefährlich. Die alten Seefahrer haben sicherlich aufgeatmet, wenn sie bei Kåseberga oben auf dem Berg Ales Stenar, die größte wikingische Steinsetzung Skandinaviens wie Mausezähne aus den Nebelschwaden auftauchen sahen und damit wußten, daß sie die Südostecke Schwedens vor sich hatten. Das kann ein sehr eindrucksvolles Erlebnis sein. Ein bißchen erinnert dieses Grabmal an Stonehenge.

Im Hafen von Utklippan stimmen wir uns gern auf Schweden ein und Kalmar ist unser traditioneller Verproviantierungshafen. Auch bei der Rückreise versuchen wir fast immer, in Kalmar oder weiter südwärts in Kristianopel, Torhamn oder Karlskrona eine Ostwindperiode abzuwarten, verbringen auch gern etwas Zeit an Blekinges Südküste und gehen dann über die Hanöbucht, wenn der Wind stimmt. Dabei bietet sich Simrishamn an, aber auch Skillinge, ein recht hübscher Ort voller rosenumrankter Häuser, mit seinem bemerkenswerten Ausrüster nördlich des Hafens und dem Fischladen im gleichen Gebäude, in dem eine geborene Österreicherin sehr leckere Fischhappen macht. Die nächste Etappe kann Ystad mit seinem wunderhübschen mittelalterlichen Stadtkern sein, und da sind wir schon fast wieder in oft befahrenen Gebieten. In Ystad vergesse ich es nie zum Schiffsausrüster zu gehen, der nahe dem Hafen, grad beim Bahnübergang in einem alten Backsteingebäude seine „Schätze" anbietet. Der Laden heißt Tackel & Tåg und liegt in der Spanienfarargatan 1. Ob man von hier aus nach Hiddensee oder Warnemünde absetzt oder in Skanör noch ein paar Badetage einlegt, bevor man in die teuren dänischen Gewässer geht, ist nicht nur eine Frage der Kondition und der Wetterverhältnisse. Kürzere Etappen bietet der Weg durch die dänische Inselwelt auf jeden Fall.

Hat man aber viel Zeit und kennt den Götakanal noch nicht, dann sollte man vor ihm keine Angst haben und ihn befahren. Er bietet eine wesentliche Ergänzung zu den Erfahrungen in den Schären.

Die Steine in den Schären

In den Schären zu segeln macht es notwendig, sich an die schwedischen Bootssportkarten zu gewöhnen, die außerordentlich genau sind. Dabei findet man häufig Punkte in der Karte, die kleine Steinhaufen oder Schären im Kindesalter sind. Diese Punkte variieren in Natura sehr.

Andere Zeichen, die sehr häufig vorkommen, sind die überspülten Steine (ein + mit vier Punkten drum herum). Das sind relativ einfach zu findende Steine, weil man sie an der Brandung, an den drauf stehenden Vögeln oder am Gras, das darauf wächst oder auch nur an der Verfärbung des Wassers erkennen kann.

Ein „+" allein ist ein Stein unter Wasser, und der verrät sich nur sehr selten. Das sind die Brocken, die uns immer wieder den Kiel beschädigen. Wenn es beim Anschleichen passiert, ist es nicht so schlimm. Geschieht es aber z.B. beim Kreuzen in voller Fahrt, kann es das Ende der Reise bedeuten.

Die Seezeichen entsprechen grundsätzlich unseren. Die Schweden haben ihre Einheitstonne, die sie mal rot, mal grün färben und die auch schwarz/gelb als Untiefentonne herhalten muß. Oder auch grün mit goldener Krone und der Aufschrift „Kejsaren". Es gibt aber auch die bei uns bekannten Spieren – zum Teil mit Topzeichen, die in der Regel aus Holz sind (anders als die dänischen, die Plastik auf dem Top haben).

Für uns waren auch die Kummel, die in der Karte mit „Kl" abgekürzt werden, neu. Das sind Steinhaufen, die teilweise angemalt sind und früher die alleinigen Orientierungshilfen waren. Sie können sehr schön aussehen, aber auch ziemlich eigenartige Formen annehmen.

Der Kummel (Kl) steht auf einer Insel, die als Punkt (·) in der Seekarte verzeichnet ist.

⁞ *überspülte Steine. Oben die Einfahrt nach Vinökalv. Der Stein liegt an der nördlichen Begrenzung. Man erkennt ihn an der hellen Färbung des Wassers.*

⁞ *überspülter Stein*

Ankern in den Schären

Will man in den Schären ankern, gibt es grundsätzlich zwei Möglichkeiten. Einmal das freie Ankern, wie wir es kennen und zum anderen das Ankern am Fels, das von den Schweden fast ausschließlich praktiziert wird. In den Häfen sind manchmal Heckbojen ausgelegt, teilweise muß aber auch vor Heckanker festgemacht werden.

Für beide Möglichkeiten sollte man vorbereitet sein. Es gibt zwar Spezialisten, die mit einem Anker beide Möglichkeiten abdecken wollen, aber am Ende sehen wir sie doch nicht oft am Fels liegen. Die Schweden denken und handeln da ziemlich praktisch. Sie führen nämlich oft einen kleinen Telleranker am Heck, manchmal in einer Kiste mit Kette und Leine, manchmal im Köcher. Aber mit diesem Anker ist freies Ankern nicht möglich, weil er in der Regel zu klein gewählt wird.

Wir fahren für´s freie Ankern einen 20 kg schweren Bügelanker an einer 50 m langen Kette und suchen uns Wassertiefen zwischen 5 m und 2,5 m aus. In der Regel ist der Ankergrund in Ostschweden gut, nur relativ selten rutscht der Anker über Steine oder Gras.

Beim freien Ankern selbst werfe ich das Eisen erst, wenn das Schiff steht und gebe dosiert Kette, wenn es abzutreiben beginnt. Die 4 bis 5-fache Wassertiefe als Kettenlänge reicht eigentlich immer. Sehr dosiertes Eingraben mit dem Rückwärtsgang des Motors sagt mir ob die Kette hält, wenn ich sie mit der Hand auf Zug halte. Und damit die Kette nachts nicht immer wieder einruckt, habe ich eine Kralle an einen 2 m langen und nicht allzu dicken Tampen gespleißt, der den Zug des Schiffes am Anker abfedert, wenn ich sie so in die Kette einhänge, daß die Kette etwas länger ist als der Tampen.

Wenn wir mit dem Bug an den Fels gehen wollen, machen wir in unbekannten Ankerbuchten immer erst einmal einen Probeanlauf, wobei einer am Bug steht und nach Steinen Ausschau hält. Ist alles klar, so lasse ich unseren Heckanker (ein kleiner Bügelanker von 15 kg), der schon frei zum Fallen in seiner Halterung hängt (Plastikrolle und -haken), etwa zwei Schiffslängen vor dem Ufer fallen. Da er mit 5 m Kettenvorlauf an einem 50 m langen aufgerollten Gurtband hängt, kümmert er mich vom Augenblick des Fallens an nicht mehr bis wir vorn am Fels einigermaßen klar sind. Erst dann hole ich die Ankerleine dicht.

Wir haben je zwei gerade und abgewinkelte Felsnägel dabei, die je nach Verlauf der Felsspalte ausgewählt werden, damit der Zug entweder rechtwinklig zur Felsspalte weggeht oder über den Hebel den Haken in der Spalte verankert. Manchmal ist auch ein Baum in der Nähe, der zum Anbinden herhalten muß.

Gelegentlich ist aber der Fels sehr geschlossen und auch kein Baum in der Nähe, so daß man sehr lange Leinen (ca. 20 bis 30 m) braucht, um festmachen zu können (z. B. Lunda oder teilweise in Napoleonsviken).

Beim Festmachen springt erst mal einer vom Boot auf den Fels, meistens also runter. Bei uns ist es, wie wohl auf den meisten Schiffen, die Bootsfrau. Das erfordert manchmal ziemlichen Mut und große Geschicklichkeit. Dafür revanchiere ich mich bei ihr nach dem Festmachen mit einer bequemen Leiter, um leichter an Bord zu kommen. Unterwegs fahren wir die Leiter als Fenderbrett an der Reling.

Für die Anlegemanöver rechnen wir in unbekannten Buchten bis zu eine Stunde Zeit ein, bis wir wirklich fest sind und alles geregelt ist (notfalls halt auch ein Tauchgang). Beim Ankern ist es ratsam, sich auch die Küstenlinie anzusehen, da sich an der Breite des sauberen Streifens in etwa eine Aussage über den Wasserstand geben läßt, der hauptsächlich durch Wind beeinflußt wird. Bei Unklarheit sollte von der erwarteten und beschriebenen Wassertiefe bis zu 30 cm abgezogen werden.

Storkläppan Leuchtfeuer nördlich von Västervik

Wetter

Gemessen an der geographischen Breite ist das schwedische Klima im Sommer recht warm und niederschlagsarm. Im schwedischen Inland herrscht nämlich häufig ein kontinentales Klima. Das bedeutet größere Temperaturunterschiede und geringere Niederschlagsmengen als an der Küste. Dabei können in den Sommermonaten durchaus Temperaturen von 30°C erreicht und im Winter andererseits -25°C gemessen werden.

Während der Westen Schwedens eine jährliche Niederschlagsmenge von mehr als 1000 ml hat, kommt die Leeseite auf wesentlich geringere Werte, so z.B. Kalmar mit 471 ml. Die mittleren Januartemperaturen von -3°C in Stockholm und -1°C in Göteborg spiegeln aber deutlich die maritimen Einflüsse wider.

Das Wetter der Ostküste ist beständiger als das der Westküste. Die Häufigkeit der sommerlichen Winde aus verschiedenen Richtungen zeigen die Windstatistiken der Monate Mai, Juli und September.

Es sind aber nicht nur die Starkwindsituationen, die das Segeln erschweren, sondern auch Seenebel oder Regenschauer, die die Sicht erheblich vermindern. Dabei sind die regenärmsten Monate Mai, Juni und Juli. Der Juni und Juli haben auch den geringsten Nebelanteil, wobei ein kalter Winter auch noch im Juni durch das noch kalte Wasser reichlich Nebel bescheren kann. Einer klaren Nacht folgt dann häufig Sonnenschein am Morgen mit darauf folgendem dichten Seenebel durch die Erwärmung der Luft über dem kalten Wasser und Wolkenbildung im Lauf des Tages. Am Nachmittag löst der Nebel sich dann sehr oft wieder auf.

Überhaupt hat die Wassertemperatur einen gewissen Einfluß auf das Wetter und man unterscheidet im Sommer grob eine Kaltwasserperiode mit beständigerem Wetter bis in den Juli, sowie eine Warmwasserperiode mit eher unbeständigerem Wetter von Mitte Juli bis in den Oktober. Auf See ist der August der wärmste Monat, er ist aber auch schon wieder regenreicher. Trotzdem ist es wahrscheinlich der schönste Segelmonat, denn das Wasser ist warm, die Tage meist angenehm und vor allem sind die Industrieferien der Schweden vorbei. Das heißt, im Schärengarten ist auch wieder ein freundlicheres Klima unter den Seglern eingekehrt.

Da die Ostküste im Winter oft bis Ende März zugefroren ist, darf im Frühsommer nicht mit kommoden Badetemperaturen gerechnet werden. So zeigte uns das Badethermometer im Juni 13°C in Båtsviken (nach einigen kurzen, hastigen Zügen im Wasser), im Juli tendiert die Wassertemperatur bereits zu 17°C, kann aber auch schon viel wärmer sein, wie in den Jahren 1995 und ´97. Im August sind 19°C und mehr zu erwarten. Deutlich höhere Temperaturen in geschützten Lagen sind durchaus die Regel (24°C in Skanör im August ´97).

Wettervorhersagen

Wettervorhersagen für die schwedische Ostküste sind u.a. lokal über schwedische Sender zu erhalten. Dabei ist in der Regel das erste Programm für das Wetter zuständig. Es wird nach den Nachrichten verlesen. Das 3. Programm ist das Lokalprogramm. Die Küste entlang nach Norden segelnd bieten sich dabei folgende **schwedische Unterhaltungssender** an:

Radio	Sender	Programm	Frequenz	annäher. **Deckungsbereich**
Trelleborg		3	98,7 Mhz	Gebiet um Trelleborg
Trelleborg	Ystad	3	99,0 Mhz	Gebiet um Ystad
Karlskrona	Karlshamn	1 + 3	90,3 + 98,3	Hanöbucht und Blekinge
Karlskrona		1 + 3	89,1 + 97,7	östliches Blekinge
Karlskrona	Emmaboda	1 + 3	93,0 + 95,6	Blekinge und Kalmarsund
Kalmar	Oskarshamn	3	94,4 Mhz	Oskarshamn u. Umgebung
Kalmar	Västervik	1 + 3	88,3 + 96,0	Nördlich. Kalmarsund
Östergötland	Norrköping	1 + 3	90,0 + 94,8	Loftahammar-Landsort
Sörmland	Norrköping	3	98,7 Mhz	Loftahammar-Landsort
Gävleborg	Södertälje	3	97,6 Mhz	Södertälje u. Umgebung
Stockholm	Stockholm	1 + 3	92,4 + 99,3	Oxelösund - Söderarm

Die **Wettervorhersagen** werden **zu folgenden Zeiten** verlesen:

0625 Montag bis Samstag	Programm 1 ohne Stationsmeldungen
0630 Montag bis Samstag	Programm 1 nach den Nachrichten
0700 Montag bis Samstag	Programm 1 nach den Nachrichten
0730 Montag bis Samstag	Programm 1 nach den Nachrichten
0800 täglich	Programm 1 nach den Nachrichten
0900 Montag bis Freitag	Programm 1 und 3 nach den Nachrichten
1300 täglich	Programm 1
1642 täglich	Programm 1
1645 täglich	Progr. 1, Progr. 3 nach den Nachrichten ca. 1657
1825 täglich	Programm 1
2150 täglich	Programm 1
2300 täglich	Programm 3 nach den Nachrichten

Auf der Mittelwelle sendet bei 1179 kHz im 254-m-Band Radio Sölvesborg mit dem 1. Programm am Abend auch das Auslandsprogramm (UTC 1600-0000 Uhr). Tagsüber hört man den Sender im größten Teil der Ostsee, nachts reichen die 600 kW Sendeleistung angeblich deutlich weiter – wir haben ihn aber trotz guter Ausrüstung abends nie empfangen.

Auf 89,6 Mhz sendet Radio Stockholm in englischer Sprache und von 1900 bis 2000 Uhr auch einen deutschen Beitrag. Im Raum Nyköping empfängt man auf 102,3 Mhz Nachrichten und das Wetter in englisch und deutsch.

Auch **deutsche Sender auf Kurz-, Mittel- und Langwelle** sind zumindest auf der An- und Rückreise zu empfangen. Folgende Aufstellung hilft:

Radio	Sender	Programm	Zeit	Gebiet
NDR 4	Kiel	972 kHz	0830+	B 8 - B 14
			2220+	
			0005	
NDR 4	Flensburg	702 kHz	gleiche Zeiten	B 8 - B 14
Deutschlandfunk		1269 kHz	0105+	B 6 - B 14
		177 kHz	0640+	
		6005 kHz	1105	
Deutsche Welle		6075 + 9545 kHz	1255	B 1 - 4, 7 - 15

Wir hören fast nur Sender auf Kurzwelle. Im Sommer senden auch die schwedischen Küstenfunkstellen Wetterberichte auf UKW in englisch um 09.33 und 21.33 Sommerzeit. Die Meldungen enthalten Sturmwarnungen, eine Übersicht und die Vorhersagen für 24 Stunden. Jeweils eine Stunde vor den angegebenen Zeiten senden die Küstenfunkstellen eine Vorhersage für die Region.

Karlskrona Radio meldet sich um 11.54 und 23.54 Uhr auf 2789 kHz in J3E (frequenzmodulierte Einseiten-Telefonie) und auf UKW Kanal 11 und 12 in englischer Sprache mit den Vorhersagen für die Gebiete B 9 bis B 12.

Die Lang- und Mittelwellensender sind zwar tagsüber klar und deutlich zu empfangen, abends dagegen sind sie alle von osteuropäischen Sendern überlagert und unverständlich. Dies ist einmal ein Phänomen der Überreichweiten und zum anderen eines der Sonnenfleckentätigkeit, die sich im 11-Jahresrhythmus ändert und in den kommenden Jahren einen besseren Empfang verspricht (siehe auch Sölvesberg auf 1179 kHz). Deswegen sollte versucht werden, den Wetterbericht, wenn es denn ein deutscher sein sollte, tagsüber zu empfangen.

Da sich die Sendezeiten ändern können, sollten sie zu Beginn der Saison überprüft werden.

Küstenfunkstellen an der Ostküste Schwedens

Station	Kanal	Station	Kanal	Station	Kanal
Gävle	23	Kivik	28	Smygehuk	24
Emmaboda	26	Kramfors	84	Södertalje	66
Farö	28	Lulea	25	Sundsvall	24
Härnösand	23	Mjällom	64	Törö	24
Hjälmaren	81	Nack	26	Umea	26
Hoburgen	24	Norrköping	27	Väddö	28
Hudiksvall	25	Ölands Södra	27	Västeras	25
Kalix	28	Öregrund	24	Västervik	23
Karlshamn	25	Örndsköldvik	28	Visby	25

Die **deutschen Küstenfunkstellen** senden ihre Seewetterberichte mit Wetterlage, Vorhersage bis 12 Stunden und Aussichten für weitere 12 Stunden für die Gebiete B 9 bis B 12 um 07.30 und 18.30, sowie auf Ersuchen. Die Sendungen werden auf Kanal 16 angekündigt.

Station	Kanal	Station	Kanal	Station	Kanal
Flensburg	25	Rostock	26		
Kiel	26	Fischland	23		
Lübeck	27	Rügen	05	Arkona	01

Vorhersagegebiete

B 10 Södra Östersjön (Südliche Ostsee) reicht etwa von einer Linie Falsterbro - Arkona bis Öland

B 8 Mellestra Östersjön (zentrale Ostsee) reicht vom Süden Ölands bis etwa Höhe Harstena - Gotska Sandön

B 7 Norra Östersjön (Nördliche Ostsee) reicht von Höhe Harstena - Gotska Sandön bis Söderarm - Finska Utö

B 4 Ålands Hav och Skärgardshavet umfaßt die Ålandsee

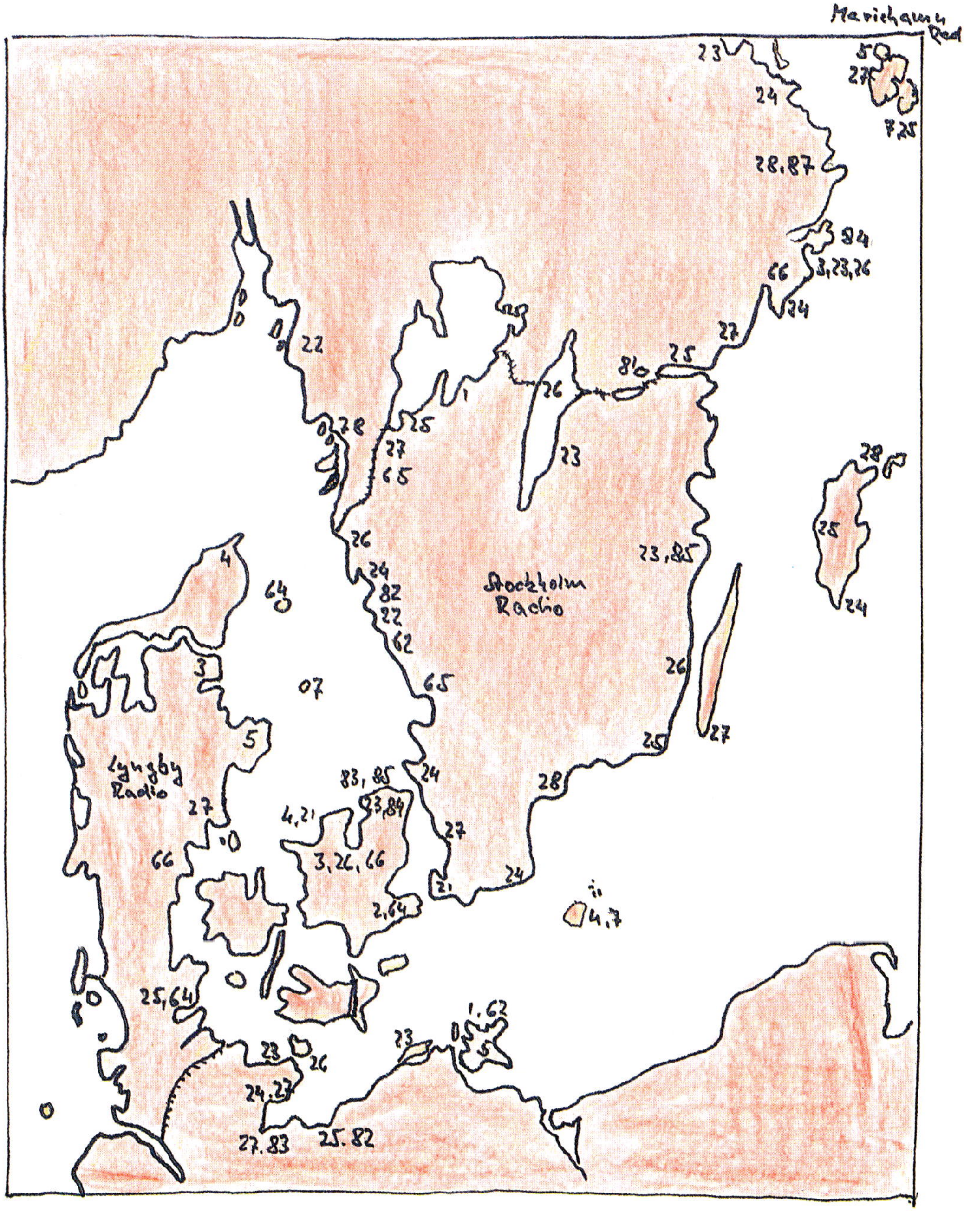

Deutsche, dänische und schwedische Seefunkstationen sowie Küstenfunkstationen der Åland-Inseln.

Windstatistik Mai

Die Richtung der Balken gibt an, aus welcher Richtung der Wind kommt. Die Länge der Balken zeigt die Häufigkeit der Richtung an. Die Zahlen im Inneren Kreis nennen die Häufigkeit der Windstillen.

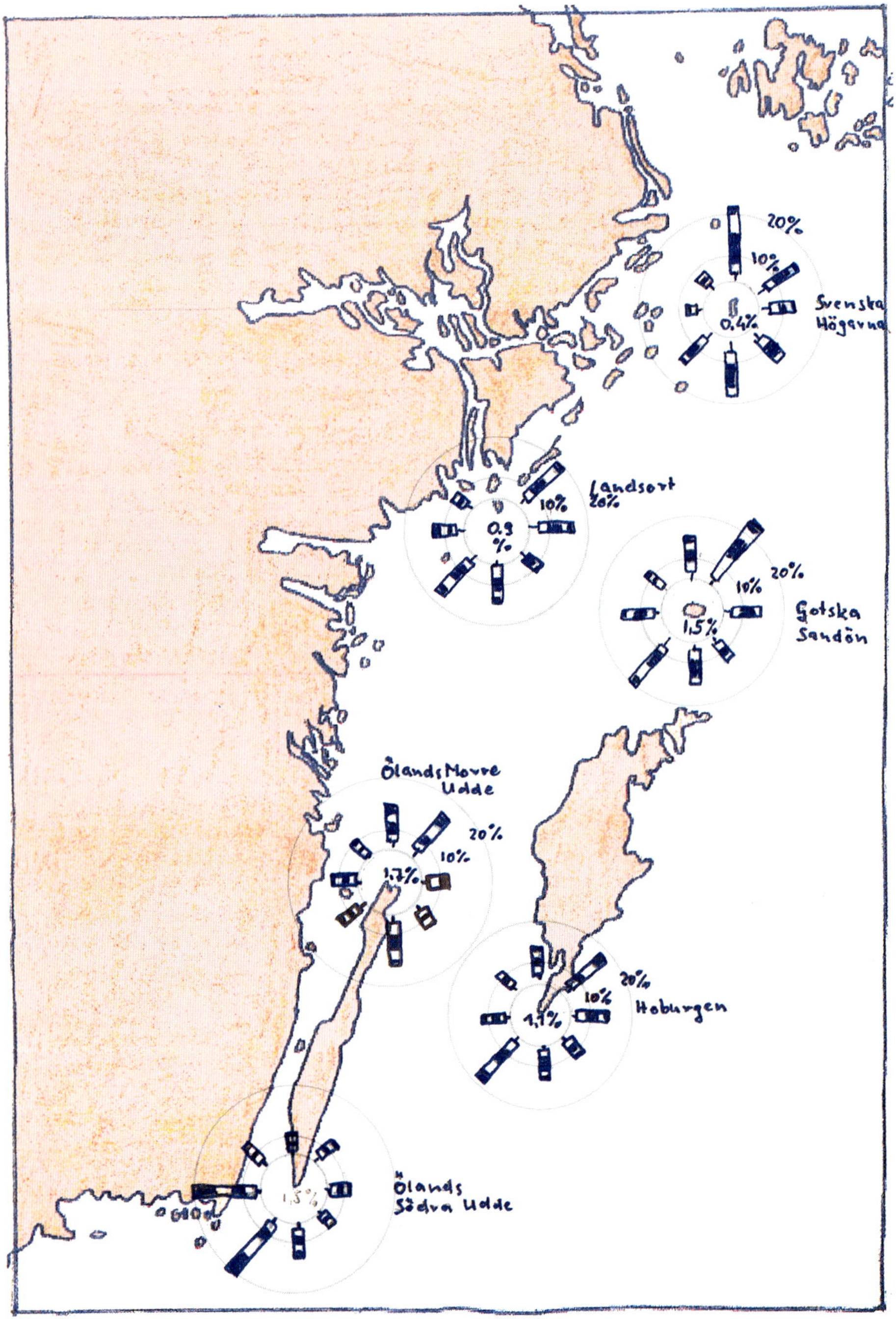

Windstatistik Juli

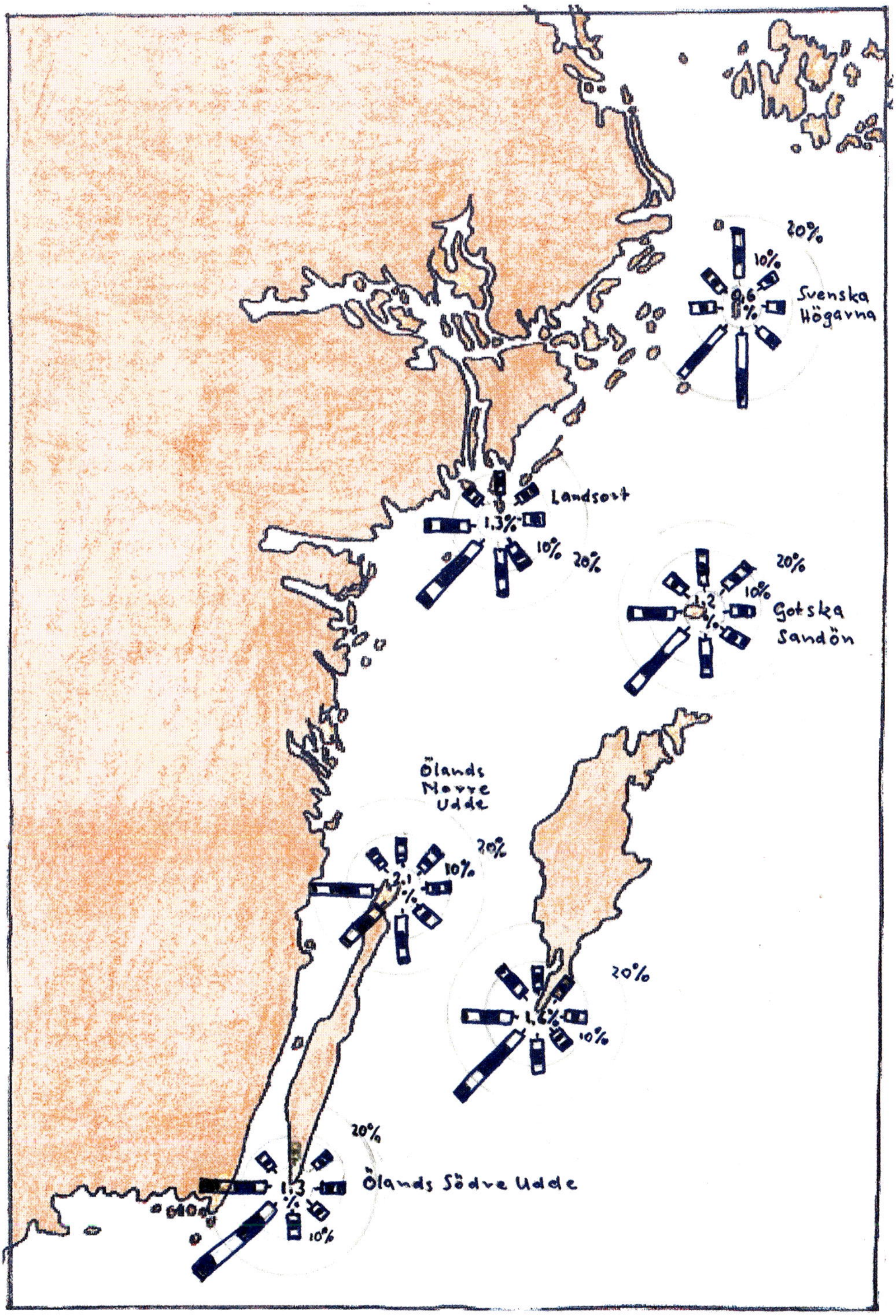

Windstatistik September

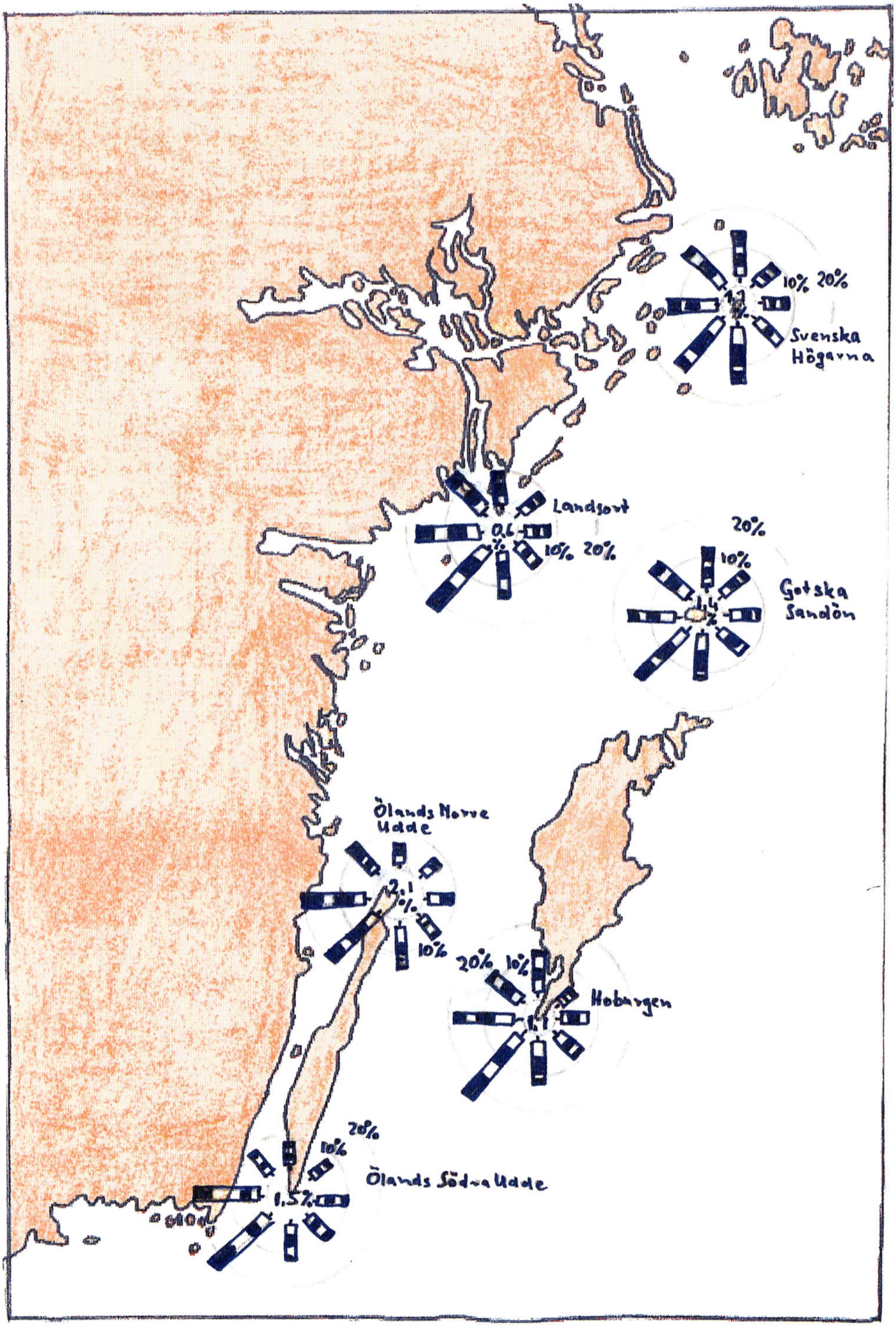

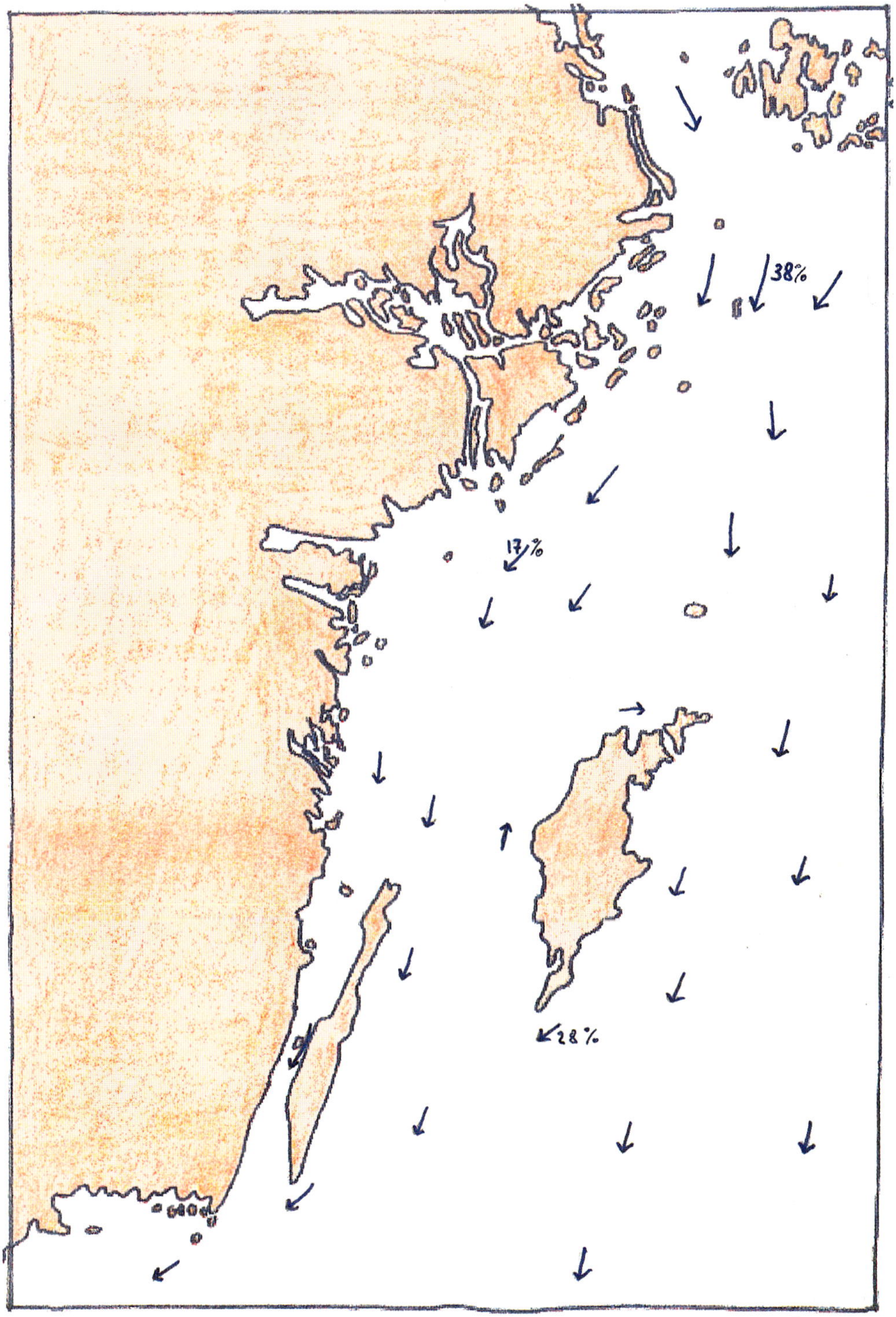

Strömungen: Die Länge der Pfeile gibt die Strömungsgeschwindigkeit an, die Zahlen die Häufigkeit in Prozent. Die Tafel zeigt ein Mittel aus 20jährigen Messungen.

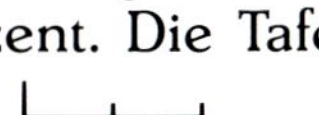

Allgemeines über Schweden

Die Landschaft und ihre Entstehung

Schweden umfaßt eine Fläche von knapp 450.000 qkm und ist damit eines der größten Länder Europas. Von West nach Ost sind es rund 400 km, von Süd nach Nord mißt es 1500 km. Diese Entfernung entspricht etwa der von Kopenhagen nach Neapel. Schwedens Küstenlinie ist 6700 km lang. Das Land hat etwa 150.000 Inseln und 100.000 Seen, die größer als 1 ha sind. Allein im Stockholmer Schärengarten liegen 24.000 Schären.

Die Nordspitze Schwedens liegt mit 69° etwa 270 km nördlich des Polarkreises. Dort ist es während des Sommers zwei Monate lang taghell, während im Winter tagsüber nur Dämmerlicht herrscht.

Auf der Reise in die Ostschären segeln wir zunächst bei Ystad an Schonen (Skåne) vorbei. Die nördliche Begrenzung der Hanöbucht wird durch Blekinge mit Karlskrona gebildet, während Kalmar bereits in Småland liegt. Bei Fyrudden erreichen wir Östergötland, während Nyköping bereits in Södermanland (sprich Sörmland) liegt. Nördlich von Stockholm liegt Uppsala in der gleichnamigen Region. Weiter nach Norden segelnd käme man nach Gästrikland, Hälsingland, Medelpad, Angermanland, Västerbotten und Norrbotten, an dessen östlichem Ende Haparanda liegt. Vor der Ostküste liegen die Inseln Öland und Gotland.

Die meisten Segler befahren die südschwedischen Küsten bis Sörmland. Auf dem Rücktörn über den Götakanal motort man auch noch durch Västergötland und erreicht in Bohuslän Göteborg. Südlich von Göteborg bei Kungsbacka beginnt Halland, das sich nach Süden bis zum Kullen ausdehnt. All diese Landschaften lernt ein Segler bei einem Schwedentörn „rund" kennen. Nach Norden schließen sich weitere Regionen an, von denen wir allenfalls noch Dalsland und Värmland mit dem Schiff vom Vänern aus kennenlernen können.

Die 8,55 Mio Einwohner konzentrieren sich mit etwa 85% in den Ballungsräumen der Großstädte. Rund ein Drittel wohnt allein in Malmö, Göteborg und Stockholm. Dagegen ist der Norden des Landes eher dünn besiedelt, denn auf 55% der Fläche wohnen nur etwa 15% der Bevölkerung in unendlichen Waldgebieten, die 57% des Landes bedecken.

Der größte Teil Schwedens gehört zum sogenannten baltischen Schild und ist damit rund 2 Milliarden Jahre alt. Lediglich entlang der norwegischen Grenze findet sich entlang des Skandinavischen Gebirges (Skanden) ein etwa 100 km breiter Streifen Gesteins, das vor etwa 430 Millionen Jahren durch die Kaledonische Gebirgsbildung geformt wurde. Zeichen dieses Geschehens sieht man auch auf den Koster Inseln mit ihrem schwarz, weiß, grau und rot gestreiften Fels.

Die heutige Landschaft wurde aber erst durch die Eiszeit geprägt, die vor etwa 10.000 Jahren endete. Bis zu dieser Zeit lag der gesamte Norden unter einer 2-3 km dicken Eisschicht, durch deren Last sich die Erdkruste senkte. Im Norden betrug die Dicke des Eises sogar bis zu 3800 m. Durch Schneefall und Lawinen erhielten die Gletscher ständig Nachschub und konnten sich weiter aufbauen. Das Vorschieben und Zurückweichen der Eismassen formte die Landschaft Schwedens durch die mitgeschleppten Steinmassen, die wie Schmirgel wirkten. So hinterließ das Eis oft glatte Nord- und spitze, steile Südseiten.

Die Eiszeit bestand aus insgesamt sechs Kaltzeiten, die immer wieder von Warmzeiten unterbrochen waren. Man schätzt die Dauer der Eiszeit auf insgesamt etwa 2 Millionen Jahre. Die durchschnitttliche Temperatur lag damals 8°C und die Schneegrenze rund 1200 m tiefer als heute.

Nachdem das Eis weggeschmolzen war, begann sich die Erdkruste wieder zu heben. Zuerst ziemlich schnell, dann nur noch sehr langsam. Diese Ausgleichsbewegung dauert mit etwa 5 mm pro Jahr bis heute an. Die Geschichte so manchen Hafens, der neu gebaut werden mußte, erzählt vom sogenannten „Zurückweichen" des Meeres, z.B. bei Västervik, Nyköping und Trosa. Auch Felszeichnungen, die, als sie entstanden, an der Küste lagen, finden sich heute manchmal kilometerweit im Landesinneren. Das südschwedische Tiefland, also Schonen und Blekinge, war als erste schwedische Region eisfrei. Danach dauerte es aber noch ein paar tausend Jahre, bis es von Süden her besiedelt wurde. Hier sind die Böden sehr fruchtbar und so steht hier die Landwirtschaft im Vordergrund. Diese Region macht etwa ein Zehntel der Fläche Schwedens aus. Nördlich dieser Tiefebene schließt sich das flachwellige und waldreiche südschwedische Hochland mit Bergen bis zu 340 m Höhe an. Noch weiter nördlich davon liegen die großen Seen in der mittelschwedischen Senke. Sie sind die Reste einer großen Schmelzwasserrinne. Ganz im Norden bedeckt das nordschwedische Hochland etwa 60% der Gesamtfläche Schwedens.

Das Skandinavische Hochgebirge, der Skanden, ist 1700 km lang, also noch 700 km länger als die Alpen. Der höchste Berg ist 2111 m hoch. Vom Skanden fließen mächtige Flüsse in den botnischen Meerbusen. An diesen Flüssen liegen große Papierfabriken, die aus den nahen Wäldern beliefert werden.

Stichworte zur Geschichte Schwedens

Mit der Geschichte Schwedens wird der Segler, wo immer er auch anlegt, konfrontiert. Deswegen beschreibe ich die schwedische Historie entsprechend den Bedürfnissen eines neugierigen Fahrtenseglers. In den örtlichen Touristbüros erhält jeder die Hinweise auf Geschehnisse mit lokalem Bezug, die dann in das grobe Gerüst dieses Buches eingegliedert werden können.

Die Erstbesiedlung, die Svear und die Goten

In der Nähe von Simrishamn, in den Klippen von Gladsax fand man in Granit gehauene Zeichnungen von Booten und Sonnenzeichen, die von den Forschern in die Zeit um 5000 v.Chr. zurückdatiert werden und die ältesten Zeugnisse menschlicher Besiedlung in Schweden sind. Einige tausend Jahre nach dem Zurückweichen des Eises, nachdem sich eine Vegetation bilden konnte und später auch Tiere von Süden her einwanderten, entstand die Lebensgrundlage für den Menschen. In der Zeit zwischen 5000-3000 v.Chr. dürfte die erste Besiedlung durch germanische Jäger stattgefunden haben. Neben der Jagd und der Fischerei lebten sie später auch von Ackerbau und Viehzucht, wobei das bestimmt nicht die Seefahrt ausschloß. Auch heute noch liest man auf Grabsteinen: Er war Bauer und Schiffer.

Etwa so alt sind auch Steinwerkzeuge, die bei Sandarne in der Nähe von Göteborg und in Skateholm bei Ystad gefunden wurden. Zwischen 1500 und 500 bauten Jäger und Fischer Gang- und Steinkammergräber und meißelten Bilder von Booten, Fußsohlen, Elchen und Luren in den Stein (die Lure kann man auch heute noch nachts alle viertel Stunde in Ystad vom Nachtwächter hören, der sie vom Turm der Kirche herab bläst). Nach Schonen, Västergötland und Bohuslän wurde allmählich auch das Gebiet um den Mälarsee besiedelt. Im Gebiet um Tanum in Bohuslän, findet man die meisten Felszeichnungen aus der Bronzezeit (zwischen 1500 und 500 v.Chr.).

Damals wurde in Schweden Kupfer gewonnen, aus dem Waffen, Werkzeuge und Schmuck gefertigt wurden. Um 600 v.Chr. begann man mit der Eisengewinnung aus See- und Sumpferzen. Eisenfischer schlugen im Winter Löcher ins Eis und fischten vom Grund graue Eisenknollen, die man auch heute noch gelegentlich finden kann. Dabei produzierte man nicht nur für den Eigenbedarf, sondern exportierte die damals begehrten Waffen besonders ins römische Reich.

Erstmals berichtet Tacitus, ein römischer Geschichtsschreiber, 98 n.Chr. von einem kriegerischen Volk, das er Suiones nennt und das zusammen mit den Gauten (Götar) das Land beherrschte. Es sei an Waffen reich und baue eigenartige Boote. Daß die Menschen damals schon Boote bauen konnten, geht auch aus der frühen Besiedlung von Öland, Gotland und anderen Inseln hervor.

Durch die Völkerwanderung und den Handel gelangten Schmuckstücke und Goldmünzen in den Norden. War das Gold nicht fein genug bearbeitet, wurde es eingeschmolzen und zu edlem Schmuck umgearbeitet. Damals entwickelte sich die Goldschmiedekunst und Ornamentik zu bewundernswerter Hochform.

Um 550 n.Chr. schrieb Jordanes, ein gotischer Berichterstatter, über die Goten, Svear und die Lappen. Die Goten stammten aus dem Götaland, der Gegend um den Göta Älv, der vom Vänern zum Kattegat fließt. Die Svear stammten aus der Gegend um Uppsala. „Svear rike", das Reich der Svear wurde ein paar Jahrhunderte später geboren. Aus dem Wort Svear rike entwickelte sich das Wort Sverige, die schwedische Bezeichnung für Schweden. Mit dem Reich der Svear verbinden sich die Runen, die zuerst auf Speerspitzen geritzt wurden. Der älteste der 3000 bekannten Runensteine steht auf Gotland. Der Kylverstein zeigt magische Symbole. 1200 Runensteine finden sich allein in Uppland.

Im 8. Jahrhundert fanden Kämpfe zwischen den Goten und Svearn um die Vorherrschaft in Schweden statt, die von den Svearn gewonnen wurden.

Die Wikinger (etwa 700 - 1000)

Zu den damals bekannten Ländern bestanden lebhafte Handelsbeziehungen, die ständig sowohl handelnd als auch kämpfend ausgeweitet wurden. Ab Mitte des 8. Jahrhunderts spielen die Wikinger eine wichtige Rolle. Die aus Roslagen, einer Gegend nördlich Stockholms, gründeten den Handelsstützpunkt Nowgorod und gaben dem Land den Namen ihrer schwedischen Heimat, Rosland. Aus diesem Namen entwickelte sich das heutige Wort Rußland.

Die Wikinger waren angesehene Kaufleute und Seefahrer, die durchaus nicht nur kämpfend und raubend, sondern auch handelnd ihren Vorteil suchten. Rurig, ein wikingischer Fürst, einigte die slawischen Stämme, übernahm deren Führung am Dnjepr und begründete so das russische Kaiserreich. Auch Kiew wurde als Handelsstützpunkt gegründet und wurde zum politischen und wirtschaftlichen Zentrum Ost- und Südosteuropas. So gelangten sie auch nach Konstantinopel, wo sie sogar die Hofgarde der Sultane bildeten, und zu den arabischen Kalifaten, wie auch aus arabischen Quellen zu erfahren ist.

Nach Westen weiteten die Wikinger ihren Einflußbereich ebenso aus. Sie eroberten entlang der Küsten und der Flußläufe die Küstenregionen bis tief ins Land, gründeten Fürstentümer in der Normandie und in Sardinien. Mit ihren seetüchtigen und wendigen Schiffen und der überragenden Bewaffnung plünderten sie englische und irische Städte, Kirchen und Klöster, fielen über die

Küsten der Mittelmeerländer her, eroberten Island und Grönland, ja – einzelne Expeditionen führten die Wikinger bis nach Amerika. Sogar in Südamerika finden sich Runensteine.

In Haitabu bei Schleswig besaßen sie eine Niederlassung, aber auch deutsche Kaufleute ließen sich auf Birka, einer Insel im Mälarsee, nieder. Diese Kaufleute waren Christen und erhielten vom Svear König Björn um 800 die Erlaubnis, den Benediktinermönch Ansgar nach Birka, dem heutigen Björkö, zu holen. Sein missionarischer Erfolg war aber überaus mäßig.

Etwa um 1000 einigte Olof Skotkonung (Steuerkönig) Schweden. Die Hauptstädte waren Uppsala und Alvastra am Vätternsee. Olofs Ehefrau war die Prinzessin Estrid von Mecklenburg-Holstein. Aus dieser Zeit rührt die jahrhundertealte Verbindung der schwedischen Königshäuser mit Deutschland her.

Die Hanse

Nachdem 1187 estnische Seeräuber Sigtuna, eine Handelsniederlassung nordwestlich vom heutigen Stockholm, niederbrannten, ließ König Knut Eriksson auf der Insel Stockholm eine Burg errichten, die sich zum Zentrum des Landes entwickelte.

Ins 12. Jahrhundert fielen die Anfänge der Hanse, die in Visby auf Gotland einen ersten Handelsstützpunkt aufbaute, nachdem um 1275 König Magnus Ladulas deutsche Kaufleute ins Land rief. Bald waren es aber so viele, daß deren Zahl im Stadtrat mit einer Verordnung begrenzt wurde. Deutsch war die Umgangssprache der Kaufleute und die Städte waren nach deutschem Stadtrecht organisiert.

Im 13. Jahrhundert entwickelte sich Schweden zu einer Großmacht mit Landbesitz im Baltikum und in Finnland. 1293 erreichten die Schweden die Newa und errichteten in Karelien die Burg Viborg. Im Gebiet des heutigen St. Petersburg erbauten sie die Festung Landskrona. Derweil entwickelte sich auf Gotland mit Hilfe der deutschen Kaufmannsgilde Visby zu dem bedeutendsten Handelsplatz in der Ostsee.

Die Union von Kalmar

1319 gelang die Vereinigung von Schweden und Norwegen und die Schweden kauften von Dänemark die Provinzen Schonen, Halland und Blekinge. Diese erste nordische Union zerfiel aber, und die Dänen fielen unter Valdemar Atterdag brandschatzend und mordend über das reiche Gotland her.

1389 versuchte die dänische Königin Margarete wieder, Dänemark mit Schweden und Norwegen zu vereinen. Damit es gelänge, nahm sie den schwedischen König Albrecht von Mecklenburg nach einer gewonnenen Schlacht in Schonen gefangen. Tatsächlich unterzeichneten 1397 die Reichsräte der drei Länder in Kalmar das Abkommen über die Kalmarer Union, in der Schweden mit Dänemark und Norwegen vereint wurde. Weil aber nur der allgemeine Teil des Vertrages von allen Parteien unterzeichnet wurde, und so zu viel Spielraum für eigene Interpretationen des Vertrages blieb, gab es bald darauf einen dänisch-norwegischen und gleichzeitig einen schwedischen König.

1434 erhoben sich die Schweden erstmals unter Engelbrekt Engelbrektsson gegen die dänische Bevormundung, und 1523 übernahm Gustav Eriksson Vasa, nachdem er in Dalarna einen Bauernaufstand angezettelt hatte, mit Hilfe Lübecks die Macht von den Dänen. Als er zum König gewählt wurde, war er 25 Jahre alt. Er führte in Schweden die Reformation ein und beschlagnahmte zur Finanzierung seiner Geschäfte den gesamten katholischen Kirchenbesitz. Er förderte den Forstbau, die Landwirtschaft und den Bergbau, der damals noch durch „Feuersetzen" betrieben wurde. Das bedeutete, daß auf dem Fels aufgeschichtete Holzscheite abgebrannt wurden, den Berg erhitzten und bei der anschließenden Abkühlung springen ließen. Erst später wurden Stollen getrieben. Im Zusammenhang mit dem Bergbau führte er unter anderem den Eisenhammer ein. Von ihm erzählt man sich, daß er seine Frau Katharina von Sachsen-Lauenburg mit einem Silberhämmerchen erschlagen haben soll. Als Gustav Vasa starb, war Schweden ein blühendes Land.

Schweden als Großmacht

Gustav Adolf kämpfte im 30jährigen Krieg gegen das katholische Kaiserreich und gewann von Dänemark Gotland und Ösel. Auf dem Höhepunkt seiner Macht wurde er in der Schlacht von Lützen getötet (siehe auch Nyköping). Schweden strich aber trotzdem im Westfälischen Frieden (1648) unvorstellbare Gewinne ein. Damals operierte selbst auf dem Bodensee eine schwedische Flotte. Neben all den erbeuteten Kunstschätzen fielen den Schweden Vorpommern und Rügen, aber auch die Mündungsgebiete von Oder, Elbe und Weser zu. Ende des 16. Jahrhunderts dehnte Schweden seine Besitzungen bis zum Eismeer aus. Es erwarb Karelien, Ingermanland und Livland. Mit Gustav II. Adolf trat Schweden als Großmacht in die europäische Politik ein und sicherte sich den Anspruch auf das Dominium Maris Baltici, die Vorherrschaft im Ostseeraum.

Gustav Adolfs 18jährige Tochter Christina übernahm die Regentschaft, überwarf sich aber wegen ihres katholischen Engagements mit Axel von Oxenstierna, dem Reichskanzler, entsagte der Krone und emigrierte nach Rom. Karl X.

Gustav, ihr Nachfolger unterwarf in einem Handstreich Dänemark und brachte Schonen, Blekinge und Halland wieder ins schwedische Reich. 1660 starb er unter ungeklärten Umständen. Die Schweden glauben an eine Vergiftung durch die Dänen. 1658 nahm Schweden als Resultat aus dem ersten nordischen Krieg weitere Besitztümer im Westen.

Um 1700 eroberte Karl XII. große Teile Rußlands. Dafür revanchierte sich Zar Peter der Große und schlug Karl in der Schlacht von Poltava mit einer entsetzlichen Niederlage, nachdem er 1719 einen großen Teil der Häuser im Stockholmer Schärengarten vernichtet hatte. Nur Kirchen ließ er stehen (s. auch Trosa). Karl floh in die Türkei ins Asyl, floh von dort aber wieder ins schwedische Stralsund. Diese Flucht, bei der er in kurzer Zeit 2860 Kilometer zurücklegte, ist als Husarenritt in die Geschichte eingegangen. In Schonen sammelte er 16.000 Soldaten um sich, zog gegen Norwegen und fiel bei der Belagerung der Festung Frederikstein beim heutigen Halden. Die Frage, ob die tödliche Kugel von einem norwegischen Heckenschützen abgegeben wurde oder aus dem eigenen Lager stammte, beschäftigt heute noch einige Historiker. Mit seinem Tod endet das Zeitalter des Absolutismus. Der territorialen Ausweitung folgte ein machtpolitischer Niedergang. 1715 mußte Bremen verkauft werden und nach dem zweiten nordischen Krieg Livland, Estland, Ingermanland, Karelien und ein Teil Vorpommerns (1721).

Das 18. Jahrhundert, ein Jahrhundert der Aufklärung

Trotz andauernder Plänkeleien mit Rußland kam das Land in den Jahren danach etwas zur Ruhe. 1720 übernahm der Erbprinz von Hessen-Kassel als Frederik I. den Thron. Unter ihm erhielt der Reichstag 1734 eine Verfassung, die die Macht des Königs stark beschränkte. Der Reichstag wurde von zwei Parteien gebildet: den Hüten und den Mützen. Im Reichstag saßen 16 Ständevertreter. Schwedens Wirtschaft blühte ebenso auf wie die Wissenschaften und die Kunst. Der auf Gotland lebende Botaniker Karl von Linné veröffentlichte sein „Systema Naturae", in dem er jedem Wesen einen Art- und einen Gattungsnamen gab. Der Chemiker Jöns Jakob von Berzelius entdeckte die chemischen Elemente Cer, Selen und Thorium. Große Verdienste erwarb er sich durch die neue Nomenklatur und die heute noch gültigen Symbole der chemischen Elemente. Entscheidende Anstöße für die schwedische Wirtschaft kamen von Alfred Nobel, der unter anderem 1867 das Dynamit erfand und von Carl Gustav de Laval, der die Gleichstromdampfturbine entwickelte.

Der Hintergrund für Verdis Oper „Ein Maskenball"

Mit Gustav III. begann die Gustavianische Zeit. Er strebte einen Absolutismus an, den Vernunft und Fortschritt prägen sollten. Seine Liebe zur Kunst und Kultur des Rokoko war in seiner Erziehung in Paris und Berlin begründet. Er gründete die Musikakademie, ließ das Opernhaus bauen, rief die Akademie der Schönen Künste ins Leben, gründete die Akademie für Sprache und Dichtung und ließ das Nationaltheater bauen. Das Volk aber war mit ihm unzufrieden. 1792 ging dieser schwedische Sonnenkönig, obwohl er gewarnt worden war, zu einem Maskenball in die Stockholmer Oper, wurde dort von einer Gruppe Dominos umringt und von einem schwedischen Adeligen erschossen. Er starb 13 Tage später. Dieser Mord ist in Verdis Oper „Ein Maskenball" eingegangen.

Bernadotte, ein Franzose als schwedischer König

Während Napoleon Europa eroberte, mußte Schweden Finnland an Rußland abtreten, bekam aber dafür Norwegen. Der kinderlose Karl XIII. adoptierte 1810 Jean Baptiste Bernadotte, den Sohn eines südfranzösischen Anwalts und Marschalls Napoleons, als Kronprinzen, um Schweden so gegen Napoleon zu sichern. 1818 wurde Bernadotte König und wandte sich als Karl XIV. Johann gegen Napoleon. Er war, obwohl er kein Wort schwedisch sprach, sehr populär. Damit begann die Dynastie Bernadotte und die längste Friedensperiode in einem europäischen Land.

Das 19. Jahrhundert, Schwedens Weg zum Industrie- und Sozialstaat

Schwedens Bevölkerung nahm rasch zu, und es entstanden wichtige Verkehrswege für den sich entwickelnden Handel. 1810 bis 1832 bauten 58.000 Soldaten den Götakanal, der noch heute zusammen mit dem Götaälv und dem Trollhättakanal Göteborg mit Stockholm verbindet. 1835 war Schweden während des Krimkrieges zum ersten Mal nicht in einen Krieg verwickelt. Daraus entstand später der Grundsatz der Neutralität.

Von 1815 bis 1900 wuchs die Bevölkerung von 2,5 auf 5,1 Mio Menschen an. Für deren Ernährung mußte die Landwirtschaft reformiert werden, und es entstand die heutige Form der Besiedlung mit Einzelgehöften. Die Kartoffel wurde als neue Feldfrucht eingeführt. In den 30er Jahren des letzten Jahrhunderts wurde das Grundgestz modernisiert, das die Pressefreiheit garantiert. 1842 wurde das Volksschulwesen begründet. Seit 1846 herrscht Gewerbefreiheit, 1865 wurde der Zweikammerreichstag eingeführt, der erst wieder 1968 in ein Einkammerparlament umgewandelt wurde. In den letzten Jahrzehnten des 19. Jahrhunderts wanderten aber trotz der Agrarreform etwa eine halbe Million Menschen wegen Hungers nach Amerika aus.

Um 1900 wurde diese Entwicklung gestoppt. Die Industrialisierung erreichte ihren Höhepunkt mit britischem Kapital, deutschem Know-how und der billigen Arbeitskraft einheimischer Bauern, die als Arbeiter in den Fabriken schufteten. Holzwirtschaft und Maschinenbau hatten im wesentlichen dazu beigetragen. 1901 wurde die Arbeiterunfallversicherung eingeführt. 1905 erhielt Norwegen seine Selbständigkeit, weil König Oskar II. einen Befreiungskrieg fürchtete. Ein demokratisches Wahlrecht wurde eingeführt, die Arbeitszeiten wurden verkürzt. 1920 wurde nach jahrelangem Ringen eine Verfassungsreform verabschiedet, die ein allgemeines und gleiches Wahlrecht garantierte. In diesem Jahr trat Schweden auch dem Völkerbund bei, 1921 unterzeichnete man die Ålandkonvention, die den Ålandinseln die finnische Nationalität läßt. 1932 begann unter der Regierung des Sozialdemokraten Per Albin Hansson der Sozialstaat. In den 30er Jahren wurde zwischen Gewerkschaften und Arbeitgebern ein Friedensabkommen geschlossen, das Schwedens Entwicklung zum Wohlfahrtsstaat ermöglichte.

1914 auf dem „Drei-Königstreffen" proklamierten die Könige von Schweden, Norwegen und Dänemark in Malmö für ihre Länder die Neutralität. Und da Schweden seine Neutralität im ersten Weltkrieg teilweise und im zweiten Weltkrieg ganz wahren konnte, war die im Gegensatz zu Resteuropa unzerstörte Industrie in großem Maßstab in der Lage in Auslandsgeschäfte einzusteigen. Schweden hatte sich endgültig vom Agrarland zum Industriestaat gewandelt. 1946 wurde Schweden Mitglied der UN und beteiligte sich an der Entsendung von Friedenstruppen. 1949 trat es dem Europarat bei. 1960 wurde Schweden Mitglied der EFTA. In der Verfassung von 1974 wurden dem Monarchen nur noch repräsentative Funktionen zugestanden. Im Februar 1982 wurde der Sozialdemokrat Olof Palme von einem Unbekannten auf offener Straße nach einem Kinobesuch erschossen. Seit 1995 ist Schweden Mitglied der EU.

Das heutige Schweden ist durch einen sehr hohen Lebensstandard und ausgeprägte soziale Sicherungen ebenso gekennzeichnet wie durch solide Finanzpolitik, die die alten sozialen Sicherungen zum Teil in Frage stellt.

Die Pistolenpalme im Marine-Museum Karlskrona

Die Schweden

Die Sozialgeschichte Schwedens ist eine rein germanische Entwicklung ohne Einfluß römischen Rechts und römischer Kultur, die im übrigen Europa eine so wesentliche Rolle spielte. Resultate dieser Entwicklung kann der aufmerksame Beobachter auch heute noch entdecken, so z.B. das Allemansrätten.

Heute hat Schweden eine konstitutionelle Monarchie mit einem Einkammerparlament. Im Reichstag, dem obersten Organ des Staates sitzen 349 Abgeordnete. Staatsoberhaupt ist der schwedische König Carl XVI. Gustav. Er hat nur repräsentative Aufgaben. Verheiratet ist er mit der aus Heidelberg stammenden Silvia Sommerlath, die bei den Schweden äußerst beliebt ist. Tochter Viktoria Ingrid Alice Desiree ist die Thronfolgerin. Die Regierungsgeschäfte führt der Staatsminister. Im Parlament sind die Moderata Samlingspartiet, die Sozialdemokraterna, die Folkpartiet, die Centern, die Vänsterpartiet Kommunisterna und die Grünen vertreten.

Die Schweden mit ihrem stark verwurzelten Brauchtum redeten sich oft nur in der dritten Person an, Ende der 60er Jahre sollten sie sich aber von einem Tag auf den anderen duzen. Das gab große Umstellungsschwierigkeiten, aber in der Zwischenzeit hat sich das „Du" als Anrede durchgesetzt. Dabei läßt es sich sogar der König gefallen, zumindest von den Angehörigen des Dala Regiments traditionsgemäß geduzt zu werden, denn in Dalarna duzte man sich schon immer.

Zu dieser Reform der Anrede hat wohl die Entwicklung des Wohlfahrts- und Gleichheitsstaates in der Nachkriegszeit geführt, in der weder hohe Einkommen noch Titel, Orden oder Adel eine große Rolle spielen – im Gegenteil, man übt sich im „Understatement".

Die Schweden sind zurückhaltend und recht scheu, manchmal halt auch fremdenfeindlich wie es bei uns auch vorkommt. Das fällt weniger im Süden des Landes auf, im ehemals dänischen Schonen, wo die Leute - bedingt durch ihre Geschichte - eher etwas aufgeschlossener sind, als im Norden. Da aber sind sie um so verschlossener je weiter nördlich man kommt. Die Scheu und Zurückhaltung mag mit der Entwicklung des Landes zusammenhängen, das nach einer jahrhundertelangen eher puritanischen und oft bäuerlichen Lebenseinstellung erst in den letzten Jahrzehnten Verbindung mit dem Rest der Welt aufgenommen hat. Noch während der Zeit des zweiten Weltkrieges, den die Schweden neutral von außen beobachteten, lebten viele Menschen oft Dutzende von Kilometern von Ortschaften entfernt auf einsamen Gehöften, und der Umgang mit Nachbarn war selten, mit Fremden hatte man eigentlich nie Kontakt. So ist es ausgesprochen schwer, mit Schweden Kontakt zu bekommen, die nie ´rausgekommen sind, andersherum scheinen bereiste Schweden besonders aufgeschlossen und kontaktfreudig zu sein. – Und von denen gibt´s viele.

Zu diesem Bild paßt es eigentlich ganz gut, daß in Schweden (zumindest im Osten) das Nacktbaden nicht üblich ist. Es passiert höchstens ganz heimlich, wenn's wirklich niemand sehen kann. Nach vorübergehender Freizügigkeit in den 60er Jahren, als es auch Sexschuppen gab, hat das Pendel wieder umgeschlagen, und man gibt sich bedeckt. In Smögen sieht das etwas anders aus, aber dieser Ort hat auch eine eigene, für Schweden nicht gerade charakteristische Schickeria.

So ist das FKK-Bad in Saltsjöbaden ein geradezu symbolisches Bauwerk. Es ist nämlich wie eine Bretterburg nach allen Seiten vernagelt und nur von See her erkennt man den Sinn dieses merkwürdigen Verschlags.

Aber es tut sich was in Schweden. Offensichtlich fliegen doch sehr viele nach Mallorca und bringen die dortigen Sitten nach Hause.

An der Zurückhaltung vergangener Zeiten hat sich im Prinzip also bis heute nicht viel geändert. Man gewährt in der Regel Fremden keinen Einblick in den häuslichen Bereich, auch wenn man sich prächtig miteinander versteht. Da aber die schwedische Höflichkeit es erfordert, Einladungen auszusprechen, kann es für den Besucher zu Schwierigkeiten kommen, die Einladung zu deuten. Im Zweifelsfall sollte sie nicht immer ganz ernst genommen werden. Wenn aber der seltene Fall eintritt, sollte man der Dame des Hauses Blumen mitbringen. Verstößt man gegen diese blau-gelbe Etikette, darf man aber durchaus mit Toleranz rechnen.

Der Schwede ist zwar überhaupt nicht servil, aber die schwedische Höflichkeit macht es notwendig, seine Meinung wohl verpackt zu äußern und unangenehme Dinge nur vorsichtig formuliert auszusprechen. Dabei wird von den Gästen das gleiche erwartet. Entspricht der Gast nicht diesen Erwartungen, kann er mit eisiger Passivität rechnen. So empfiehlt es sich, Unangenehmes, auch Unrecht, großzügig zu übersehen. Es lohnt sich im Endeffekt.

Hilfsbereitschaft ist in Schweden selbstverständlich. In Deutschland erinnern wir uns z.B. dankbar an die schwedische Hilfe nach dem zweiten Weltkrieg. Am Steg dagegen ist sie nicht immer so deutlich. Wenn's aber wirklich nötig ist, wird man eine Hand bekommen. Finnische Freunde erzählten uns, daß in einer Bucht bei Sandhamn ihr Anker slippte, während sie einkaufen waren. Als sie zurückkamen, lag ihr Schiff an einer Boje und ihr Anker an Deck. Es muß also etwas dran sein, wenn die schwedische Hilfsbereitschaft gelobt wird.

Die Schweden sind sehr stolz auf ihre Heimat und sie sind sich dieses Stolzes wohl bewußt. Sie kokettieren mit ihm und spotten manchmal etwas über sich selbst – so nach dem Motto: Wir müssen gar nicht übertreiben, wir sind eben Weltspitze. Sie kritisieren sich aber auch selbst und das durchaus mit Humor.

Das Bild der Schweden bei uns ist weniger von Alfred Nobel oder Carl von Linné geprägt als durch das Bild der schwedischen Frauen. Das aber wiederum ist durch Filme in unsere Köpfe eingegraben: Und so sehen wir sie meist blond und selbstbewußt, selbstsicher und emanzipiert. Unter den 8,8 Millionen Einwohnern Schwedens zählt die Statistik übrigens 1,3 Millionen Blondinen.

Ernst Moritz Arndt war schon 1804 begeistert: „Man sieht viel schöne Gesichter, breite Stirnen, lebendige Augen und bei den Weibern viel Schelmerei bei freundlichen Mienen; doch vor allem ist der Wuchs hoch und nervig." Die heutige Mode unterstreicht das sehr deutlich.

In den letzten Jahrzehnten lebten bekannte schwedische Frauen, die teilweise Kultfiguren ihrer Epochen waren, so z.B. Greta (Gustafson) Garbo, Ingrid Bergmann, Zarah Leander, der blonde Eisberg Anita Ekberg, Ingrid Thulin, Bibi Anderson, Mai Zetterling, aber auch die Mädchen der ABBAs. Auch wenn einige schon tot sind, ist der Mythos dieser Frauen lebendig.

Die Farben der Leuchtfeuer geben die Fahrwasserseite an

Die Schweden und ihre Touristen

Mit den Deutschen haben die Schweden offensichtlich einige Schwierigkeiten, denn, so sagen sie, die kaufen ihnen die Häuser und die Schiffe weg und verderben ihnen die Preise. Und dann sind viele unserer Schiffe auch noch größer als ihre. Das führt oft zu Neid. Es sind aber nicht nur die Deutschen – ebenso habe ich Schweden über andere Nationalitäten lästern hören.

Abgesehen von der überwiegenden Zahl der sehr angenehmen Kontakte kann es passieren, daß man angepöbelt wird oder daß, wie es uns im Hafen von Sandhamn passierte, die Leinen vom Steg gelöst wurden, so daß das Schiff allein an der Heckboje schwoite. Aber das sind sicherlich Ausnahmen, für die sich die Mehrzahl der Schweden schämt.

Es fiel uns auch immer wieder auf, daß ein Teil der uns begegnenden Schipper unseren Gruß nicht erwiderte, sondern demonstrativ wegguckte, einer spuckte sogar hinter uns her. Schwedische Freunde wollten es zuerst nicht glauben, gaben dann aber grinsend zu, daß man größere Boote eben nicht gern grüße. Und größer seien alle Boote, die größer sind als das Eigene. So einfach ist das!

Die in letzter Zeit sich verstärkenden Unterschiede zwischen arm und reich, aber auch die teilweise Ablehnung der EU polarisieren die Unterschiede noch mehr und machen schon bestehende Eigenheiten noch deutlicher. Das merkt natürlich auch der Besucher zunehmend. Wir erlebten die unangenehm auftretenden Zeitgenossen häufig, aber nicht so oft, daß sie die aufgeschlossenen Schweden auch nur annähernd aufgewogen hätten, und so haben wir auch durchaus ein positives Bild mit nach Hause gebracht.

Ein deutscher Segler, den wir unterwegs trafen, umschrieb das Verhältnis der Schweden mit den Touris so: „Ich komme mir vor wie unter einer Wechseldusche, mal kalt, mal warm, entweder begegnen wir totaler Ablehnung oder unglaublich netten, aufgeschlossenen Leuten.“ – Dabei werden die Menschen aus Stockholm auch von den übrigen schwedischen Seglern als schwierig empfunden.

Feiertage

Neben Weihnachten (Jul) ist die Mittsommernacht (Midsommar) das größte Fest der Schweden. Es wird an dem Freitag und Samstag gefeiert, der dem 24. Juni am nächsten ist. Das Fest hat heidnische Tradition. Familien, Vereine und Gemeinden feiern in festen Traditionen. An diesem Tag fahren Segelclubs über die Toppen geflaggt mit ihren Booten zu den Inseln, Frauen und Mädchen binden den Sonnenwendbaum, nachdem am Tag vorher die Wiese gemäht wurde. Die Jungen und Männer richten den Baum auf, die Musik spielt, man ißt Frühkartoffeln und Hering, trinkt Schnaps und tanzt bis zum Sonnenaufgang, unter anderem Hambo, einen alten schwedischen Volkstanz. Viele Jugendliche haben einen Blumenkranz im Haar, andere nehmen die Mittsommernacht als willkommene Gelegenheit sich sinnlos zu betrinken.

Die schwedische Mittsommernacht ist nicht mit dem Kopf zu begreifen, eher schon mit dem Bauch. Man muß halt die Musik hören, die in der Mittsommernacht erklingt, und das Licht dieser Nacht auf sich einwirken lassen, um sich der Mystik dieses Festes und den Schweden zu nähern. Man denke auch an Shakespeares „Ein Sommernachtstraum".

Die anderen Feiertage fallen nicht in die Segelsaison, sie entsprechen aber im allgemeinen den norddeutschen kirchlichen Feiertagen. Der schwedische Nationaltag am 6. Juni ist zwar kein Feiertag, wird aber oft mit Reden und auch Paraden zelebriert.

Wrack vor Västervik

Das Jedermannsrecht, ein „Outdoor"-Knigge

Allemansrätten, das Recht zum Allgemeingebrauch regelt den ungestörten Aufenthalt in der Natur. Es besagt, daß in der Natur erlaubt ist, was ihr nicht schadet und keinen Eingriff in die Rechte anderer bedeutet. Es ist kein Gesetz, sondern ein althergebrachtes Gewohnheitsrecht, das einmalig und nur in Schweden, Norwegen und Finnland zu finden ist.

Man darf danach frei in Feld und Wald wandern, ausgenommen sind Hausgrundstücke, Schonungen und bestellte Felder. Weidegatter müssen nach dem Passieren wieder geschlossen, das Vieh darf nicht gestört werden und Zäune und Gatter nicht beschädigt werden.

Man darf in anderer Gewässer baden und Boot fahren und auch anlegen, es sei denn, es besteht Landungsverbot z.B. bei Vogel- oder Robbenschutzgebieten oder es handelt sich um ein Hausgrundstück. Aber es ist verboten im Gelände mit Autos, Motorrädern und Mopeds zu fahren.

Man darf eine Nacht auf anderer (nicht landwirtschaftlich genutztem) Grund zelten, jedoch nicht in Sichtweite von Häusern. In diesem Fall muß man um Erlaubnis bitten.

Man darf wilde Blumen pflücken, Beeren und Pilze sammeln, aber das Mitnehmen von Vogeleiern steht unter hoher Strafe.

Man darf natürlich weder Bäume noch Sträucher absägen oder abhacken oder ausgraben. Ebenso darf Rinde nicht abgeschält und kein Zweig abgebrochen werden.

Man darf grundsätzlich Feuer entzünden, wenn keine Waldbrandgefahr besteht, aber es darf kein Feuer auf den Klippen gemacht werden, denn die Hitze läßt sie leicht platzen. Es ist besser eine Feuerstelle aus kleinen Steinen und Sand zu bauen und nachher gründlich zu löschen, denn die warmen und oft trockenen Sommer führen zu einer erhöhten Brandgefahr.

Man darf keine Abfälle in Feld, Wald oder Wasser zurücklassen.

Das Allemanrätten gilt nicht in Naturreservaten und Vogel- oder anderen Schutzgebieten, da gelten strengere Regeln.

Sperrgebiete und Naturschutz

Es gibt Naturschutzgebiete und Fågelskydd oder Sälskydd (Vogel oder Robbenschutzgebiete). Die militärischen Sperrgebiete, in die nur Schweden Zutritt hatten, sind seit dem 1. April 1997 aufgehoben. Es gibt aber noch Gebiete, die generell von Zivilisten nicht betreten werden dürfen, also auch nicht von Einheimischen. In den ehemals gesperrten Gebieten stehen aber noch häufig Verbotsschilder an Land, so daß es zu Unsicherheiten kommt, die am besten an Ort und Stelle bei der Polizei oder Küstenwacht hinterfragt werden sollten. Bezüglich der Naturschutz- und der Vogel- und Robbenschutzgebiete wird auf Küstenhandbücher neueren Datums verwiesen, in denen entsprechend dem Fahrtgebiet die gesperrten Inseln, bzw Seegebiete beschrieben und die Sperrzeiten angegeben sind.

Von Schwedens 45 Millionen ha sind 1,8 Mio. als Naturschutzgebiete ausgewiesen. Neben 16 Naturparks gibt es 940 Naturreservate und 360 Tierschutzgebiete. Details sollten aus den Küstenhandbüchern entnommen werden.

Bei den Robbenschutzgebieten gilt im allgemeinen ein Zutrittsverbot im Bereich von 1000 m um Inseln und Schären das ganze Jahr über.

Bei den Vogelschutzgebieten gilt im allgemeinen vom 1. 4. bis 15. 7. bzw. 31. 7. Landgangsverbot und das Verbot, das Gebiet in einem Abstand von weniger als 100 m zu befahren. Dabei gibt es allerdings einige Ausnahmen, wenn der Prickenweg näher an dem Sperrgebiet vorbeiführt.

Einreisebestimmungen

Reisende aus Deutschland und den anderen EU-Staaten benötigen lediglich ihren Reisepaß oder Personalausweis. Der Ausweis muß noch mindestens 3 Monate gültig sein. Kinder unter 16 Jahren brauchen einen Kinderausweis, der ab 10 Jahren mit einem Photo versehen sein soll. Alternativ kann ein Eintrag im Paß der Eltern vermerkt sein.

Die Einreise mit Tieren

Seit Schwedens Beitritt zur EU dürfen bei der Einreise auch Tiere mitgenommen werden. Aber vorher sind einige zeitraubende Bürokratismen zu überwinden, die etwa 6 Monate im voraus geplant werden sollten.

Zunächst muß das Tier eine anerkannte Identitätsmarkierung haben (Tätowierung oder Mikrochip), Katzen müssen gegen Tollwut geimpft sein, Hunde auch gegen Staupe und Leptospiren. 4 Monate nach der Tollwutimpfung muß dem Tier eine Blutprobe entnommen werden und an das tierärztliche Labor in Tübingen oder ein anderes anerkanntes Labor geschickt werden. Bis das Ergebnis zurückkommt, vergeht ein weiterer Monat. Diese Überprüfung ist bei regel- und vorschriftsmäßiger Impfung nur einmal im Leben des Tieres notwendig. Außerdem muß eine Wurmkur durchgeführt werden.

Diese ganzen Vorkehrungen kosten mehrere hundert Mark. Genaue Einzelheiten erfährt man bei Statens Jordbruksverk, dem schwedischen Landwirtschaftsamt, Smittskyddsenheten, S-551 82 Jönköping, Fax von Deutschland 0046 36/155 114, Telefon 0046 36/155 000. Wenn die Formulare zurückgeschickt werden, muß ein Euroscheck über 400 SKR Bearbeitungsgebühr beigelegt werden. Rechtzeitig erhält man dann das Formular „Zusammenstellung durchgeführter Impfungen" und „Gesundheitszeugnis" zugestellt. Das Gesundheitszeugnis darf bei der Einreise nicht älter als 10 Tage sein, eine Frist, die bei Törns mit Segeljachten nur schwer einzuhalten ist.

Impfungen

Die Ostküste von Schweden und die Schären sind mit einem Virus verseucht, das eine Hirnhautentzündung verursacht. Das Virus wird durch Zecken übertragen. Es empfiehlt sich daher eine Impfung gegen FSME (Früh-Sommer-Meningo-Enzephalitis), die nach 3 Wochen wiederholt werden muß. Gegen die von den Zecken auch übertragenen Borellien gibt es zur Zeit (Herbst 1997) noch keinen Impfschutz. In Amerika ist jedoch ein Impfstoff in der Erprobung und kurz vor der Zulassung, der in einigen Jahren auch in Deutschland auf den Markt kommen wird.

Zoll

Die Einfuhr von Lebensmitteln für den persönlichen Bedarf und frischer Fleischwaren bis 1,5 kg sind erlaubt. Ebenso Medikamente für den persönlichen Bedarf. Die Einfuhr von Drogen ist verboten. Für die Einfuhr von Alkohol gilt als Mindestalter 20 Jahre, bei Tabak 15 Jahre.

Jeder Erwachsene ab 20 Jahren darf folgende Mengen Alkohol einführen: 5 Liter Wein und 15 Liter Bier über 3,5 Vol. %, dazu entweder 3 l Likör über 15 aber unter 22 Vol. % oder 1 Liter Hochprozentiger über 22 Vol. % oder 3 l Sekt.

Ab 18 Jahren darf jeder 300 Zigaretten oder 150 Zigarillos oder 75 Zigarren oder 400 g Tabak mitnehmen.

Geschäftszeiten

Zwischen 9.30 und 18.00 Uhr haben die meisten Geschäfte geöffnet. Auch die Bäcker öffnen nicht früher. Samstags schließen die Geschäfte um 13.00 Uhr, nur wenige „Jour-butiker" sind länger - bis maximal 20 Uhr - offen. Während der Sommermonate schließen viele Geschäfte wegen der Betriebsferien entweder ganz oder haben verkürzte Öffnungszeiten.

Die Lebensmittelsupermärkte haben täglich, auch sonntags, von 8 oder 9 bis 20 oder 21 Uhr geöffnet.

Chartermöglichkeiten

Die nachfolgende Aufstellung von Vercharterern ist ein Auszug ohne Anspruch auf Vollständigkeit und ohne Wertung. Die Vorwahl für Telefonate von Deutschland aus ist 0046, wobei die 0 der Regionalvorwahl weggelassen werden muß.

Schonen: Blue Ocean Charter, Vikens Varv, Box 15, S-260 40 Viken,
Tel. 042- 23 66 80, Fax 042- 23 66 90.
Vermietung von Segelbooten in Skåne, Bohuslän, Stockholm und Göteborg.

Småland und Stockholm: Sesam Marin Charter, Västergöksvägen 68,
S-162 24 Vällingby, Tel 08- 471 8 430, Fax 08- 471 8 445.
Vermittlung von Motorbooten, Segelbooten und Motorseglern mit oder ohne Skipper in den Küstenregionen Schwedens, auf dem Vänersee, Götakanal und Dalslandkanal.

Vesterviks Boat Charter, Box 47, S-593 21 Västervik, Tel: 0490- 322 09, 164 35
Vermietung von offenen und Kajüt-Motorbooten, Segelbooten und Motorseglern in Småland

RTC-Båtkontakten AB, Bullandö Marina, S-139 56 Värmdö,
Tel: 08-571 452 80, Fax: 08-571 459 80
Seit den 60er Jahren vermittelt RTC- Båtkontakten Charterboote im gesamten schwedischen Küstenbereich. Vermietung in Stockholm, Göteborg, Schonen, Blekinge, Halland, Småland, Västergötland, Uppland und Malmö.

Scandinavian Charter Boats, Box 4020, S-183 04 Täby,
Tel: 08-756 50 08, Fax: 08- 756 59 29.
Seit 20 Jahren vermittelt Scandinavian Charter Boats hunderte von Segel- und Motorbooten an den schwedischen Küsten, im Vänersee, Vättersee, auf dem Götakanal und Dalslandkanal.

Bootssportkarte Serie F

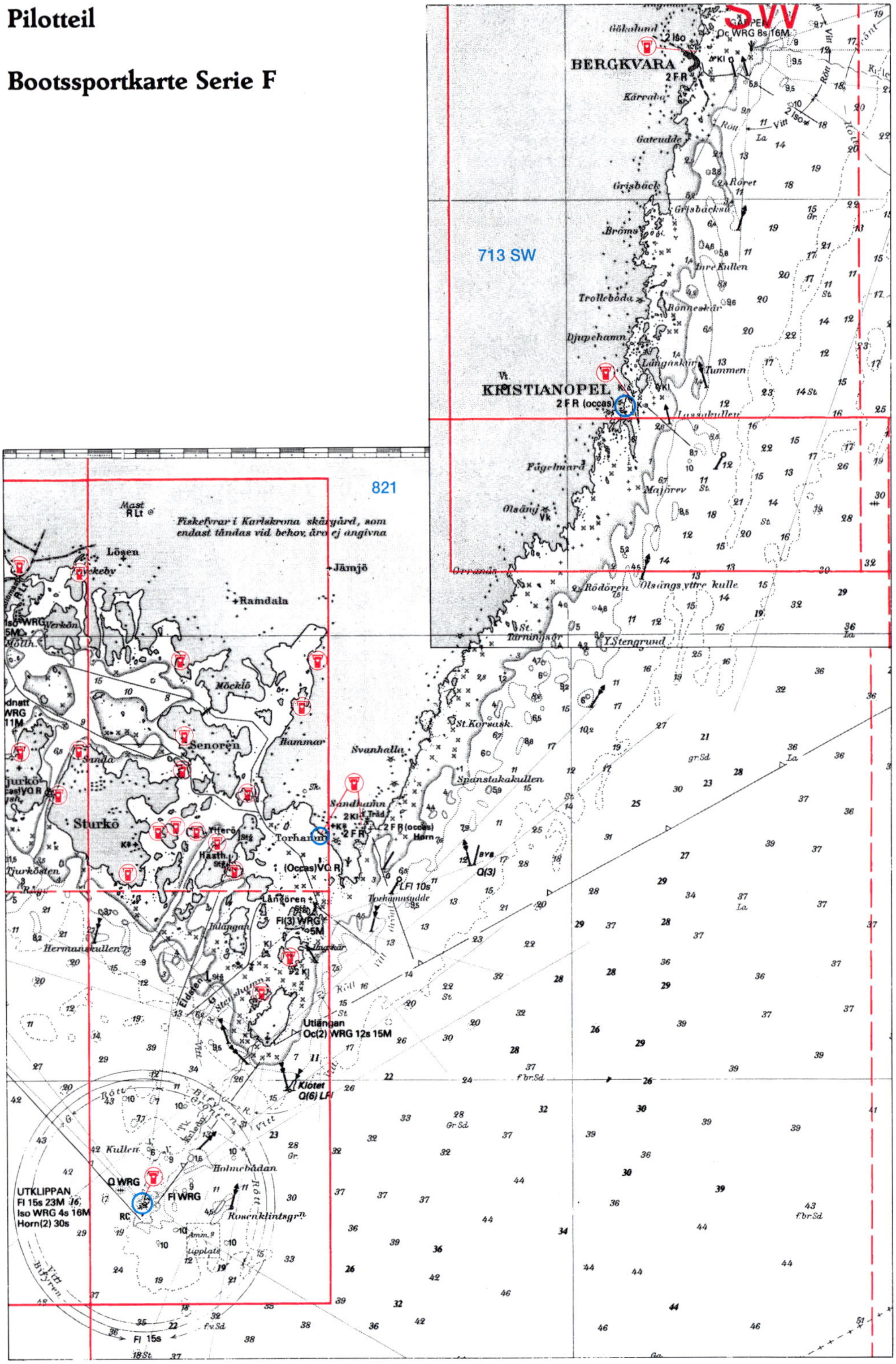

Utklippan, Position 55° 57'4 N, 15° 42'3 E, Karte No 821 SE

Der Törn von Kiel über die Hanöbucht nach Utklippan ist ein guter Auftakt. Wir laufen diesen Inselhafen als ersten im Sommer an, weil er direkt am Weg liegt und uns schon auf die Schären einstimmen soll.

Hier steht ein Leuchtturm und zwischen den drei größten Schären ist ein Hafenbecken angelegt, das früher den Fischern als Schutz vor Unwettern diente. Damals war es noch durch Tore verschließbar. Jetzt rostet die Mechanik vor sich hin und auf dem Reparaturslip verkommt der Wagen.

In dem Haus neben dem Leuchtturm wohnt Gunnar, ein Fischer, der auch als Hafenmeister fungiert, von April bis Oktober und betreibt einen kleinen Kiosk, in dem er seine Fische verkauft. Abends, wenn sich das Hafenbecken füllt und er die ankommenden Boote eingewiesen hat, öffnet er für kurze Zeit seine Bude. Sonst gibt es keine Versorgungsmöglichkeiten. Dafür können wir nach der langen Anreise, umgeben von vielen Möwen und deren Jungen, die noch recht unbeholfen auf den Beinen stehen, die Ruhe eines Inselhafens genießen, der noch einige Meilen vor der Küste liegt. Wenn es neblig ist, kann aber von Ruhe keine Rede sein. Dann blökt nämlich das Typhon nervig in die Hanöbucht und warnt die Schiffahrt vor den Klippen.

Der Hafen ist 90 m lang und 35 m breit und besitzt sowohl eine West- als auch eine Ostansteuerung. Von Westen kommend muß man sich gut von einem Stein, der knapp südlich der Westeinfahrt liegt, freihalten und sie erst ansteuern, wenn sie 90° peilt. Innerhalb der Wellenbrecher liegen auch Steine, die aber gut sichtbar und teilweise sogar angemalt sind. Nach Osten zu verläßt man ihn zunächst mit 60° und hält sich dann auf dem Weg in den Kalmarsund gut von Holmebåden, das durch eine nördliche Untiefentonne gekennzeichnet ist, frei.

Bei starken Winden ist das Anlaufen des Hafens gefährlich und sollte wohlüberlegt sein, denn bei Ostwinden steht eine gefährliche Welle vor der Osteinfahrt und die Grundseen gehen durch den Hafen durch. Bei Westwinden steht auf der Westseite Schwell, der gefährlich werden kann.

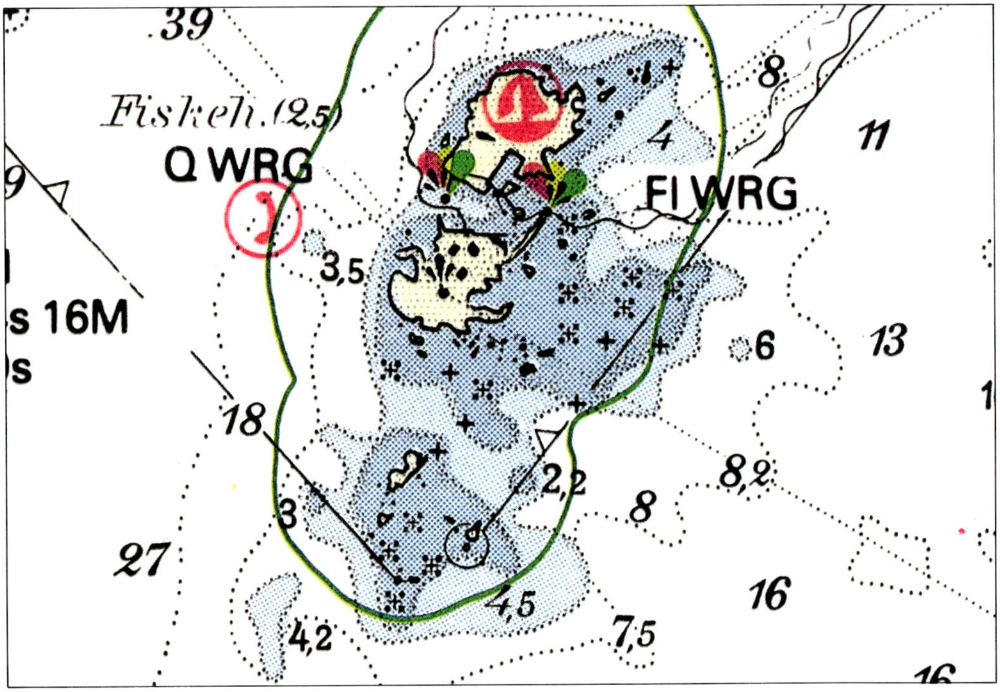

Utklippan

Utklippan: Hafen mit der Einfahrt aus Westen

Torhamn, Karte No 819 SW und 621 NE

Wir sind schon mal an diesem Hafen vorbeigesegelt und hielten ihn für zu flach. Diesmal aber erfuhren wir im Touristbüro in Karlskrona von den Felszeichnungen aus der Bronzezeit, was uns die Entscheidung, zurückzusegeln, leicht machte.

Torhamn liegt nördlich der Einfahrt ins Schärenfahrwasser bei Utlängan, und die Ansteuerung ist tagsüber nicht sonderlich schwer, wenn man die östliche Untiefentonne im Süden der Bucht an Backbord läßt. Nachts sollte man Torhamn nicht anlaufen.

Für die Gäste steht nur der Vorhafen östlich des Molenkopfes zur Verfügung, und bei Westwind steht etwas Schwell hinein. Das eigentliche Hafenbecken reicht gerade für einige der einheimischen Fischerboote. Am Molenkopf und auch neben dem Hafen baden die Jugendlichen des Dorfes an einer Landzunge, die mit einer steinernen Mole verlängert und mit Brettern sehr angenehm ergänzt wurde. Hier findet sich ein winziger Sandstrand mit regem Badeleben zwischen einem kleinen Schilfhafen und großen Steinen. Ich fühlte mich in das Dorf zurückversetzt, in dem ich meine Jugend kurz nach dem Krieg verbrachte.

Am Hafen gibt es während der Saison ein Café und das Dorf ist etwa 600 bis 700 m entfernt. Dort gibt es einen Laden und eine Post. Es ist ruhig hier. Die Kinder grüßen mit einem lauten „Hej", und die Älteren antworten freundlich auf meinen Gruß. Hier schieben die jungen Mütter noch im Bikini und barfuß ihren Kinderwagen durchs Dorf und alle finden´s gut. Uns gefiel es, und wir blieben, bis der Wind drehte und wir weitersegeln konnten.

Möckleryd mit seinen Felszeichnungen erreicht man mit dem Fahrrad über die Landstraße nach etwa 4 km in Richtung Jälmjö. Der Linienbus fährt da auch entlang und hält an dem Waldweg zu den Steinen. Der Abzweig in den Wald hinein ist zwar gekennzeichnet, aber das Schild ist recht unauffällig.

Die Felszeichnungen stammen aus der Bronzezeit (1800 bis 500 v.Chr.). Man weiß heute, daß sie rituellen Ursprungs sind, kennt aber nicht die Zusammenhänge und kann sie nur in einzelnen Fällen annähernd deuten.

Torhamn aus der Ferne

Möckleryd: Schiffe und Sonnenräder, Krieger und Fruchtbarkeitssymbole

Kristianopel, Karte No 713 SW

Dieses Dorf ist weder spektakulär, noch gibt es da etwas besonderes zu sehen. Eher ist es so, daß das Ganze einen harmonischen Eindruck hinterläßt, und für die, die es einmal gesehen haben, ist es ein Magnet, der sie immer wieder hinzieht, wir jedenfalls segeln ungern daran vorbei.

Kristianopel ist von den Dänen als Gegengewicht zu Kalmar an der Grenze des dänischen Reiches gegründet worden, hat aber nie auch nur annähernd die Größe und Bedeutung des schwedischen Nachbarn erreicht. Heute ist es ein kleines verschlafenes Dorf, das innerhalb seiner noch erhaltenen Stadtmauer in einem Dornröschenschlaf ruht. Die Kirche ist bescheiden, aber eindrucksvoll, und die schmalen, versteckten Wege, zwischen den Häusern und Gärten voller Rosen und Wicken, mit ihrem groben Steinpflaster und den hohen, schützenden Steinwällen, Büschen oder Bäumen atmen die Ruhe einer längst vergangenen Zeit. Es sind leise Schönheiten, die entdeckt werden wollen, aber wer Augen hat zu sehen, wird nicht enttäuscht sein. Torhamn und Kristianopel sind hübsche Beispiele für Blekinge und seine Gartenlandschaft.

Während der Saison verkauft ein Trödler in einer der Buden am Hafen alten Ramsch, Kitsch und auch mal Antiquitäten, wenn man die Geduld hat, sie unter all dem Kram zu finden.

Die alte Straße in Kristianopel

Der Hafen von Kalmar, nachts von der Disco aus gesehen

Die geheimnisvolle Blå Jungfru

Kalmar, Karte No 713 NE, 712 NW, 712 SW und 712 SE

Die ehemalige Hansestadt liegt an der Enge des Kalmarsundes zwischen dem Festland und der Insel Öland. Kalmar wird wohl für jeden Törn in die Schärenwelt der Ostküste den Ausgangspunkt darstellen. Die Stadt ist ideal zur Verproviantierung. Sie bietet gute Verbindungen mit der gesamten Ostküste, der Bootszubehörladen am Hafen ist Stützpunkt der Kreuzerabteilung, notfalls Postadresse und die letzte Möglichkeit auf dem Weg nach Norden, die leeren, grauen Gasflaschen zu tauschen. Seine Adresse ist Baltic Skepsfournering, Ölandskajen, Box 276, S-391 23 Kalmar. Die Besitzer sprechen fließend deutsch und Frau Rühl und ihre Kinder sind sehr nett und hilfsbereit. Weiter nördlich gibt es keine Tauschmöglichkeit mehr, nur in Göteborg kann man die Flaschen wieder auffüllen lassen.

Die Ansteuerung erfolgt, von Süden kommend, aus dem Kalmarsund um den Lotsenhafen herum in den Gamla Hamnen und weiter in den Ölandshamnen, wo am Eingang an der Nordseite an Stegen längsseits und sonst entlang der Betonpier an Heckbojen festgemacht wird. Vorsicht ist lediglich an der Nordwestecke des Hafeninneren direkt vor dem Hafenmeisterbüro geboten, wo die Wassertiefe bei nördlichen Winden so weit abnehmen kann, daß man den Liegeplatz nicht mehr verlassen kann.

An den Liegeplätzen findet man in regelmäßigen Abständen Wasser und Strom, an der Stirnseite im Hafeninneren sind das Büro des Hafenmeisters, die Duschen und die Waschmaschinen untergebracht, zur Sauna läuft man etwa 20 Minuten. In dem großen Gebäude an der Hafennordseite ist nicht nur ein Supermarkt mit vielen anderen Geschäften untergebracht, sondern auch eine Disco und ein McDonalds, die beide Wallfahrtsstätten für die Jugend der Umgebung darstellen. Daher bietet diese Pier an den Abenden und Nächten der Wochenenden, ganz besonders aber Freitags und Samstags so manche Überraschungen für die Boote direkt an der Disco. Colabecher auf dem Deck sind zwar nicht sehr schlimm, lassen sich aber an anderen Plätzen ebenso vermeiden wie Lärmbelästigung durch Discobesucher und Spurtorgien von aufgemotzten Oldtimern auf dem angrenzenden Parkplatz.

Gegen Ende des 14. Jahrhunderts war die Lage der Insel ideal für den Handel mit der nördlichen Ostseeregion. Damals gehörte Kalmar mit Stockholm und Visby zu den reichsten Städten Schwedens. Noch heute sind viele Spuren der mittelalterlichen Glanzzeit zu sehen; dazu gehört das schön gelegene Schloß. Der ehemalige Wohlstand der Stadt spiegelt sich auch in den stattlichen Gebäuden der Stadtmitte wider. Dazu gehört auch die barocke Domkirche, die längst nicht so pompös und überladen ist wie die süddeutschen Barockkirchen. In der Nähe des Schlosses findet man ein malerisches Beispiel eines Kleinstadtmilieus aus dem 17. und 18. Jahrhundert und die Reste der gewaltigen Stadtmauer zeigen die Wehrhaftigkeit der Stadt, die allerdings auch nicht die dänischen Überfälle verhindern konnte.

Heute spielt sich das Sommerleben in den Straßencafés, den überdachten Einkaufspassagen und den gemütlichen Café- und Teestuben ebenso ab wie auf den belebten Straßen. Wer Lust hat, Gesichter zu entdecken und sich unter die Leute zu mischen, dem wird's leicht gemacht, denn die zentrale Lage des Hafens ist ideal, um am Leben der Stadt teilzunehmen. Während der Sommermonate sind im Hafen auch wöchentliche Veranstaltungen mit Musik und Tanz und am Wochenende ist zwischen der Disco am Hafen und den anderen Lokalen der Stadt ein Leben, wie es lebendiger nicht sein kann. Hunderte von Jugendlichen stehen und gehen zwischen den Kneipen hin und her. Es macht Freude, dabei zu sein.

Sehenswert ist das Schloß, in dem die Kalmarer Union unterzeichnet wurde und die Kronan Ausstellung im Kalmar Läns Museum, die recht anschauliche Szenen und Details aus dem Leben der Besatzung des Regalschiffes Kronan zeigt, das von den Dänen und den verbündeten Holländern beschossen wurde, durch eine Explosion der Pulverkammer in die Luft flog und sank. Sie wurde von einem finnischen Admiral befehligt, der noch nie vorher eine solche Aufgabe gehabt hatte. Er starb wie die meisten seiner 840 Leute bei der Explosion. Einer jedoch wurde durch die Druckwelle hochgeschleudert, flog über zwei holländische Schiffe und landete weich im Segel eines schwedischen Schiffes. Dieses unglaubliche Ereignis ist in einem Bild festgehalten.

Der weitere Weg führt unter der Ölandbrücke hindurch, die 36 m Durchfahrtshöhe hat. Die Pfeiler der Durchfahrt sind orangefarben und grün gemalt und nachts angestrahlt. Später segelt man an der sagenumwobenen Blå Jungfru vorbei, einer Insel, auf der früher Hexen verbrannt worden sein sollen. Die einheimischen Segler warnten uns eindringlich davor, einen Stein als Souvenir mitzunehmen, denn der würde uns Unglück bringen, weil darin die Seelen der verbrannten Frauen wohnten. Die Insel ist unbewohnt und steht unter Naturschutz.

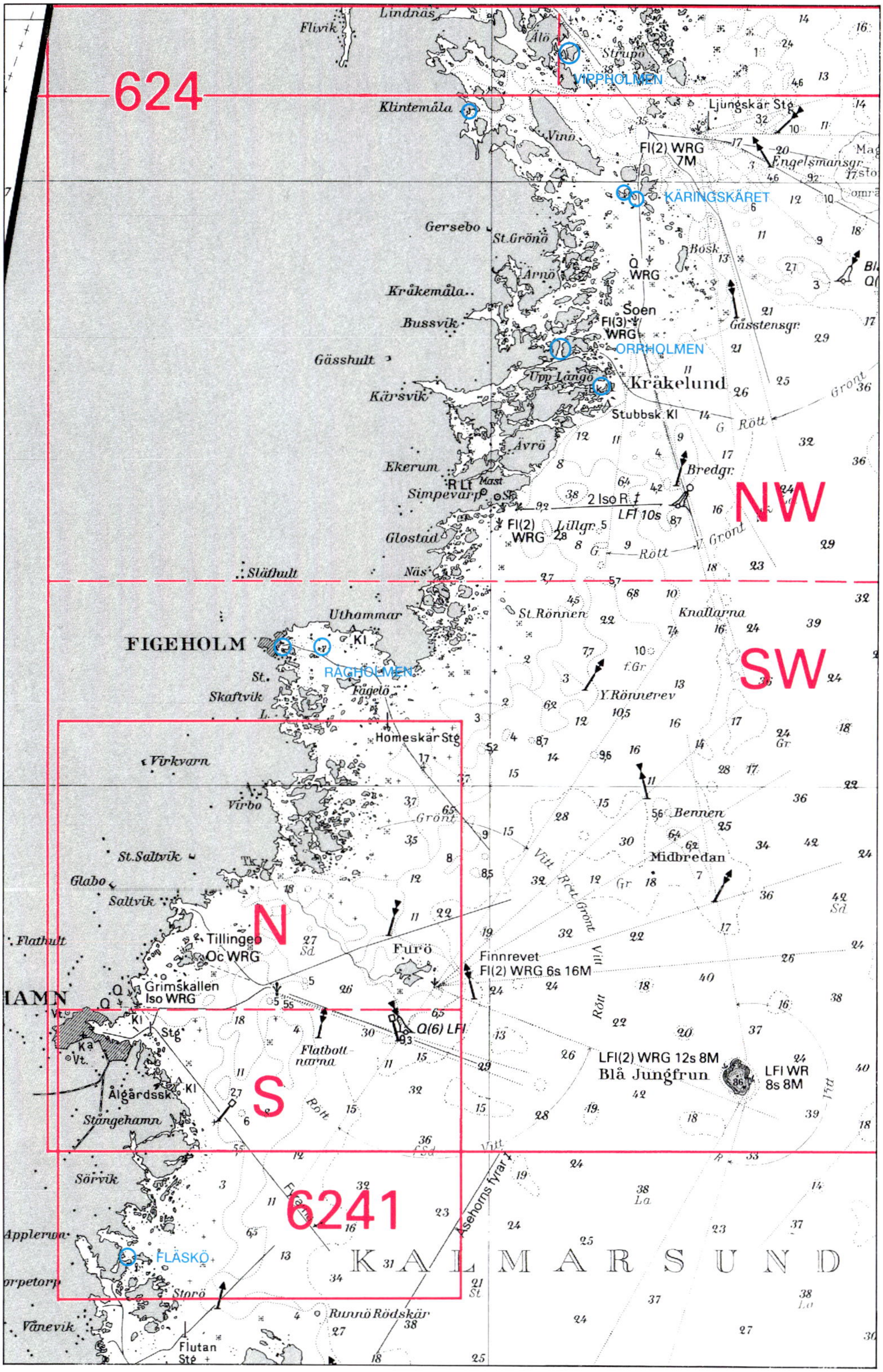

624
6241
NW
SW
N
S
VIPPHOLMEN
KÄRINGSKÄRET
ORRHOLMEN
RÅGHOLMEN
FLÄSKÖ
Lindnäs
Flivik
Ålö
Strupö
Klintemåla
Ljungskär Stg
Vinö
Fl(2) WRG 7M
Engelsmansgr.
Gersebo
St.Grönö
Bosk
Q WRG
Kråkemåla
Arnö
Soen
Fl(3) WRG
Bussvik
Gässtensgr.
Gässhult
Upp Längö
Kräkelund
Kärsvik
Stubbsk. Kl
Grönt
Rött
Ävrö
Bredgr.
Ekerum
R Lt
Mast
Simpevarp
2 Iso R
LFl 10s
Fl(2) WRG
Lillgr.
Glostad
Släthult
Näs
St.Rönnen
Knallarna
Uthammar
FIGEHOLM
Kl
St. Skaftvik
Fågelö
Y.Rönnerev
Homeskär Stg
Virkvarn
Virbo
Bennen
Midbredan
St.Saltvik
Glabo
Saltvik
Vitt
Flathult
Tillingeö Oc WRG
Furö
Finnrevet Fl(2) WRG 6s 16M
Grimskallen Iso WRG
Q
Kl
Stg
Q(6) LFl
Flatbottnarna
LFl(2) WRG 12s 8M
Blå Jungfrun
LFl WR 8s 8M
Ålgårdssk. Kl
Stångehamn
Sörvik
Åsehorns fyrar
Applerum
Storö
KALMARSUND
Runnö Rödskär
Vånevik
Flutan Stg

Fläskö und Solbergnäset, Position 57° 12'100 N, 16° 28'600 E, Karte No 6241 S

Freunde von der Flora gaben uns einen Tip: Zwischen Kalmar und Oskarshamn gibt es noch einen kleinen Schärengarten, der geschützte Plätze bietet. Dadurch kann die Strecke im Sund, die sich manchmal etwas arg zieht, in etwa halbiert werden.

Fläskö selbst bietet Möglichkeiten am Fels, aber auch die südwestlich davon gelegene Bucht ist groß genug, um frei zu ankern. Sie bietet auch Möglichkeiten, mit dem Bug an den Fels zu gehen, wobei die Leinen an Bäumen festgemacht werden können. Der Fels fällt teilweise steil ins Wasser, zum größten Teil ist die Küste aufgelockert mit nur einzelnen größeren Steinbrocken, die tiefes Wasser versprechen. Man kommt also an einigen Stellen auch bequem an Land. Der Ankergrund besteht aus Lehm und Mud.

Auch um die Ecke, also im 3-Meter-Bereich, gibt es noch Möglichkeiten, an den Fels zu gehen, ebenso wie im Norden der Bucht bei Stora Ekeholm - je nachdem woher halt der Wind kommt. Die Flora, ein deutsches Motorboot, ankerte da frei und hatte nachts eine Leine um einen Baum.

FLÄSKÖSUND

Skala 1:12500

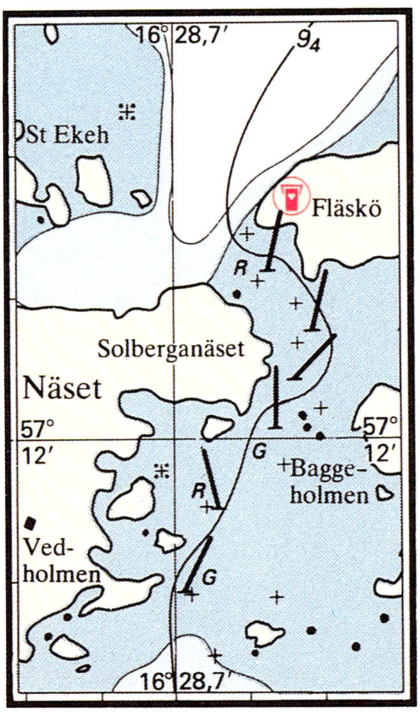

Figeholm, Position 57° 22'250 N, 16° 33'200 E, Karte No 6241 N

Das erste Mal war Figeholm für uns ein Fluchthafen, als wir spät im Jahr gegen den anhaltenden Südwest heimwärts bolzen mußten. Seit Tagen wehte es ohne Unterbrechung aus Südwest und wir froren wie die Schneider. Als wir in den Figeholmer Schärengarten einliefen, kam uns das vor wie ein Paradies. Das steigerte sich noch, als wir in den idyllischen Hafen kamen, in dem sich schon zwei Deutsche auf die Lauer gelegt hatten und auf besseres Wetter warteten.

Jetzt ist der Hafen bei uns eigentlich zur Institution geworden. Figeholm ist ein sehr ruhiges Dorf mit sehr vielen neuen Häusern und einer offensichtlich intakten Struktur. Der Hafen wird vom Figeholms Båtklubb gemanagt. Es gibt also auch keinen hauptamtlichen Hafenmeister, sondern rotierend jede Woche einen anderen Segler, der diese Funktion (offensichtlich ganz gern) übernimmt. Das macht sich sehr positiv im Umgang mit den Gästen bemerkbar. Wir sind noch nie in eine solch freundliche Atmosphäre eingetaucht wie hier.

Der Hafen bietet alles, was sich der Schipper wünscht. Ruhige Plätze an Heckbojen im Carré um das Clubhaus mit einer Wiese und alten Bäumen, Wasser, Strom vom Clubhaus (das macht eine sehr lange Leitung notwendig) und hilfreiche Clubmitglieder, wenn mal ein Problem auftaucht. Die Toiletten sind wie auch die Duschen ausnehmend sauber. Waschmaschine und Trockner gibt es ebenso wie eine Tankstelle, einen Segelmacher und einen Werftbetrieb. Und wenn das Wetter wirklich schlecht ist, öffnet einer aus dem Club das gemütliche Clubheim zum Aufwärmen und Klönen.

Der Smutje freut sich über den Konsum, der nicht weit vom Hafen liegt und den man auch mit dem Dingi erreichen kann, wenn man den Nordbach hinaufrudert. Auf der Straße zum Campingplatz zeigt ein Schild zu einem Haus, wo ein Privatier Fische räuchert. Fragt man Margarete, sagt sie gern, wann der Lachs fertig geräuchert sein wird.

Die Ansteuerung ist im Kapitel Rågholmen beschrieben. Wir liegen hier ausgesprochen gern und freuen uns immer wieder auf den netten Hafenmeister – jedesmal ein anderer.

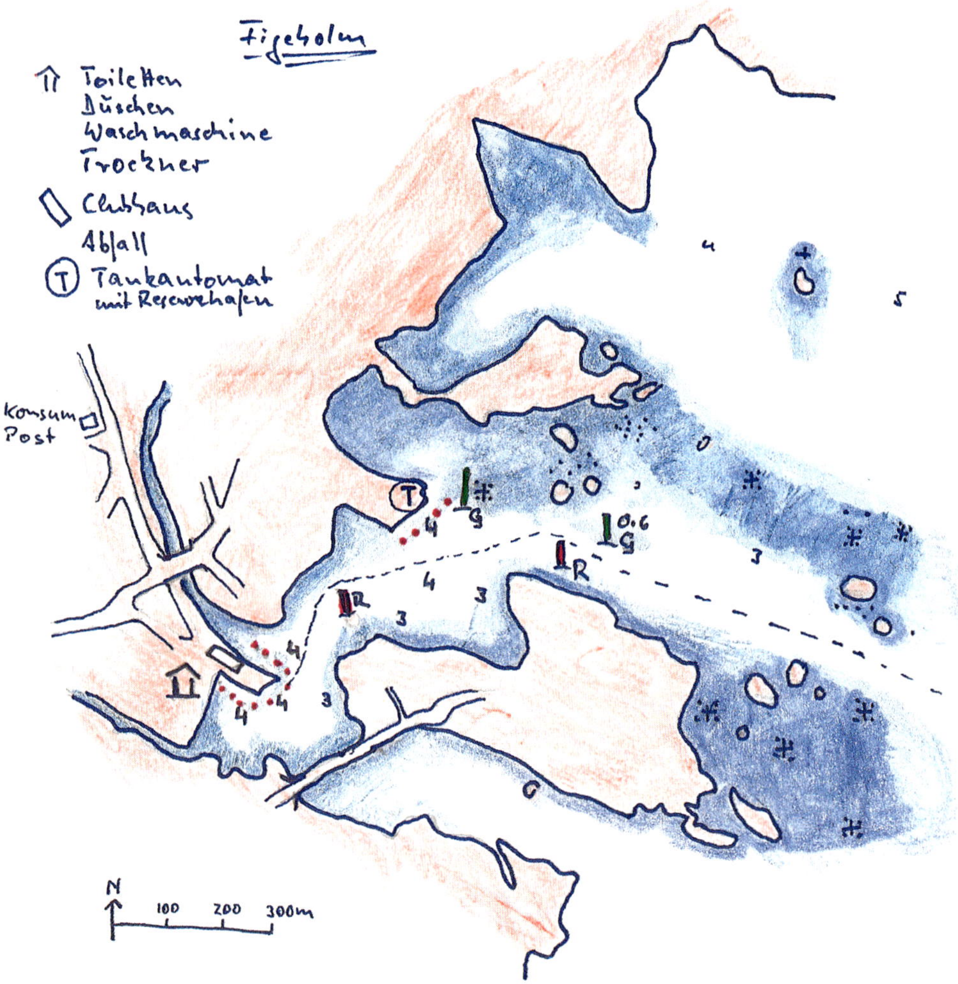
Figeholm
Toiletten
Duschen
Waschmaschine
Trockner
Clubhaus
Abfall
Tankautomat
mit Reservehafen
Konsum
Post
N
100
200
300m

Der Hafen von SW

Blick zu den Häusern des Dorfes

Rågholmen, Position 57° 22'4 N, 16° 34'8 E,
und Fågelö in Figeholms Skärgård, Karte No 6241 N

Auf dem Weg nordwärts sollte unser erster ruhiger Ankerplatz bei Figeholm sein. Erst machten wir aber im Hafen fest, um von den einheimischen Seglern einen Tip zu bekommen. Einer aus dem Segelverein, der gerade rotierend als Hafenmeister fungierte, lud uns herzlich zum Mittsommerfest ein, das der Club auf seiner Insel feiern würde. Er beschrieb uns auch, wie wir nach Rågholmen kämen.

Also, wieder aus dem Hafen raus und nach der 3. grünen Tonne über 3 bis 5 m Wasser nach Norden schwenken. Vorbei an Grytsholmen. Dann lassen wir eine kleine, grüne Tonne, die vom Verein ausgelegt wird und nicht in der Karte steht, an Steuerbord. Danach wird's wieder tief und man kann wählen, ob man an die Clubbrücke mit etwa 2 bis 5 m Wasser geht oder seinen Haken auf dem gutem Ankergrund auf 7 m Wasser fallen läßt. Wir ankerten nördlich von Rågholmen.

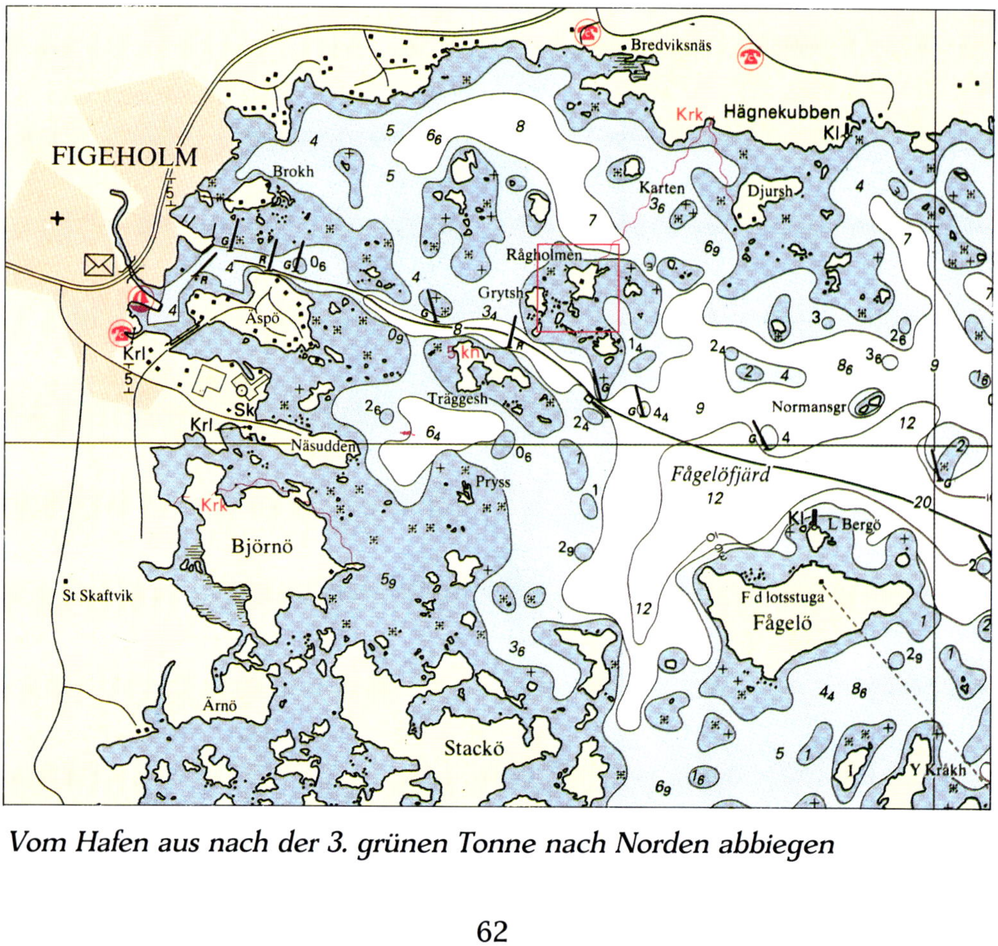

Vom Hafen aus nach der 3. grünen Tonne nach Norden abbiegen

Die Insel gehört dem Figeholm Båtklubb. Es steht ein Clubhaus mit großer Veranda darauf, das bei Festen bewirtet wird, und eine Humustoilette. Der anfallende Müll muß wieder mitgenommen werden, und es gibt kein Wasser. Wir feierten da die Mittsommernacht, der Musik lauschend und erzählend, essend, trinkend und vor allem schwofend.

Die Ansteuerung zum Schärengarten von Figeholm ist solange etwas schwierig, bis man den Eingang zum Prickenweg gefunden hat. Hilfe dabei bietet eine Bake auf Hommeskär, die mit dem Lotsenhaus auf Fågelö in Deckung gebracht werden muß. Der weitere Weg wird durch Tonnen markiert. Schiffsverkehr, es sei denn von Yachten oder Rettungskreuzern, ist nicht zu befürchten.

Vor Figeholm sind neben dem Fahrwasser reichlich Ankergelegenheiten bis ganz knapp vor den verträumten Hafen, so z.B. an der Nord- oder Westseite von Fågelö südlich des Prickenweges. Eigentlich bräuchte man gar nicht weiter zu segeln, denn hier ließe sich die Zeit sehr unterhaltsam verbringen. Zauberhafte, meist bewaldete Inselchen säumen den Weg und laden zum Verweilen ein. Dingisegeln, Angeln und Baden bieten sich in diesem geschützten Revier geradezu an. Im Winter ist dieses Gebiet ein beliebter Treffpunkt für Schlittschuhläufer, die mit ihren Autos über das in den letzten Wintern (1995/96 und 96/97) 1,20 m dicke Eis zu den besonders reizvollen Ecken anreisten.

Sommeranfang im Schärengarten

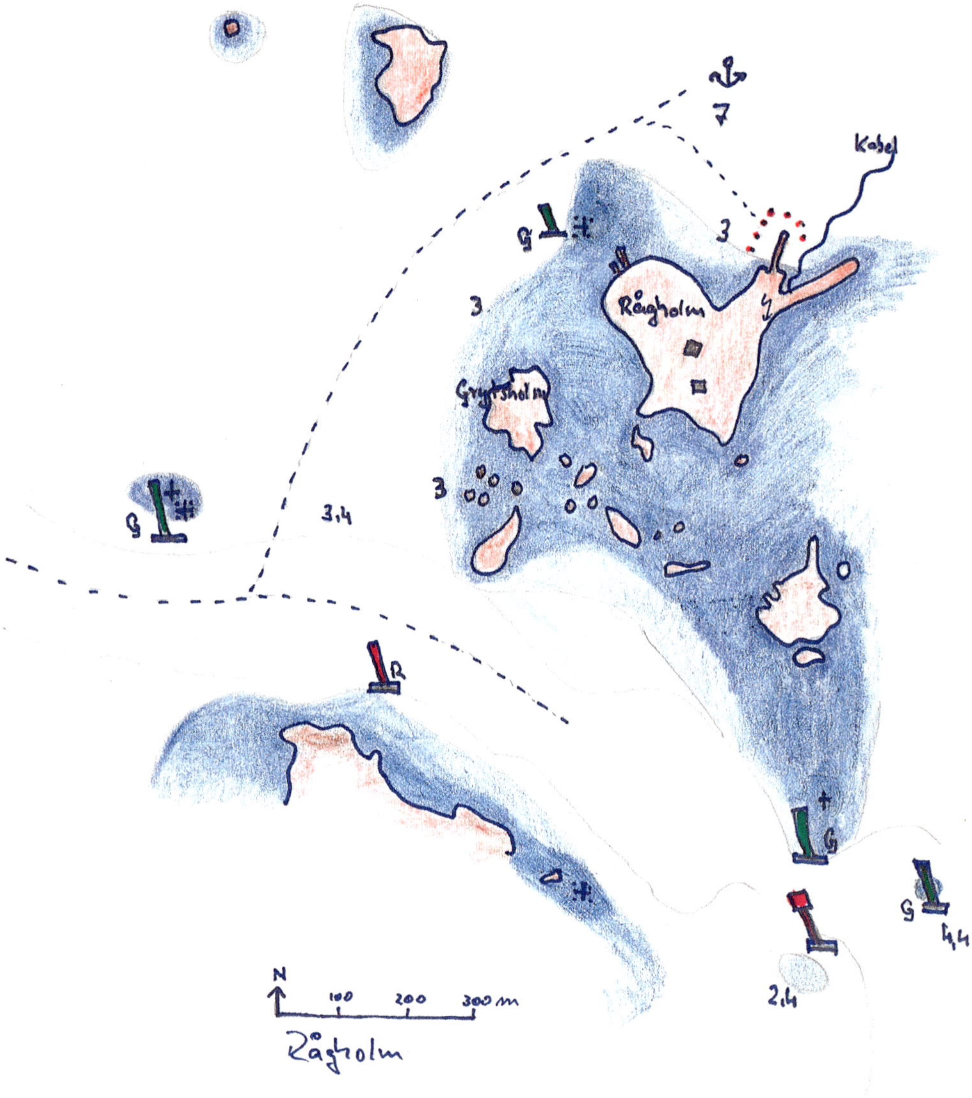

7
Kabel
3
Rågholm
3
Grytsholm
3
3,4
R
G
G
G
G
4,4
2,4
N
100
200
300 m
Rågholm

Rågholm in Figeholms Skärgård

Die Crew hat sich schon an die schwedische Variante von Meditation gewöhnt

Kråkelunds Lotshus, Position 57° 27'1 N, 16° 43'5 E, Karte No 624 NW

Wer auf der Weiterfahrt etwas Nerven aufbringt, kann den Prickenweg nach Norden nehmen, der auch zur Not für knapp 2 m Tiefgang gut ist. Aber Nerven braucht man! Die Strecke ist eng, gewunden, flach und steinig, aber eben eine erhebliche Abkürzung auf dem Weg nach Norden. Sie führt im letzten Teil an einem riesigen Kernkraftwerk mit drei Reaktoren (Oskar 1-3) vorbei.

Hier im Gebiet zwischen Figeholm und Västervik gibt es 7000 Schären, von denen 3000 Ankerplätze bieten - die allerdings wollen entdeckt werden.

Ein paar Seemeilen weiter nördlich liegt das alte Lotsenhaus von Kråkelund südlich einer Ankerbucht, die außer gegen nördliche Winde gut geschützt ist. Freies Ankern geht gut, aber das Ankern mit dem Bug am Fels ist wegen der dem Ufer vorgelagerten Steine kaum möglich. Auf der Insel finden sich einige Süßwasserseen. Wer aber nicht da bleiben will, folgt so wie wir etwas nördlich des Lotshus dem Prickenweg nach Westen, der in ein Naturreservat führt.

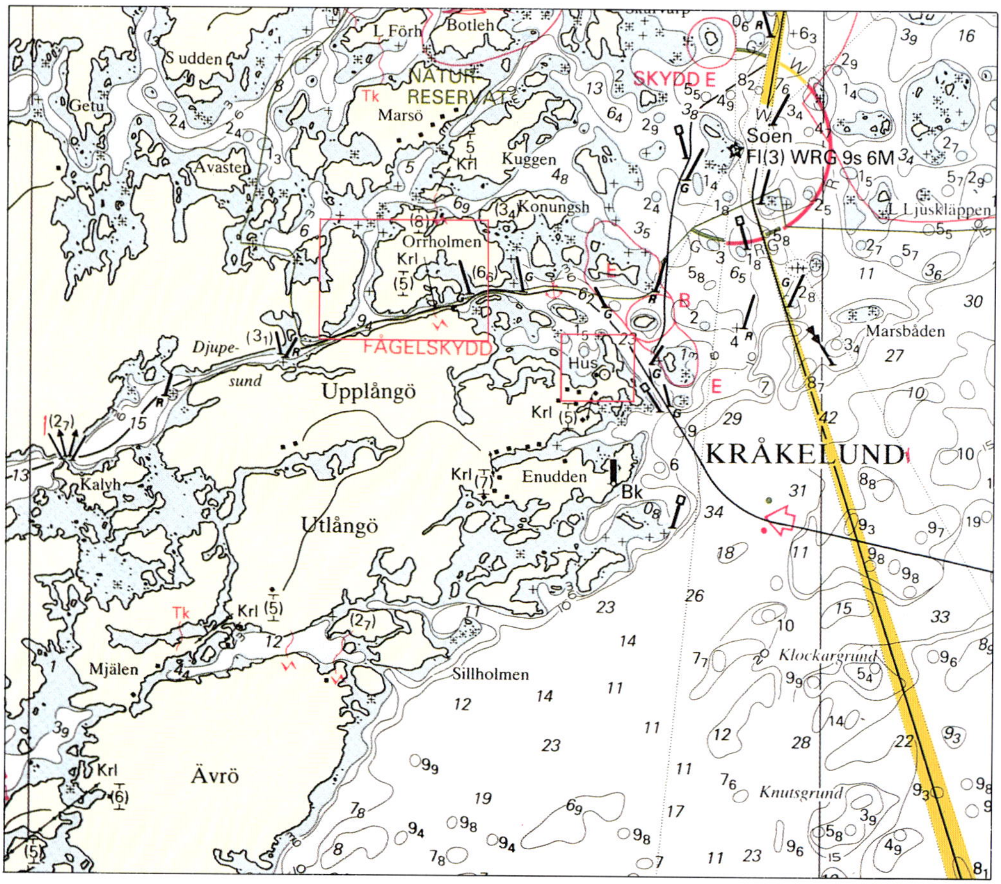

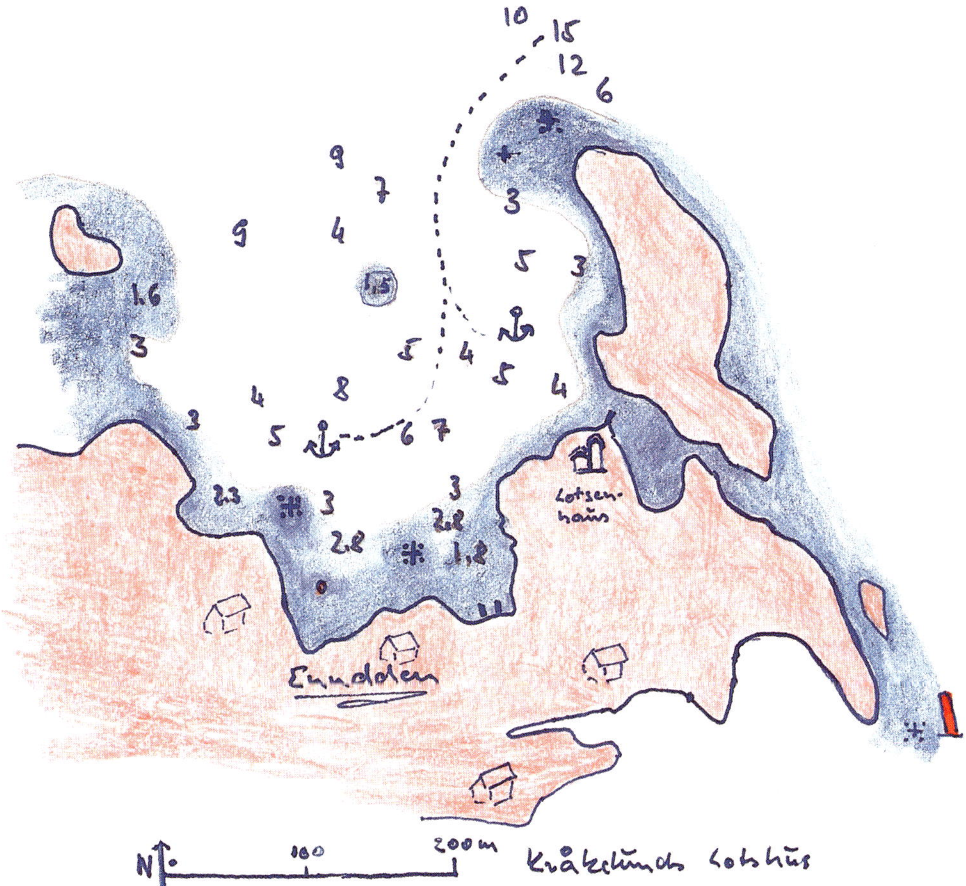
Lotsen-
haus
Enndalen
N
0
100
200 m
Kråkelunds Lotshus

Die Bucht bei Kråkelund Lotshus

Spiegelglatte See etwas nördlich zwischen den Schären

Orrholmen in Kråkelunds Skärgård, Position 57° 27'3 N, 16° 42'1 E, Karte No 624 NW

Siehe Kartenausschnitt bei Kråkelunds Lotshus

Auf dem Weg von Kråkelund in das Naturschutzgebiet ist in der Karte ein Stromkabel verzeichnet, das in 5 m Höhe das Wasser überquert. Nicht bange machen lassen! Es quert unterirdisch den Weg. Die 5 m beziehen sich auf eine kleine Bucht nördlich neben dem Fahrwasser. Gleich hier findet man den ersten Ankerplatz am Fels.

Von dem ausgeprickten Fahrwasser führt westlich von Orrholmen ein Weg ein paar hundert Meter nach Norden. Da finden sich Plätze zum freien Ankern, aber auch Stellen, wo man mit dem Bug an den Fels gehen kann. Besonders schön ist es in der Bucht mitten in diesem kurzen Weg, aber auch an seinem nördlichen Ende. Steiniges Ufer wechselt da mit Schilf und Wald ab.

Folgt man aber dem Prickenweg weiter, kommt man in ein kaum besuchtes Gebiet mit weiteren Ankerplätzen. Navigatorisch ist dieses Revier anpruchslos.

Wir freuten uns über die Trampelpfade, die im Wald von einem Blaubeerfeld zum anderen führen.

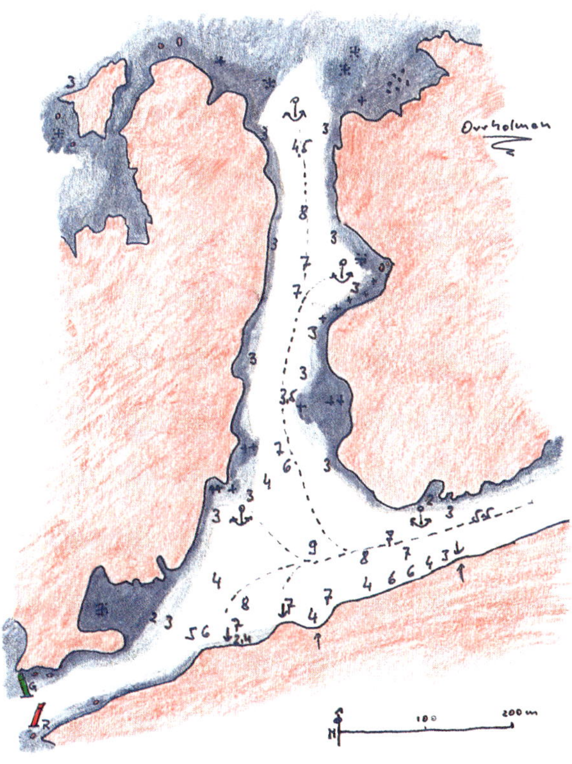

Die kleine Bucht von Orrholmen: Blick nach Osten

Blick nach Norden

Käringskäret, Position 57° 29'860 N, 16° 43'900 E, und Äspklubben, Karte No 624 NW

Nur 3 Meilen weiter nördlich finden sich westlich des Fahrwassers zwei Inseln, die an ihren nördlichen Enden teilweise steil ins Wasser abfallen. Bei Winden aus den südlichen Quadranten liegt man hier recht gut. An der Nordseite von Käringskär liegen überspülte Steine, die umfahren werden müssen, damit man an den Fels gelangt. Zwischen ihnen und dem Fels kann aber ein Boot liegen.

An der Ostseite des fjordartigen Einschnittes liegt man gut geschützt gegen östliche Winde. Die Ansteuerung ist einfach, aufpassen muß man lediglich wegen der überspülten Steine, die in der Einfahrt zu den Inseln liegen, sobald man das Fahrwasser verlassen hat. Sie sind aber gut zu sehen.

Die Insel ist pure Wildnis, und der tiefe Einschnitt mit dem brakigen Wasser ist ein schieres Mückenreservoir, das aber tagsüber nicht stört. Abends allerdings sollte man vorsorgen!

Der Grund weshalb nicht allzu viele Segler hierher kommen, ist wohl die Konkurrenz zu einem Buchtensystem 2 Meilen weiter nördlich, das in den schwedischen Büchern beschrieben ist. Sein Name ist Stora Vippholmen.

Noch näher am Fahrwasser liegt der Einschnitt zwischen Stora Käringskär und Äspklubben, den man auch von Norden her ansteuert. Hier gibt es einige Plätze am Fels, hauptsächlich an der Steilküste von Stora Käringskär mit Schutz gegen West bis Südwest und Ost. Da der Ankerplatz direkt am Weg liegt, kommen auch noch spät abends Nachzügler. Man ankert hier auf 2-5 m Wasser.

Die Schwalben sammeln sich zum Flug in den Süden.

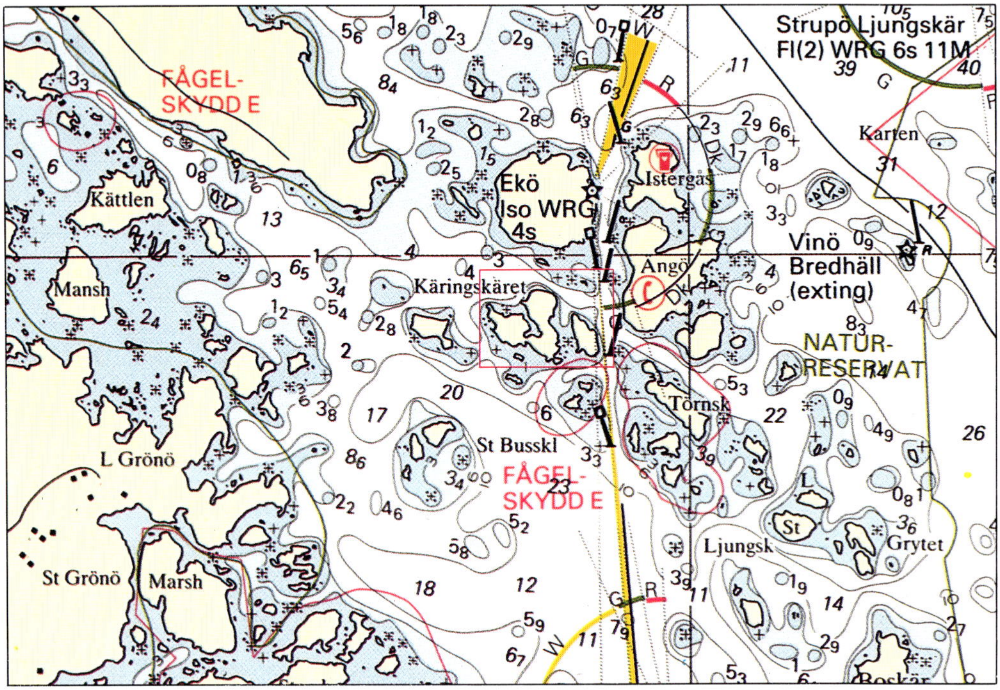

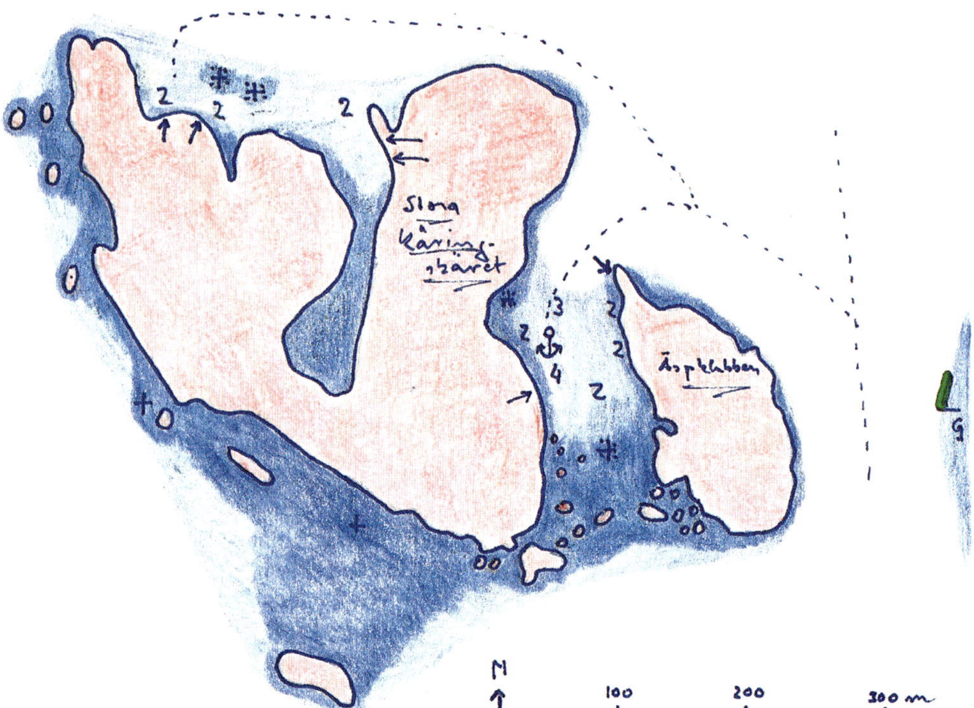

Käringskäret

Die westliche Landzunge von Käringskäret

An der Nordseite von Käringskäret mit Blick nach E

Klintemåla, Position 57° 31´100 N, 16° 39´300 E, und sein Skärgård, Karte No 624 NW

Nach Figeholms Skärgård glaubten wir zu wissen, wie romantisch ein solches Inselparadies ist, aber wir fanden noch ein anderes: Größer, weiträumiger und voller Ankerplätze, die aufzulisten, den Rahmen sprengen würde.

Seit Jahren segeln wir an den Hinweisschildern vorbei, die dem Segler verkünden, daß „Klintemålas Sommarbutik öppet“ ist. Irgendwann mußten wir ja mal nachsehen, was das für eine Butike ist. Es ist ein Lebensmittelladen.

Wir segelten nur mit der hochgeschnittenen Klüverfock mit achterlichem Wind durch diese Schären und sahen Vippholmen von Süden, und alle Boote, die vorher an unserem Platz zwischen Lilla und Stora Vippholmen vorbeisegelten und nicht wiederkamen, die sahen wir jetzt versteckt zwischen den Steinen liegen. Es braucht offensichtlich eine ganze Portion Phantasie, um zu diesen Plätzen zu finden. - Hier in diesem Teil des Schärengebietes kann man es lernen, denn die Inseln sind fast alle zum Ankern geeignet und wenn man die anderen am Fels sieht, ist das Ziel ja klar. Nur der Weg und das Wie muß noch gefunden werden. Also, Blick in die Karte, Weg zurechtlegen und Mann an den Bug!

Wenn´s wirklich ein paarmal nicht geklappt hat, bleibt immer noch die Brücke und der Steg von Klintemåla. Dieser Ort sieht aus, als wenn vor vielen Jahren die Zeit stehengeblieben wäre. Es ist ein kleines Haufendorf, das dem Charakter nach fast an die Westküste gehört. - Kleine, einzeln stehende Häuser mit sauberen Tischen und Sonnenschirmen auf dem Fels. Ein Laden, Duschen und eine Tankstelle mit Handpumpe. Offensichtlich haben nicht nur wir diesen Ort so romantisch empfunden, denn die Zahl der deutschen Boote war erstaunlich. Hier machte es mir auch nichts aus, im Hafen ins Wasser zu springen.

In der Bucht von Klintemåla überwinterten früher übrigens viele Dreimaster, die hier gebaut wurden und von hier aus auf Fahrt gingen.

Der Hafen von Klintemåla

Sommerhaus auf Klintemåla

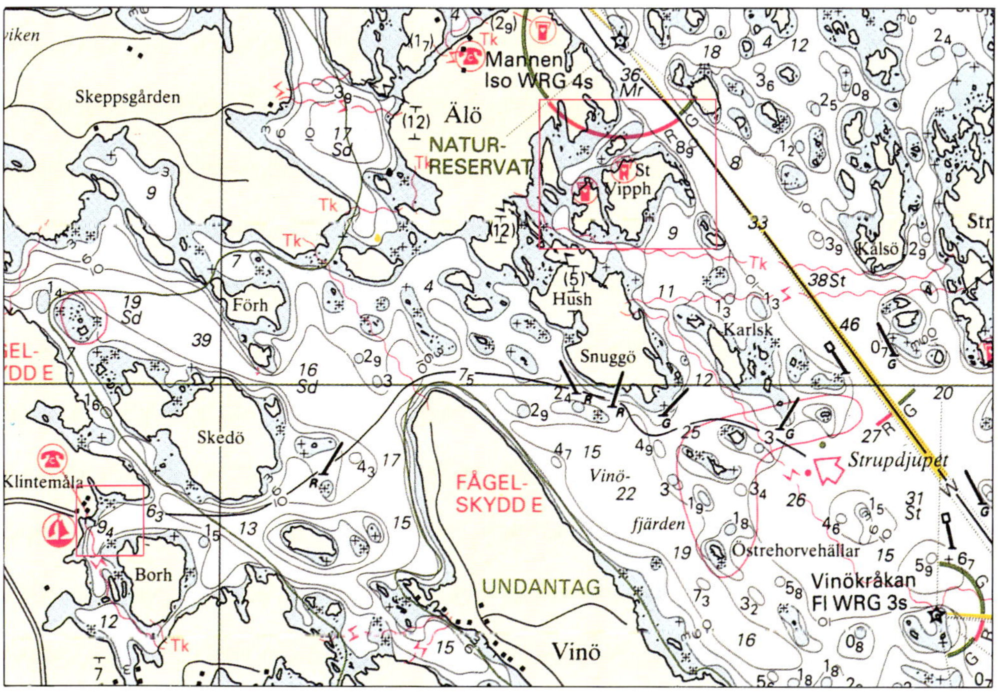

Klintemåla und sein Schärengarten mit Vippholmen

Vippholmen, Position 57° 32'200 N, 16° 42'120 E, Karte No 624 NW

Siehe Kartenausschnitt bei Klintemåla.

Schon seit langem wollten wir nach Vippholmen, aber immer wenn wir vorbeikamen, war es rappelvoll und wir suchten nach anderen Plätzen. Diesmal aber sollte es wohl sein! Es sah ziemlich leer aus! Wohl weil es aus Nordost wehte und niemand glaubte, daß man dann hier Schutz findet. Aber auch das ist möglich! Wir lagen im Sund auf gutem Ankergrund zwischen Stora und Lilla Vippholmen total geschützt und waren für einige Zeit sogar ganz allein.

Vippholmen gehört zu einer Inselgruppe, die einen recht geschlossenen Eindruck macht, und die auch in schwedischen Büchern empfohlenen Plätze sind offenbar sehr populär. Die Inseln liegen direkt am Fahrwasser, und die Ansteuerung ist problemlos. Im südlichen Teil des Archipels kann man auch auf meist mehr als 5 m Wasser manövrieren. Der nördliche Teil ist wesentlich flacher und hat einige nicht sichtbare Steine.

Gute Möglichkeiten, an den Fels zu gehen bietet der Sund zwischen den beiden Hauptinseln und die westlich davon gelegene Felsnase, hinter der allerdings einige Segler schon mal Schwierigkeiten hatten, ihren Anker einzugraben. Damit sind die Möglichkeiten aber keineswegs erschöpft! Wir haben hier schon über 30 Schiffe am Fels gesehen. Es fordert halt eine Portion Mut und Experimentierfreude, die noch nicht genutzten Möglichkeiten zu finden.

Vippholmen besteht aus hügeligem Fels, der mit Mischwald bedeckt ist. Hier steigt der Fels tatsächlich im Norden steil aus dem Wasser und gleitet nach Süden hin allmählich wieder in die Tiefe. Im Norden muhen Kühe und von Zeit zu Zeit hörten wir auch Schafe. Es ist die Sommeridylle schlechthin, ideal zum Schwimmen, Dingisegeln und zum Surfenlernen, eine fast geschlossene Inselgruppe.

Östlich des Prickenweges finden sich auch einige, einfach zu findende und anzusteuernde, Ankerplätze, die zwar nicht ganz so romantisch wie Vippholmen sind, aber vorzüglich als Ausweichplätze dienen können, wenn man unbedingt nach Vippholmen will, aber keinen Platz findet. Dort kann man ganz in der Nähe warten, bis die schönsten Plätze frei werden.

Stora Vippholmen
Lilla Vipp-
holmen
N
100
200
300 m

Der kleine Sund zwischen Stora und Lilla Vippholmen

„Steinsetzung“ auf Vippholmen. Immer wieder fanden wir solche mystischen Spielereien aus unserer Zeit.

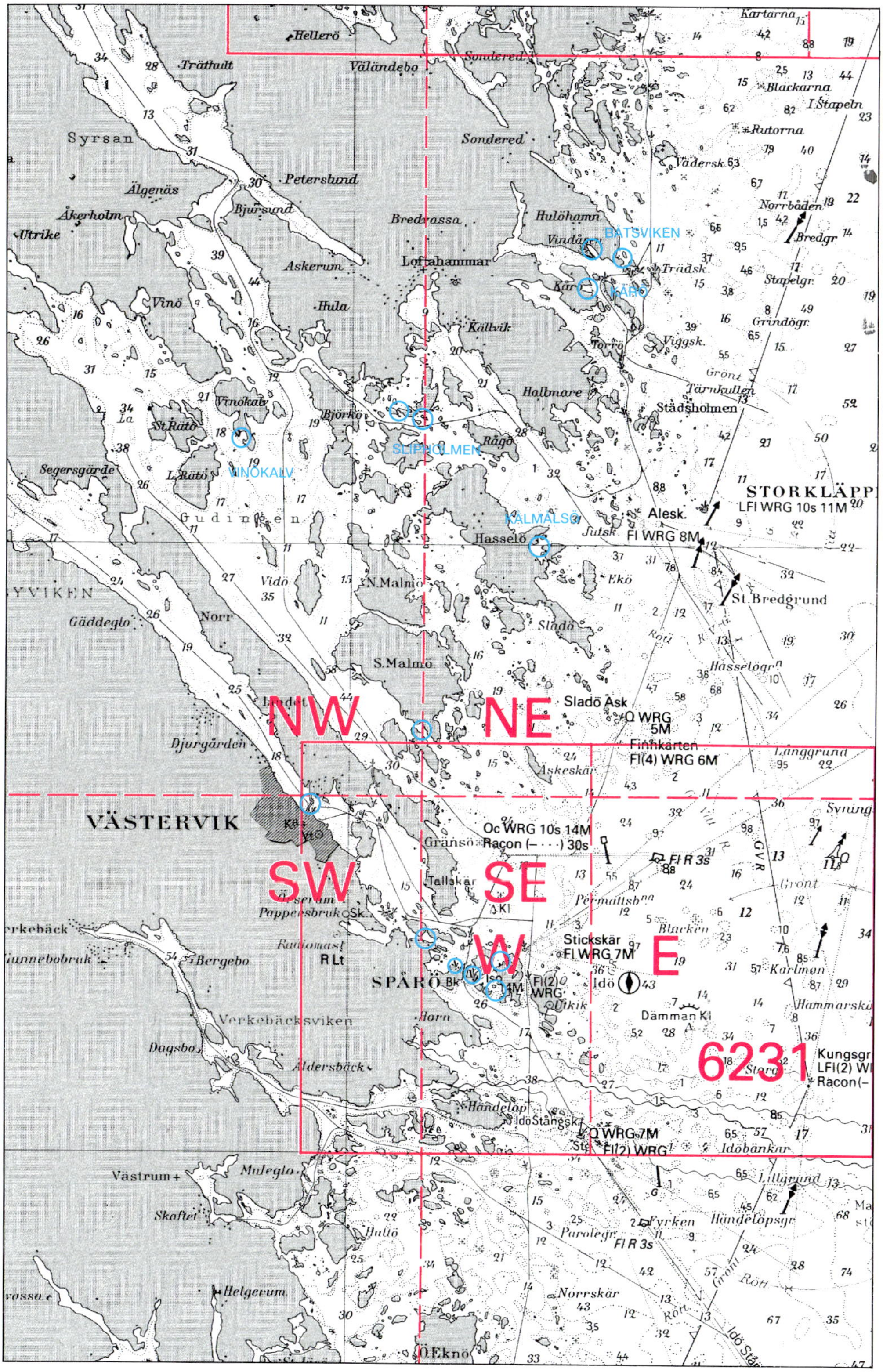

NW
NE
SW
SE
W
E
6231
BÅTSVIKEN
KÄRÖ
SLIPHOLMEN
VINÖKALV
KALMALSÖ
Hellerö
Väländebo
Sondered
Kartarna
Blackarna
I. Stapeln
Rutorna
Trähult
Syrsan
Peterslund
Älgenäs
Åkerholm
Utrike
Bjursund
Bredrassa
Hulöhamn
Vindåsen
Askerum
Loftahammar
Trädsk.
Kårö
Vinö
Hula
Källvik
Torrö
Viggsk.
Vädersk.
Norrbåden
Bredgr
Stapelgr.
Grindögr.
Grönt
Tärnkullen
Städsholmen
Hallmare
Vinökalv
St. Rätö
Björkö
Rågö
L. Rätö
Segersgärde
STORKLÄPP
LFl WRG 10s 11M
Alesk.
Fl WRG 8M
Gudingen
Hasselö
Jutsk.
Ekö
Vidö
N. Malmö
St. Bredgrund
Gäddeglo
Norr
Sladö
Rött
Hasselögr.
S. Malmö
Landet
Sladö Ask
Q WRG
5M
Djurgården
Finnkarten
Fl(4) WRG 6M
Långgrund
Askeskär
VÄSTERVIK
Oc WRG 10s 14M
Racon (- · · ·) 30s
Gränsö
Fl R 3s
Svining
Tallskär
GVR
Grönt
Permattsb.
Pappersbruk
Blacken
Stickskär
Fl WRG 7M
Radiomast
R Lt
Karlmon
Bergebo
SPÅRÖ
Idö
Fl(2)
WRG
Hammarskö
Dämman Kl
Verkebäcksviken
Dagsbo
Aldersbäck
Kungsgr
LFl(2) W
Racon (-
Händelöp
Idö Stångsk.
Q WRG 7M
Fl(2) WRG
Idöbänkar
Västrum
Muleglo
Lillgrund
Skaftet
Fyrken
Händelöpsgr.
Paroleg.
Fl R 3s
Hultö
Helgerum
Norrskär
Rött
Idö Stån
Ö Eknö

Spårö, Päronholmen, Katsholmarna, Position 57° 42'800 N, 16° 43'980 E, Krokö und Glohalsen, Karte No 6231 W

Etwa 13 sm weiter, auf dem Weg nach Västervik suchten wir nach einem Plätzchen für die Nacht. Bei Spårö gibt es ein paar Buchten, die ideal sind.

Schiffe unter 1,6 m Tiefgang können in die Bucht **zwischen Spårö und Päronholmen** laufen. Sie ist bei Kundigen wegen ihres Flairs besonders beliebt. Die Einfahrt wird von einem Stein auf 1,6 m Tiefe für größere Schiffe blockiert. An ihm unbeschadet vorbei zu kommen ist für größere Schiffe ein kleines Kunststück. Bleibt man dann später hart am westlichen Ufer, so findet man in eine sehr geschützte Ankerbucht mit Plätzen am steilen Fels und hübschen Spazierwegen. Einer davon führt zur Spårö Båk, von der aus man eine gute Aussicht über den Schärengarten hat.

Einfacher aber ist es, das Buchtensystem nördlich von Päronholmen zu befahren. Da finden sich direkt unterhalb des Leuchtturms von Spårö Plätze an **Katsholmarna** oder an der nordöstlich davon gelegenen kleinen Insel ohne Namen. Besonders komfortabel und kuschelig liegt man an den beiden Felsvorsprüngen gegenüber eines breiten Steges, der zum ehemaligen Leuchtturmwärterhaus gehört, das jetzt privat genutzt wird. Südlich der Felsvorsprünge sind die überspülten Steine zu beachten. Auch in der Bucht nördlich von Krokö finden sich Gelegenheiten an den Fels zu gehen. Sie wird **Glohalsen** genannt und ist bis ziemlich weit ins Innere zu befahren. Wem das Suchen zu kompliziert ist, findet gleich gegenüber der Einfahrt in dieses Buchtensystem einige Plätze am Fels von **Krokö.**

Auch wenn es hier oft proppenvoll ist - es lohnt sich, wenigstens in die Bucht hineinzugucken. Und da die Schweden nicht gern frei ankern, findet sich fast immer zumindest ein geschützter Platz für den Anker.

Am 20 m breiten Spårösund wurde 1645 eine Zollstation eingerichtet, die bis 1829 den gesamten Verkehr nach Västervik kontrollierte. Über dem Sund steht die Spårö Båk, die als das schönste Seezeichen der Ostküste (Evert Taube) gilt. Der Platz ist seit dem 13. Jahrhundert bekannt. An dieser Stelle wurde 1680 ein Feuerzeichen errichtet. 1776/77 wurde der heutige Turm von russischen Kriegsgefangenen gebaut. Er wurde zum Wahrzeichen für den Schärengürtel von Tjust.

Das Titelbild zeigt das Buchtensystem östlich von Spårö, von wo aus die Aufnahme gemacht wurde.

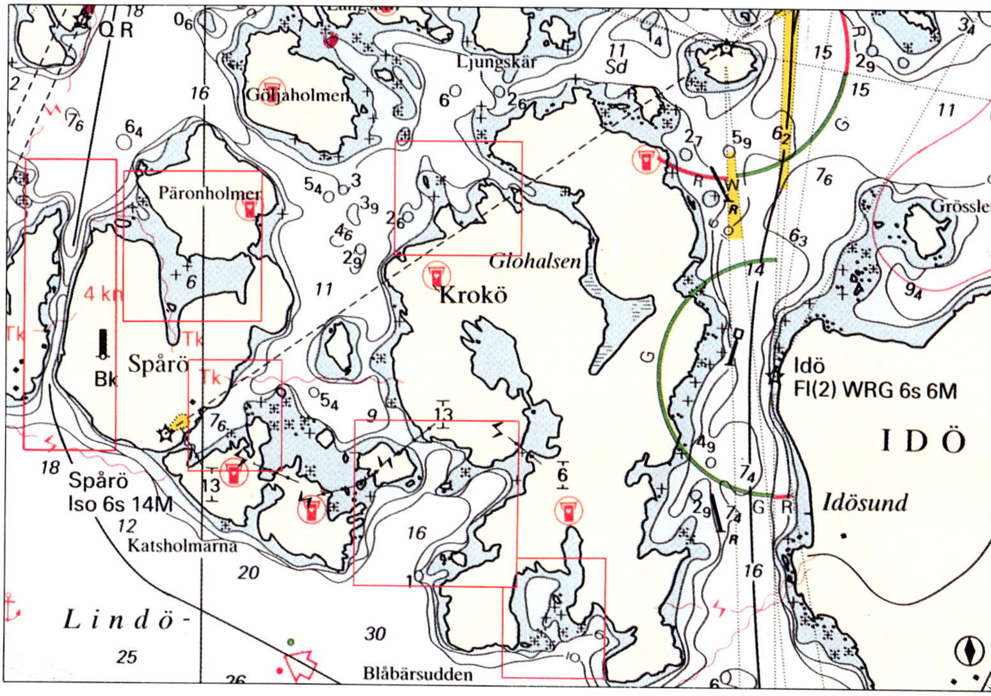

Das alte Zollhaus im Spårösund

Påvenholmen
Spårö
Telefon kabel
Anleger für Ausflugsdampfer
Telefon kabel
Altes Zollhaus
Privatbesitz
Spåröbåk
Katholmarna
N
100
200m

Die Spårö Båk

Der optimal geschützte Platz zwischen Spårö und Päronholmen

Krokö, Position 57° 42'6 N, 16° 45'00 E, Karte No 6231 W

Im Buchtensystem östlich von Spårö und Päronholmen gibt es kaum Plätze, die gegen Nordwinde geschützt sind. Bei solchen Winden kann man aber an der Südseite von Krokö gute Plätze am Fels finden.

Kommt man aus dem Buchtensystem von Spårö, so segelt man durch den Spårösund. Ansonsten geht es wohl schneller durch den Idösund und wenn man von Süden kommt, sieht man die Ankerlieger schon von weitem.

Entweder liegen die Plätze direkt am Fahrwasser, das hier sehr breit ist, oder etwas ab vom Weg in den Buchten. Sie sind aber immer ohne navigatorische Probleme zu erreichen. Auch für freies Ankern gibt es in der Bucht genügend Raum zum Schwoien. Es kann aber durch den vorbeiführenden Weg zu Schwell durch die Motorboote und den Ausflugsdapfer kommen.

Krokös Südküste

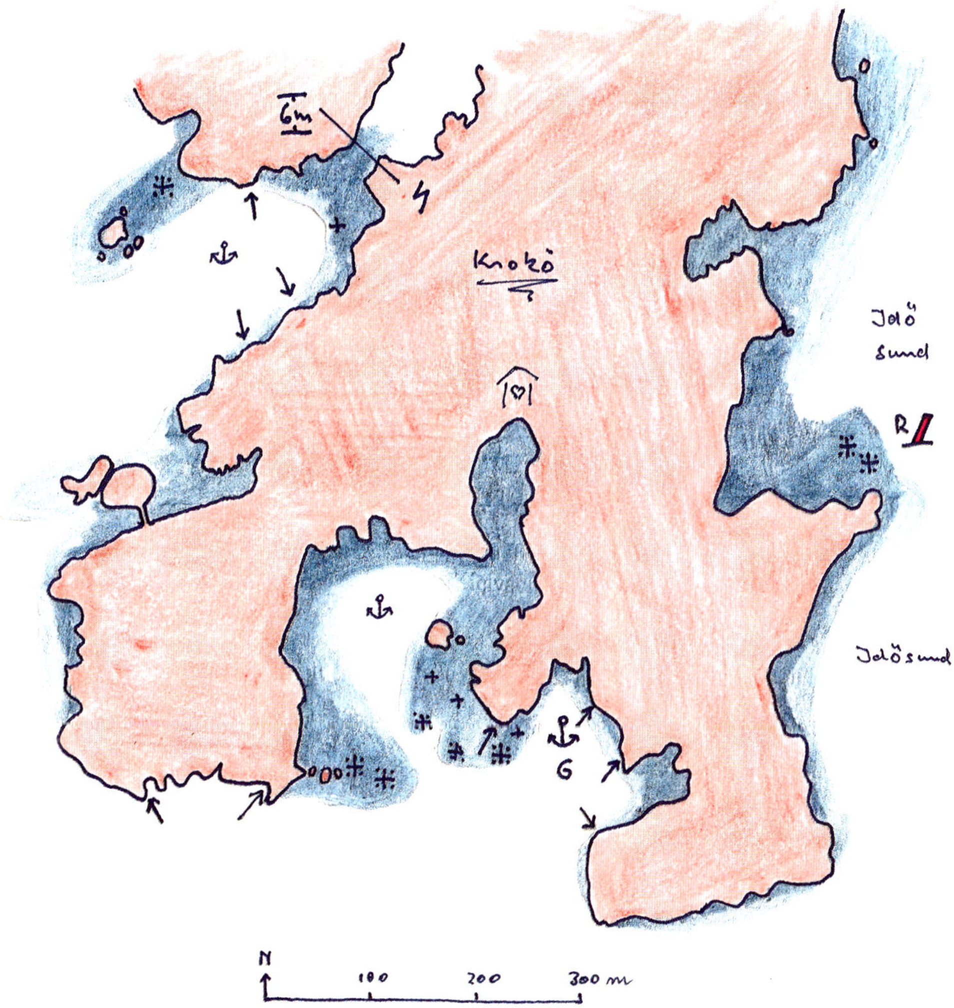
6m
Krokö
Idö sund
R
Idösund
G
N
100
200
300 m

Mjödö, Position 57° 43'5 N, 16° 42'2 E, Karte No 6231 W

Weil es uns einmal bei Spårö dann doch zu voll war, blieben wir ein paar Tage in einer Bucht vor Anker, die an ihrer südlichen und westlichen Seite von Sommerhäusern umgeben ist und wo wir auch auf der Rückfahrt über mehrere Tage ohne Gesellschaft blieben, weil sie in den schwedischen Büchern nicht verzeichnet ist. Sie liegt direkt südlich von Mjödö und nordwestlich des Spårösundes. Mjödö ist eine wilde, dicht mit Wald bestandene Insel und einigen hohen, glatten Felsen, auf denen auch Kinder gut klettern könnten. Wir sahen auf Mjödö ein Reh und erfuhren später, daß die Rehe auf ihrer Futtersuche von Insel zu Insel schwimmen.

In dieser Bucht sahen wir nachts manchmal die traditionellen, schwarzen, hölzernen Ruderboote mit einer starken Petroleumlampe am Bug lautlos längs des Ufers rudern. Im Schatten der Lampe steht ein Fischer, der auf die überlieferte Art mit einer Schlinge, die an einen Dreizack erinnert, Aale fängt.

Nach dieser Zeit in der Einsamkeit stand uns der Sinn nach Geselligkeit, Sauna und frischem Obst, sprich: Västervik. Also segelten wir aus der Bucht in östlicher Richtung raus. Den Durchlaß westlich Mjödö sollte man tunlichst nicht versuchen, denn er wird für Kielyachten durch einen Stein blockiert.

Die Einfahrt in die Bucht von Osten ist recht einfach. Lediglich ein überspülter Stein, auf dem oft Vögel sitzen, ist zu beachten. Er liegt gleich am Beginn der breiten Einfahrt.

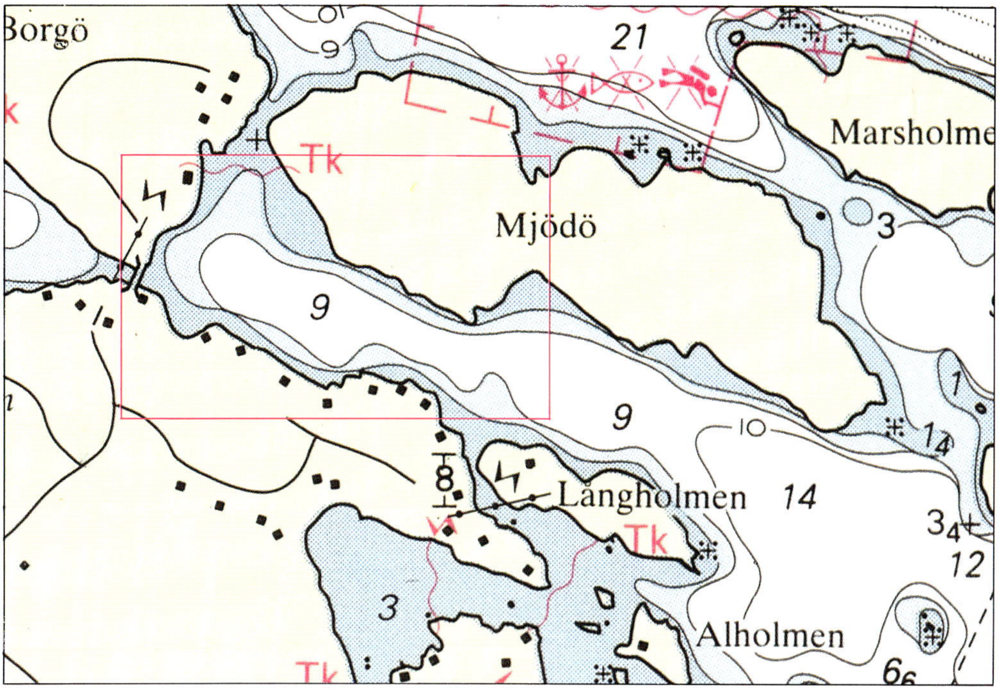

Die Mjödö-Bucht

Stadtansichten Västervik, unten die Gertrudiskirche

Västervik, Karte No 6231 W

Weiter ging's nach Västervik. Die Stadt liegt in einem Fjord an einer Enge, die mit einer Klapp-Brücke überspannt wird. Auf der westlichen Seite liegt die Stadt, auf Slottsholmen, der östlichen Landzunge, liegt eine Burgruine mit einer davorliegenden Pier und Liegeplätzen. In diesem, dem östlichen Teil, dient ein Fabrikschornstein als Landmarke. Bei der Ansteuerung bleibt er zunächst steuerbord liegen, bis man durch den vorgelagerten Wellenbrecher durch ist.

Dort machten wir fest. Der Hafen liegt zwar, wie fast alle Häfen in dieser Stadt, etwas abseits, aber der Service ist Spitze und die besondere Attraktion für uns ist immer wieder die Sauna mit dem davorliegenden Pool, der von einem Holzboden eingerahmt wird. Wenn man vom Badehaus in Karlskrona absieht, ist dies die erste bequeme Möglichkeit ordentlich zu schwitzen. An der Rezeption bekommt jeder gratis die jährlich neu aufgelegte 1-2 cm dicke Ausgabe des „Båtturist", einer brauchbaren Information der Svenska Touristföreningen mit einem Überblick über die Häfen Norwegens, Finnlands, Dänemarks, und des Baltikums, aber hauptsächlich und besonders ausführlich über die Häfen Schwedens mit Preisen und Leistungen.

Die Übernachtung im Schloßhafen an der Ruine kostet 90 Kronen, in der Blå Kustens Marina 90 bis 120 Kronen inclusive Sauna, Pool und Duschen. Waschmaschine und Trockner sowie Elektroanschluß kosten jeweils 40 Kronen. Östlich an die Blå Kustens Marina anschließend liegt ein großer Clubhafen, der etwas billiger ist.

In der Nähe arbeitet ein Segelmacher, bei dem auch Bootszubehör und Segelklamotten zu vernünftigen Preisen zu haben sind. Von hier aus sind auch schöne Ausflüge zum Gränsökanal, dem Gränsö Slott und den umgebenden Badestränden möglich. Ein Fahrrad ist dabei recht nützlich, zumal es auch bei den Einkäufen im Ort tragen helfen kann. Wer aber die etwas höheren Preise nicht scheut, kann fast ebensogut im Hafen selbst das Nötigste einkaufen.

Im Südosten von Västervik in der Nähe des Fischereihafens werden die klassischen Storebro Motorboote gebaut, von denen auch der schwedische König eines fährt. Bleibt man aber auf der Gränsö-Seite, wird man einen der schönsten Golfplätze Schwedens hinter Gränsö Slottet finden.

Västervik ist ebenso wie Oskarshamn und Kalmar direkt an das Busnetz angeschlossen, mit dem die ganze Küste bis Stockholm verbunden wird.

In der Altstadt fanden wir kleine, rot gemalte Holzhäuser aus dem 17. und 18. Jahrhundert. So z.B. den alten Bootsmannshof für Seeleute, die von der Stadt unterhalten werden. Die Häuser wurden 1740 gebaut. Heute sind darin kleine Läden und stimmungsvolle Lokale untergebracht. Besonders die St. Gertrudskirche fanden wir sehens- und liebenswert. Sie wurde um 1400 gebaut und ist so alt wie die Stadt selbst. Der Chor stammt von 1433 und das sehr unbequeme Gestühl von 1748. Der alte Hof Aspsgarden liegt nahe bei St. Gertrud. Diese Häuser wurden als einzige vom großen Feuer 1677 verschont. Heute arbeiten hier Kunsthandwerker. Ebenfalls in der Nähe von St. Gertrud liegt Cederflychtska fattighuset, das architektonisch interessante ehemalige Armenhaus, das von 1749-51 gebaut wurde. Es veranlaßte die damaligen Geschichtsschreiber zu der Bemerkung, daß in Västervik die Armen besser wohnten als die Reichen.

Nahe bei der Blå Kustens Marina liegt Kulbacken Museum, das Handwerksausstellungen und eine sehenswerte Sammlung aus der Seefahrtsgeschichte Västerviks zeigt.

In der 28. Woche findet jedes Jahr auf Slottholmen ein Folk- und Popfestival statt, bei dem unplugged gespielt wird. Einer der ABBAs, der aus Västervik stammt, hat es vor 20 Jahren gegründet. An diesen Tagen ist der Hafen proppenvoll und die Jugend feiert sowohl im Hafen auf den Booten als auch drum herum eine riesige Fete. Überall auf den Felsen um den Hafen sitzen Kids und Twens mit mehr oder weniger Alkohol und machen ihre Erfahrungen damit. Dabei ist vielen das Festival ziemlich egal. Uns hat´s Mordsspaß gemacht - für eine Nacht, die zweite war schon ein wenig stressig.

Sommer in Västervik

Södra Malmö, Position 57° 46'881 N, 16° 42'220 E, Karte No 623 NW und NE

Möchte man abseits der Schärenautobahn allein segeln, dann ist Västervik ein recht guter Ausgangspunkt. Von hier aus geht's nördlich von Gränsö in ein fjordartiges Schärengebiet voller wunderschöner Ankerplätze. Auf unserem Weg segelten wir an den Buchten zwischen Torrö, Mjödö und Södra Malmö vorbei, die von Süden und Norden Einfahrten haben. Als wir das nächste Mal hier vorbeikamen, wollten wir es genauer wissen und verließen den Weg an der roten Pricke südlich von Mjödö, um in das Fahrwasser zwischen Mjödö und Södra Malmö zu gelangen.

Um es gleich vorweg zu sagen – **der südliche Zugang ist nicht empfehlenswert,** denn zwischen Mjödö und Stora Ragetholmen ist die nutzbare Fahrrinne unglaublich schmal und sehr flach, an einer Stelle weniger als 2,10 m tief. Das reicht zwar, aber diese schmale Rinne muß erst einmal gefunden werden. Von Stora Ragetholmen schiebt sich nämlich ein Flach mit lediglich 1,4 m ins Fahrwasser. Vorsichtig Meter um Meter sich vortastend geht es mit einigem Herzklopfen, und wenn man die Enge zwischen den Inseln erst einmal hinter sich hat, wird's kommod. Viel sicherer geht's von Norden her, denn **der nördliche Eingang ist wesentlich bequemer.** Da muß zwar auch ein unbezeichnetes Flach mit 60 cm Tiefe passiert werden, was aber keinerlei Schwierigkeiten macht, wenn man sich am Fels von Torrö orientiert.

Auf Mjödö fanden wir einige Felsen, die steil ins Wasser fallen und gute Anlegemöglichkeiten bieten. Der beste ist wohl am nördlichen Ende der Insel.

Auf Södra Malmö fanden wir aber an der Stelle, wo sich – südlich des Kabels – die Bucht von Päraudden nach Nord ein wenig weitet, an der felsigen Ecke Haken im Fels eingelassen. Das Wasser ist bis an den Fels über 2 m tief und man kann vom Bugkorb, ohne zu springen, an Land steigen. Hier liegt man sehr ruhig und gegen West- sowie Ostwinde gut geschützt.

Dieses Gebiet ist das Naherholungsgebiet von Västervik. Die kleinen Motorboote kommen durch den Gränsö Kanal rüber und auf einigen Felsen liegen manchmal Leute in der Sonne. Aber spätestens gegen 4 Uhr nachmittags fahren die meisten wieder heim und so ist man anschließend wieder mutterseelenallein.

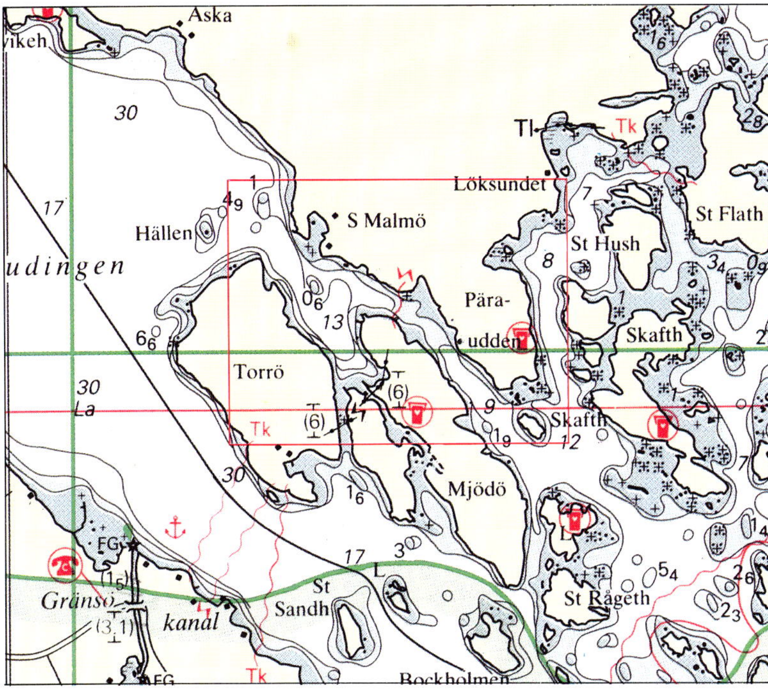

Päraudden auf Södra Malmö

Blick von Päraudden nordwärts

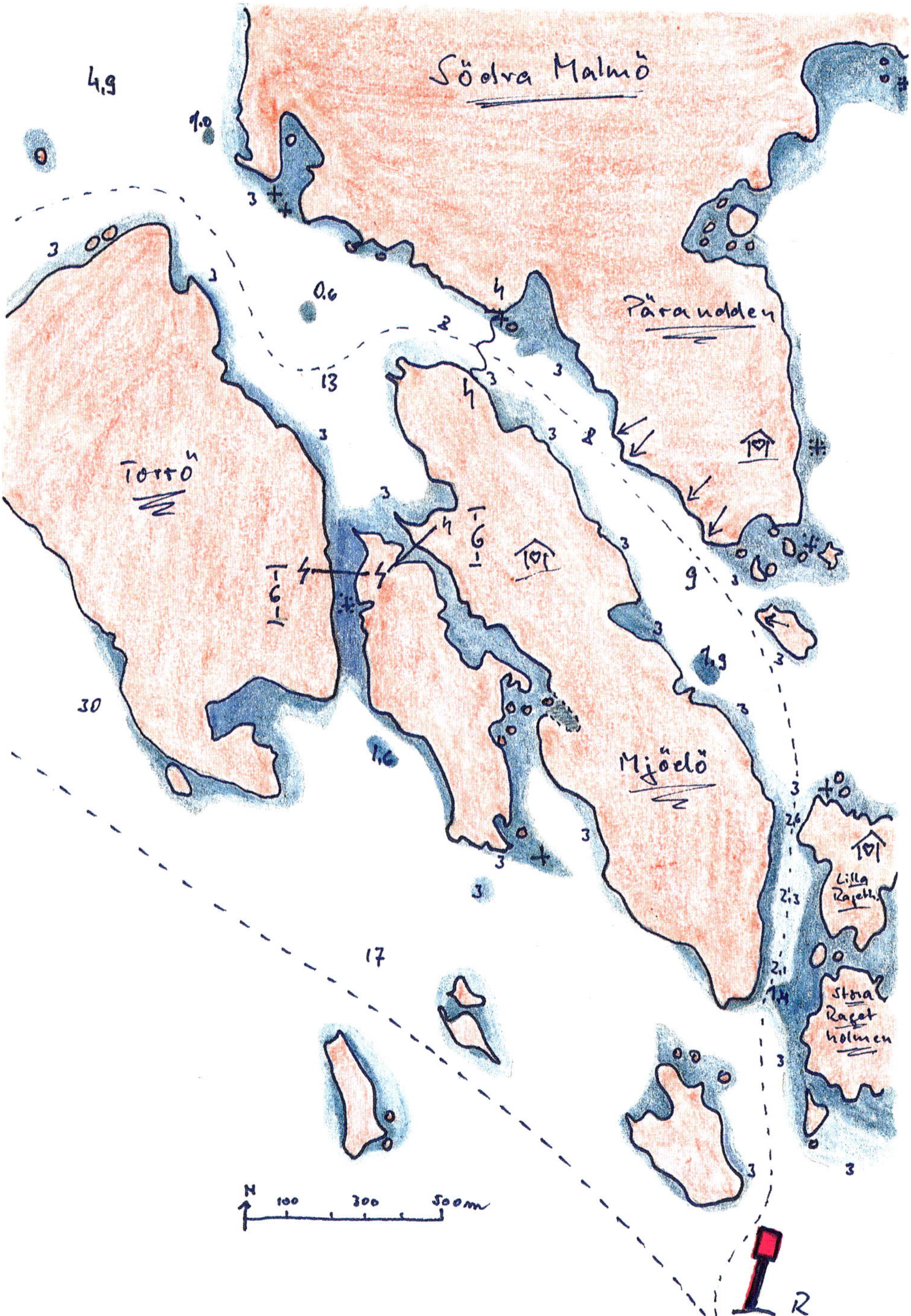

Södra Malmö
Päraudden
Tortö
Mjödö
Lilla Rajetholmen
Stora Rajetholmen
100
300
500m
N
R

Smedviken auf Vinökalv, Position 57° 51'700 N, 16° 36'430 E, Karte No 623 NW

Auf der Karte hatten wir die tiefe Bucht von Vinökalv entdeckt und wollten sie erkunden. Die Insel hat drei Ankerbuchten, von denen eine, die **Smedviken** genannt wird, sehr geschützt und an vielen Stellen tief genug ist, um mit dem Bug an den Fels zu gehen. Die Einfahrt ist etwa 5 m tief, wenn man sich etwas südlich der Mitte hält. Nördlich der Einfahrt liegt ein überspülter Stein (siehe das Foto im allgemeinen Teil „Die Steine in den Schären").

Eigentlich ist die Bucht groß genug, aber wie immer knüllen sich die Schiffe an einer Stelle, obwohl es der Wind gar nicht nötig macht. Da sage einer nochmal, daß Segeln ein Individualsport ist! Aber so kommt wenigstens schnell ein Gespräch mit dem Nachbarn zustande. Als wir in dieses Gebiet segelten und die unendlichen Wälder uns beeindruckten, glaubten wir noch, mutterseelenallein zu sein – denkste –, wir lagen in der Bucht neben einem Frankfurter und der Abend war gerade deswegen wunderschön. Für uns ist dieser Platz einer der schönsten in den Schären überhaupt.

Der Wald ist urig, die Felsen steil und glatt, Walderdbeeren und Blaubeeren gibt's reichlich. An der Felsnase südlich der Einfahrt hat man ganz herrliche Badegelegenheiten mit kuscheligen Felsnischen zum Sonnen.

Während in der Bucht selbst im Sommer '97 manchmal massenhaft Algen das Wasser gelb färbten, war es draußen im Fjord klar. Die Wassertemperaturen sind natürlich in diesen Binnengewässern deutlich höher als in den Außenschären.

Etwas nördlich von Smedviken liegt eine Ankerbucht ohne Felsplätze nahe einem Bauernhof, und südlich ums Eck geht's in eine tiefe, nach Westen und Norden geschützte Bucht.

Wir lagen in Smedviken an der südlichen Felsnase. Der Ankergrund ist Ton.

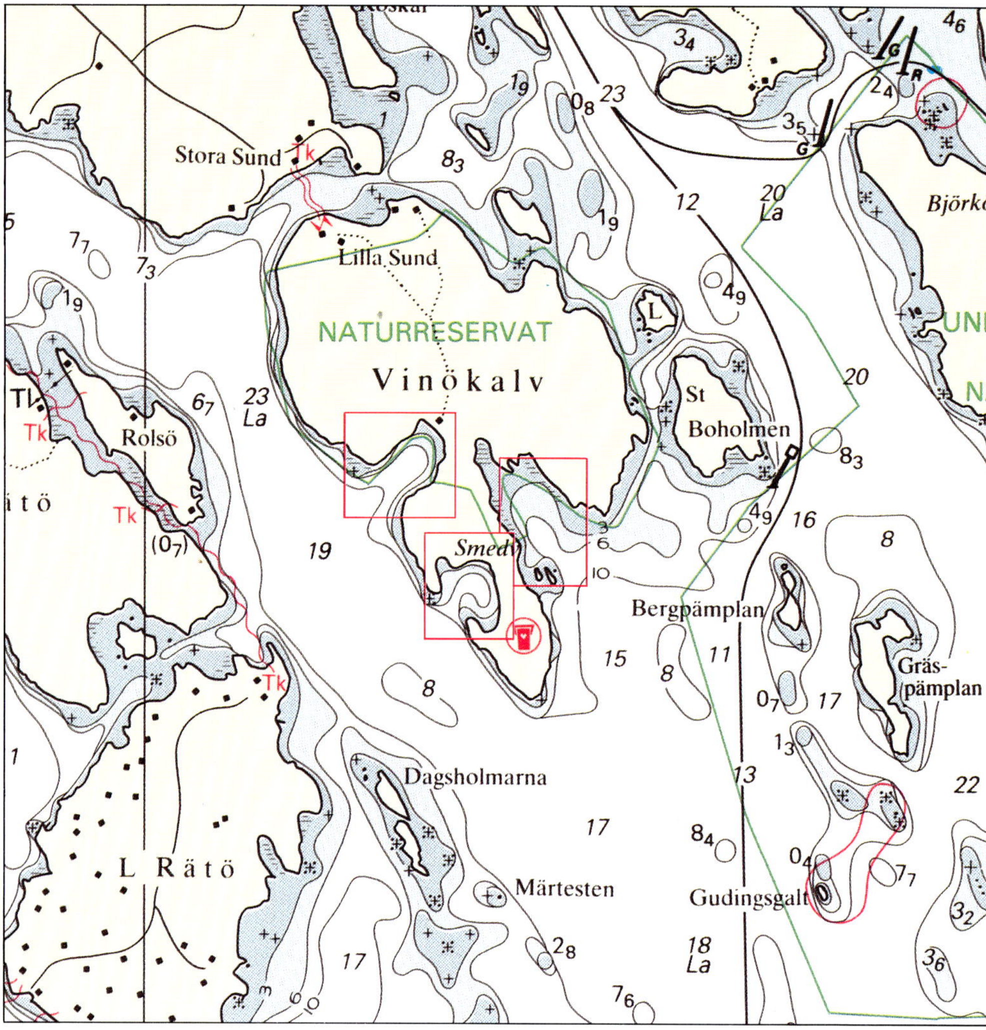

Smedviken auf Vinökalv

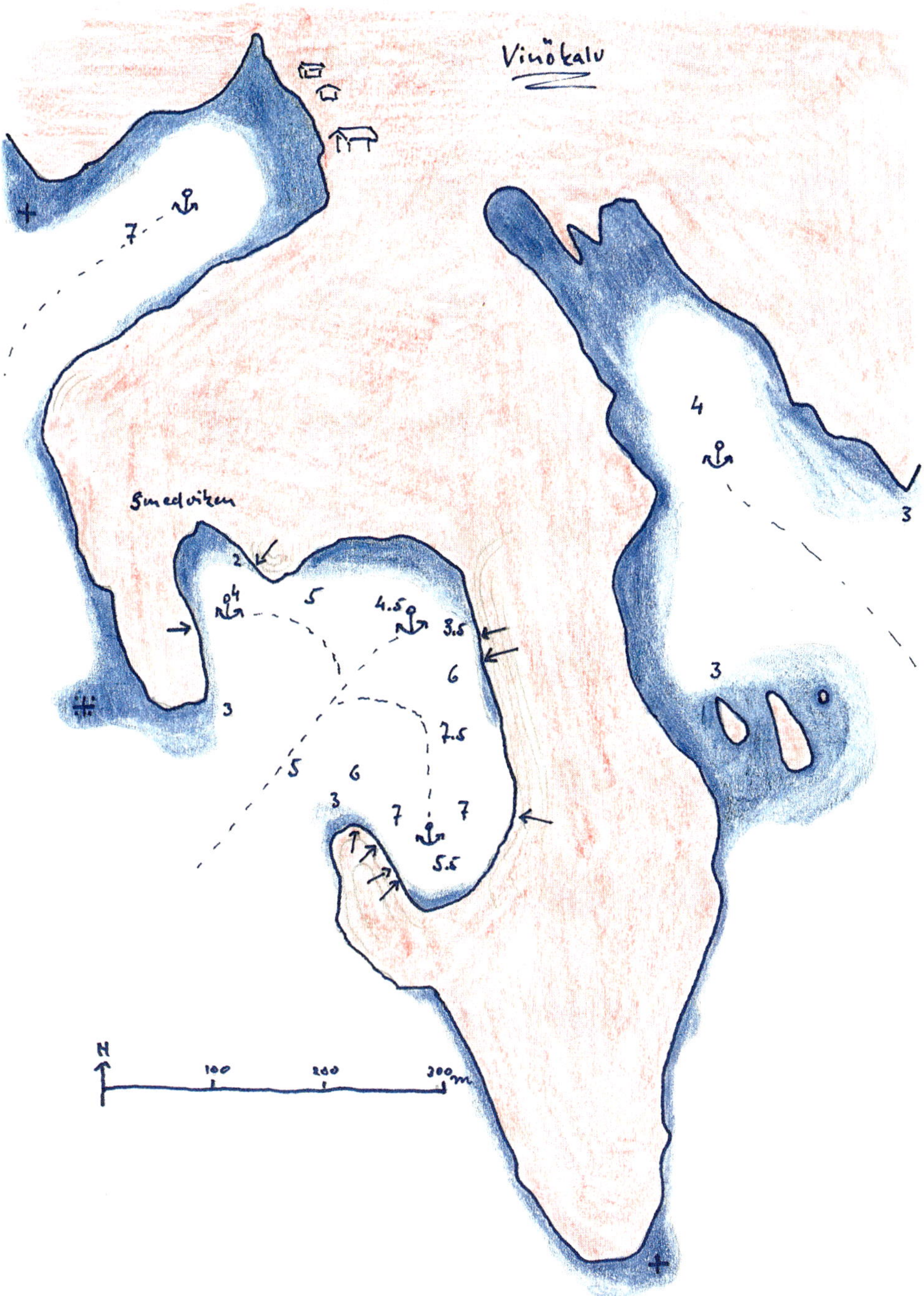

Vinökalu
7
4
3
Smedviken
2
4
5
4.5
3.5
6
3
7.5
5
6
3
7
7
5.5
3
N
100
200
300 m

Stilleben auf Vinökalv

Smedviken

Slipholmen, Position 57° 52'100 N, 16° 41'300 E, Konvaljeholmen, Karte No 623 NE

Eineinhalb Meilen südwestlich von Loftahammar liegen einige Inseln, die guten Schutz vor allen Winden bieten. Besonders gespannt waren wir auf Stora Slipholmen, weil wir gehört hatten, daß dort ein Wikingergrab sei. Zwar fanden wir eine grabähnliche Steinformation, aber ob es tatsächlich das Grab war, wissen wir nicht. Ist auch eigentlich nicht schlimm, denn die Atmosphäre, die wir beim intensiven Suchen auf dieser wilden Insel empfanden, war etwa wie in der Steinsetzung bei Kåseberga – das allein lohnte bereits den Ausflug auf diese Schäre.

Zwischen Lilla und Stora Slipholmen liegt eine kleine geschützte Bucht, die an ihrer Westseite, gleich hinter der Spitze von Lilla Slipholmen auch ein bis zwei Plätze am Fels bietet. Man kann aber auch etwas weiter in die Bucht hinein und dort recht geschützt ankern. Wir schwoiten frei auf gutem Ankergrund.

Bei der Ansteuerung hält man sich gut von dem Flach frei (1,2 m), das von der grünen Spiere bezeichnet wird.

Einige Meter weiter östlich liegen Inseln, die Plätze am Fels bieten und sehr guten Schutz gegen Winde aus den westlichen Quadranten. Zwischen den Schären ist auch reichlich Platz für freies Ankern. Südlich von Horsö kann man vor allen Winden geschützt ankern. Konvaljeholmen zwischen Stora Slipholmen und Hindriksholmen bietet einige Plätze am Fels auf tiefem Wasser. Auch bei Ljungholmen kann man an den Fels gehen. Nördlich des Fahrwassers ist eine Schäre, deren Westseite sehr steil ins Wasser abfällt und an der wir sogar ein großes Motorboot längsseits festgemacht sahen.

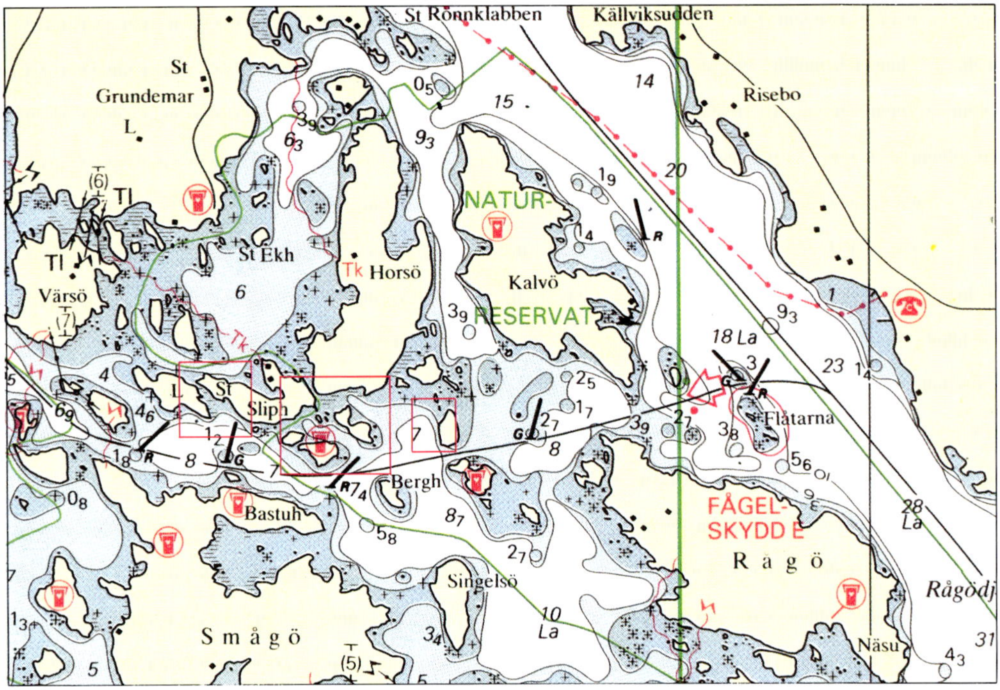

Slipholmen mit dem östlich davon gelegenen Konvaljeholmen

Rasmus zwischen Lilla und Stora Slipholmen vor Anker

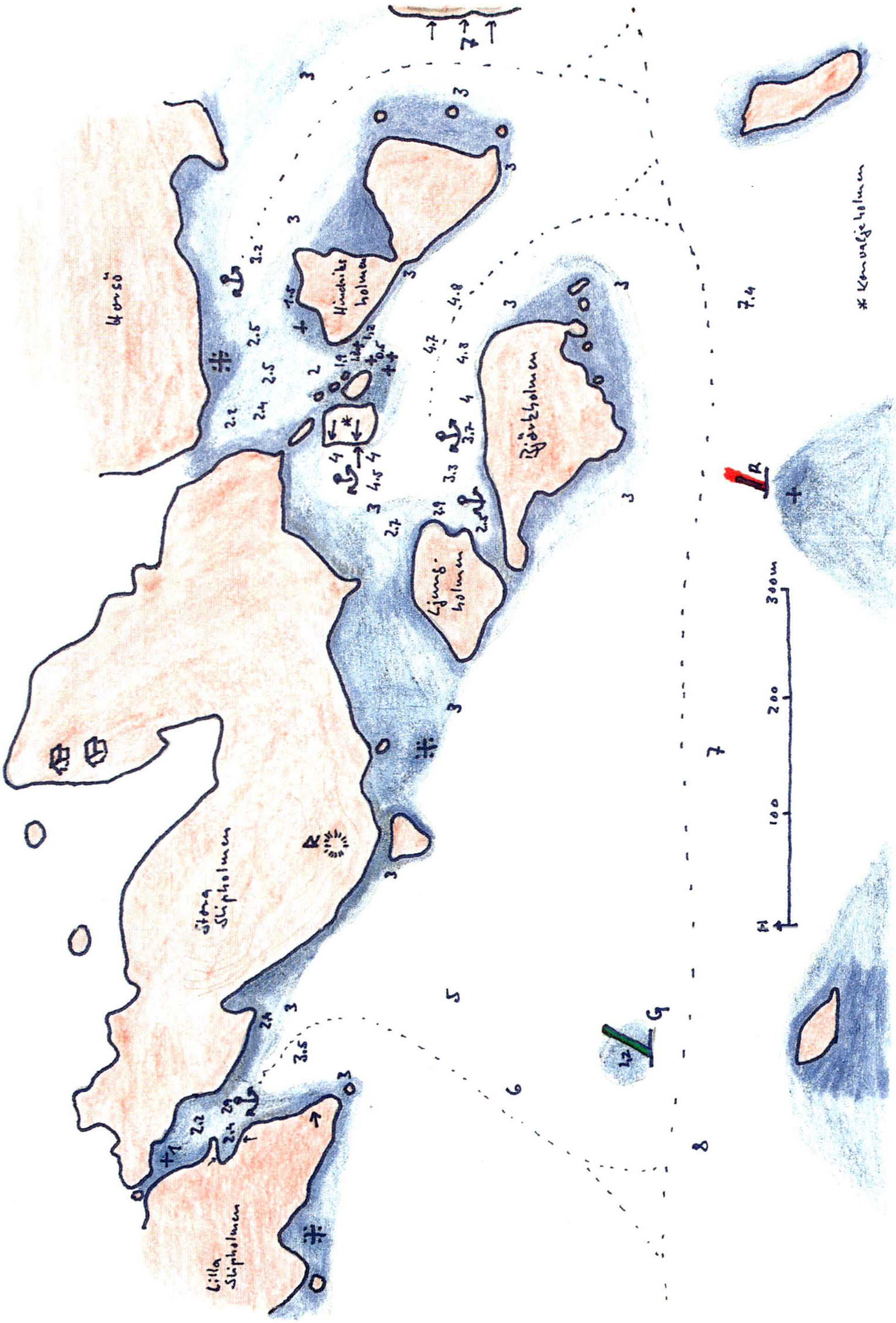
Honsö
Stora Slipholmen
Lilla Slipholmen
Ljung-holmen
Björkholmen
300 m

Kålmålsö, Position 57° 49'950 N, 16° 45'670 E, Karte No 623 NE

Am Eingang des Fjordes, der nach Loftahammar führt, liegt zwischen Grymsö, Hasselö und Kålmålsö eine große Bucht, die Schutz vor allen Winden bietet und sowohl freies Ankern auf 2 bis 5 m Wasser als auch Plätze am Fels bietet. An ihrer West- und Südseite stehen einige Sommerhäuser und Bootsgaragen am Wasser oder auf Wiesen und versteckt in den Wäldern.

Kommt man in die Bucht, so finden sich bereits auf Grymsö einige schöne Plätze am Fels an einer steilen Felskante. Weiter drinnen findet sich eine tiefe Bucht, die sich in Kålmålsö einschneidet und sehr geschützt ist. Am Eingang zur kleinen und der Südostseite der großen Bucht sieht man auf Kålmålsö steile Felsen ins Wasser fallen. Dort kann man auch mit dem Bug am Ufer festmachen.

Wir ankerten frei, weil der Wind drehte und wir im Cockpit Ruhe haben wollten, zumal mir beim Zeichnen immer wieder die Blätter wegflogen. Wir lagen auf gutem Ankergrund.

Die Ansteuerung ist problemlos, lediglich im südöstlichen Teil der Bucht sollte man nach einem überspülten Stein Ausguck halten, der nicht ganz einfach zu sehen ist.

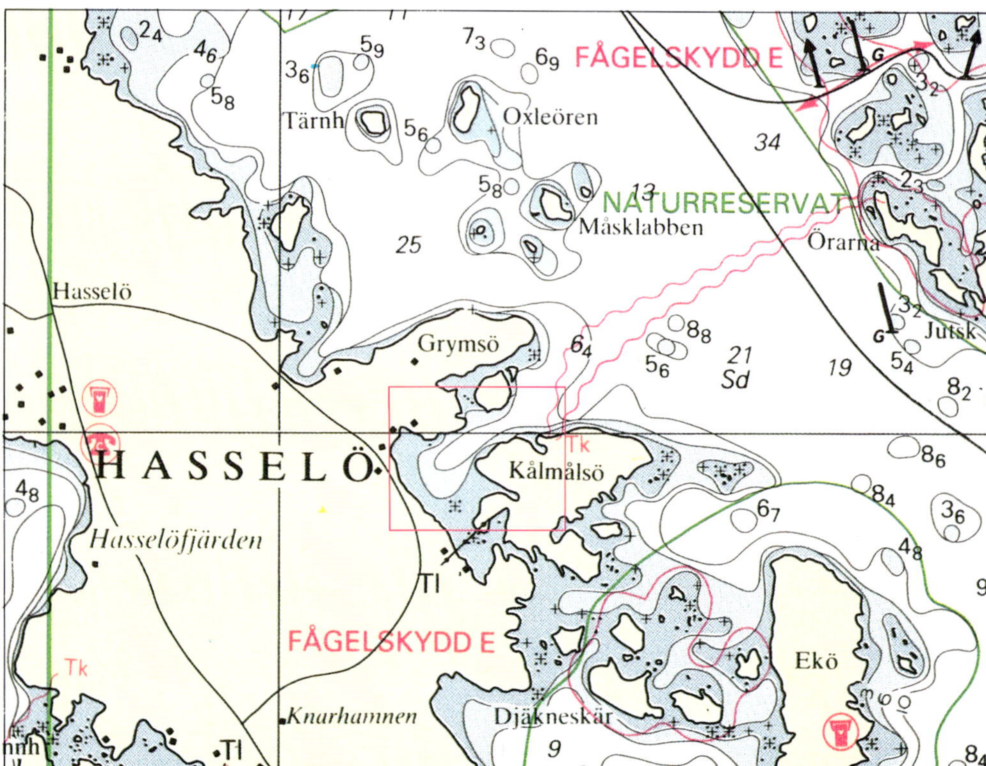

Ohne unser „Jolly“ wäre das Ankern halb so schön

Nördliche Seite der Einfahrt nach Kålmålsö

Nordseite der Bucht von Kålmålsö

Kårö, Båtsviken, Position 57° 54'8 N, 16° 47'4 E, und Lotsskackelhamn, Karte No 623 NE

Wir sind keine Meilenfresser, deswegen fanden wir es gar nicht so schlimm, als uns auf unserem Weg nach Norden bei Trädskär dichter Nebel überraschte und uns zum Rückzug hinter die Schären zwang. Zur Wahl stand **Kårö,** eine in den schwedischen Ankerbüchern beschriebene und gut besuchte Bucht mit Ankermöglichkeiten am Fels der Nordseite, wo die Wassertiefen bis knapp an den Fels zwischen 3 und 4 Meter betragen. Die Bucht öffnet sich nach Osten.

Die andere Möglichkeit einige hundert Meter weiter nordöstlich ist **Båtsviken,** eine reine Ankerbucht ohne Liegeplätze am Fels.

Anstatt in die Bucht von Kårö zu verholen, wählten wir Båtsviken, die romantische Ankerbucht mitten in einem Naturreservat, die gegen alle Winde außer den südöstlichen hervorragend geschützt ist. Bei Südost kann die in die Bucht stehende Dünung lästig werden. Der Naturhafen ist umgeben von hohen Felsen, die zum Scheitel der Bucht in einer sanft ansteigenden Wiese auslaufen, auf der morgens häufig Rehe grasen. Als der Anker gefallen war, begrüßte uns ein Kuckuck und ein Schwanenpaar. Unser Ankerplatz war tief im Inneren der Bucht.

Die markierten Spazierwege beginnen an der westlichen Seite der Wiese an einem Bootsschuppen und führen sehr steil bergauf zu einigen wunderschönen Aussichtspunkten auf der Kuppe der Felsen. Folgt man dem Pfad weiter ins nächste Tal, kommt man zu dem Platz, wo die örtliche Bevölkerung die Mittsommernacht feiert.

Die Ansteuerung ist problemlos. Selten finden andere Boote hierhin – die meisten segeln vorbei, ohne sie überhaupt zu bemerken.

Nur wenige Meter weiter nach Osten findet sich eine weitere kleine Bucht, die sogar Plätze am Fels bietet und in ihrer Mitte 4 m Wassertiefe hat. Die Schweden nennen sie **Lotsskackelshamn.** Wenn Kårö zu voll und Båtsviken zu großräumig ist, dann ist Lotsskackelhamn bestimmt leer und gemütlich. Der Platz wird fast immer übersehen, weil die Karte an dieser Stelle zu unübersichtlich ist und der ausgeprickte Weg gerade eben daran vorbeiführt.

Auch hierhin ist die Ansteuerung problemlos, aber die Bucht ist eng.

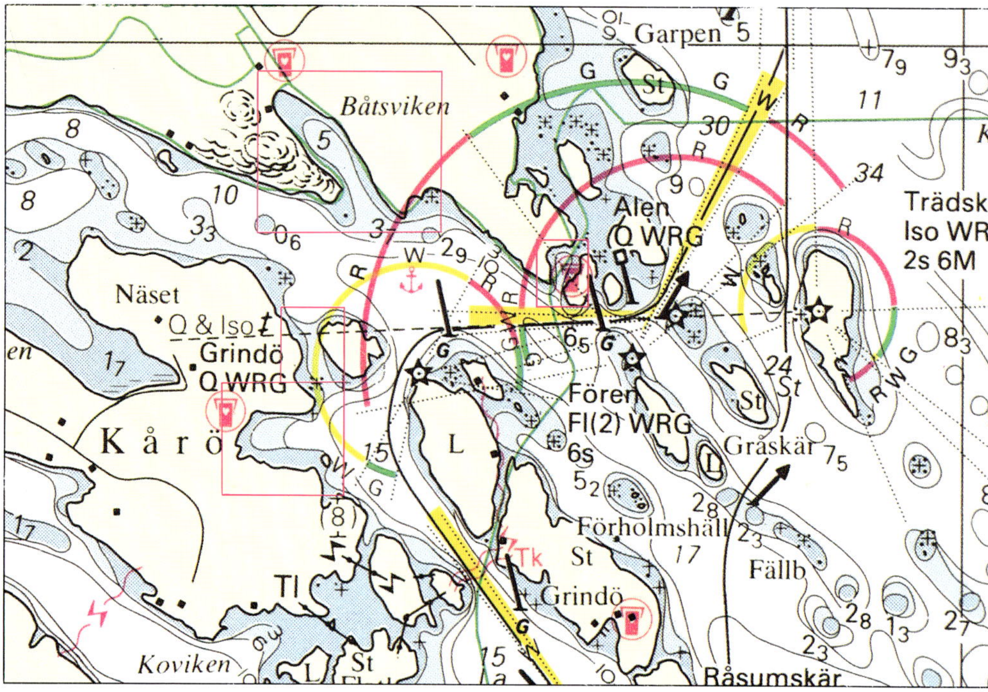
Garpen
Båtsviken
Alen
Q WRG
Trädskä
Iso WR
2s 6M
Näset
Q & Iso
Grindö
Q WRG
Kårö
Fören
Fl(2) WRG
6s
Gråskär
Förholmshäll
Fällb
Grindö
Koviken
Råsumskär

Båtsviken

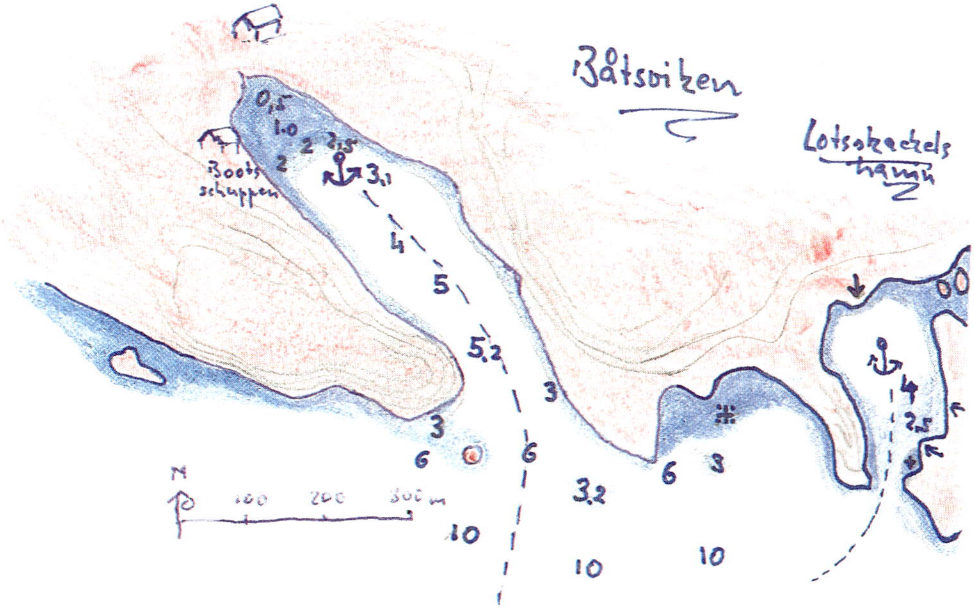
Båtsviken
Lotsokackels hamn
Boots schuppen
N
100 200 300 m

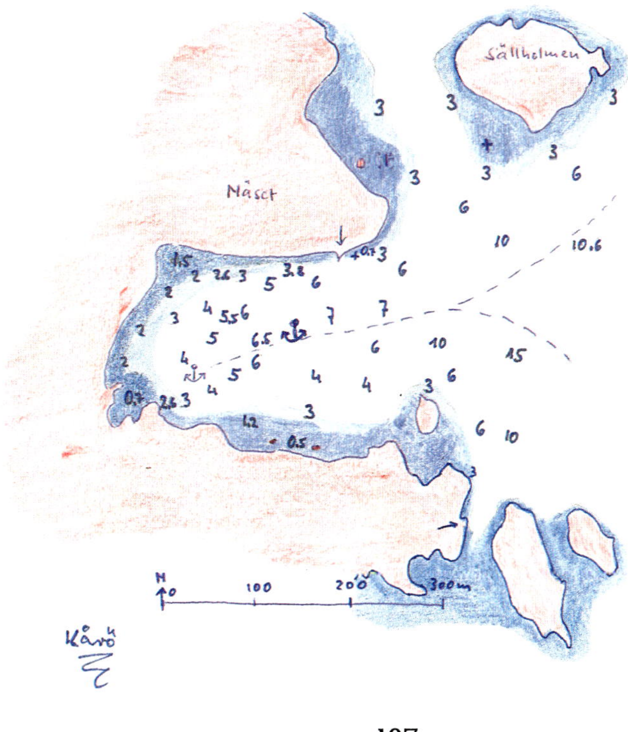
Sällholmen
Näset
N
0 100 200 300m
Kårö

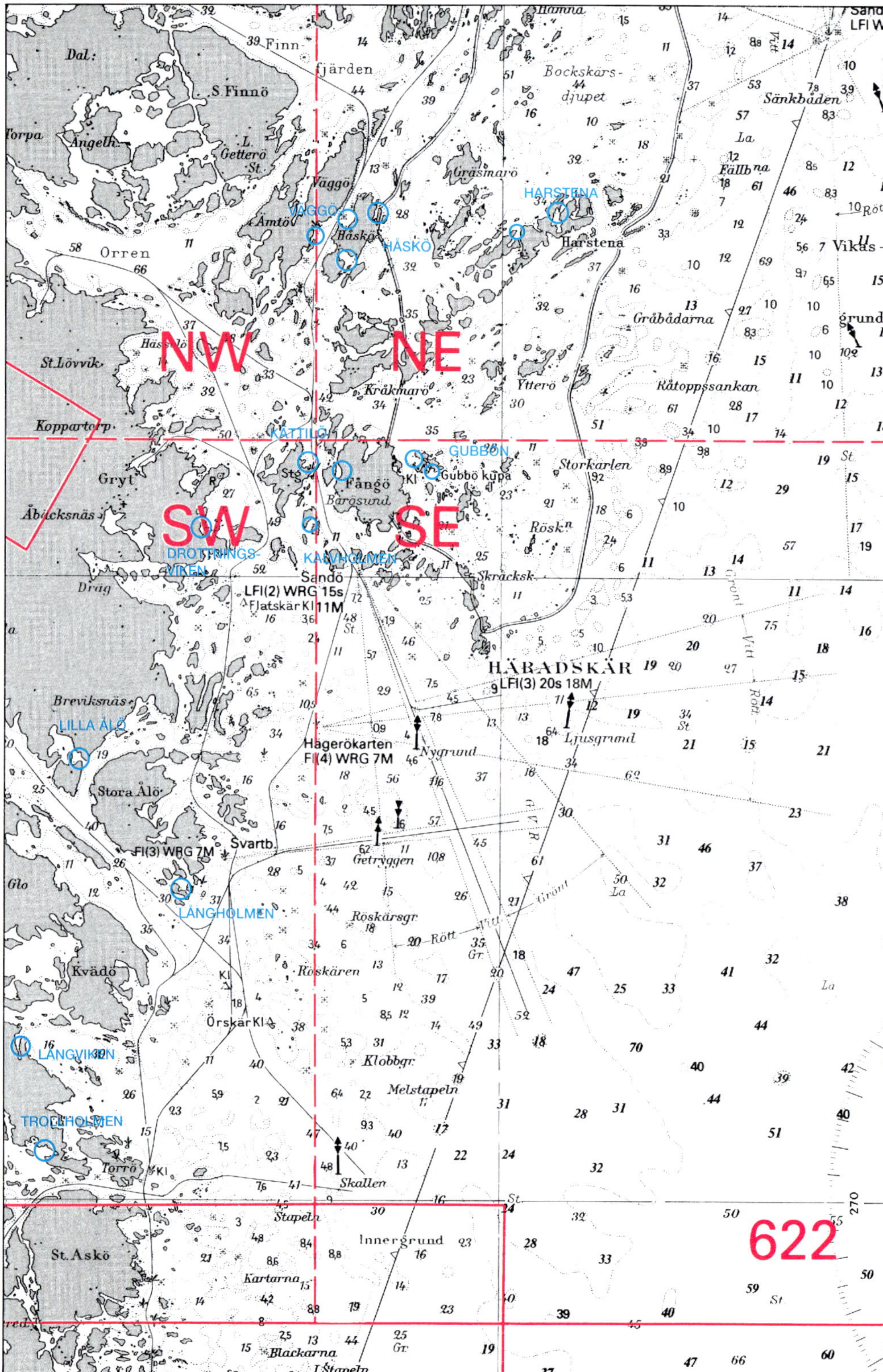
NW
NE
SW
SE
622
VÄGGÖ
HÅSKÖ
HARSTENA
KÄTTILÖ
GUBBÖN
DROTTNINGS-VIKEN
KALVHOLMEN
LILLA ÅLÖ
LÅNGHOLMEN
LÅNGVIKEN
TROLLHOLMEN
Dal
S.Finnö
Torpa
Ängelh.
L. Getterö
Väggö
Åmtö
Håskö
Orren
Finnfjärden
Bockskärs-djupet
Gräsmarö
Harstena
Sänkbåden
Fällbna
Gråbådarna
Råtoppssankan
Ytterö
Kråkmarö
St.Lövvik
Koppartorp
Gryt
Åbacksnäs
Fångö
Gubbö kupa
Barösund
Storkarlen
Sandö
LFl(2) WRG 15s 11M
Flatskär Kl
Skracksk.
HÄRADSKÄR
LFl(3) 20s 18M
Ljusgrund
Breviksnäs
Hägerökarten
Fl(4) WRG 7M
Nygrund
Stora Ålö
Fl(3) WRG 7M
Svartb.
Getryggen
Glo
Röskärsgr.
Röskären
Kvädö
Örskär Kl
Klobbgr.
Melstapeln
Torrö
Skallen
Stapeln
St.Askö
Innergrund
Kartarna
Blackarna
I.Stapeln

Trollholmen, Position 58° 00'7 N, 16° 45'7 E, Kolmosö, Karte No 622 SW

Südlich von Långviken, gleich um die Ecke, liegt ein Naturschutzgebiet. Westlich der Landzunge Kolmosö liegt eine Bucht mit einer kleinen Insel namens Trollholmen. - Wir empfanden den Ankerplatz so, wie es der Name suggeriert.

Umstanden von hohen Bäumen und teilweise undurchdringlichem Dickicht fühlt man sich am Ende der Welt. So stelle ich mir die Heimat der kleinen Wichte vor. Von hier aus kann man weite Wanderungen, z.B. auch nach Långviken, machen. Wir ankerten in der Nähe des in der Karte eingezeichneten Mülleimers, der in der Regel als Hinweis für gute Ankerplätze genommen werden kann. Es gibt auch Gelegenheiten, mit dem Bug an den Fels zu gehen.

Wir hatten uns diese Bucht einmal als Treffpunkt für die Schiffe unseres Clubs ausgesucht, weil wir nicht wußten, wie lange wir aufeinander warten müßten und weil wir wegen unserer Kinder ein geschütztes Dingirevier suchten. Der andere Aspekt waren die guten Wandermöglichkeiten, die wir so lange ausnutzten, bis alle erwarteten Schiffe eingetroffen waren.

Im Westen anschließend erstreckt sich ein geschütztes Gebiet mit Buchten und einigen Inseln, die auch nicht sehr besucht sind, obwohl sie nicht alle zum Naturschutzgebiet gehören. Die Ansteuerung macht zumindest tagsüber keine Probleme.

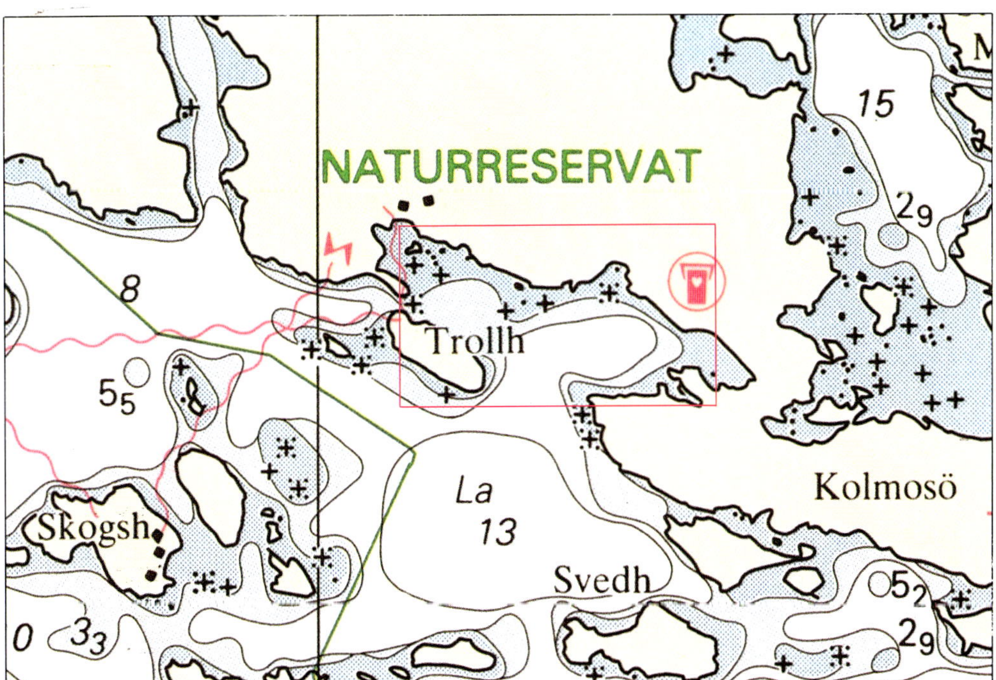

Sonnenuntergang vor Trollholmen

Långviken, Position 58° 02'5 N, 16° 44'8 E, Karte No 622 SW

Durch eine blöde Panne fanden wir einen Ankerplatz, als wir auf dem Rückweg gegenan motorten. Die Dieseltankanzeige suggerierte noch einen viertel vollen Tank. Plötzlich blieb der Motor aber stehen, während wir uns gerade von einem Stück fast freier See in den Verkehr zwischen zwei eng beieinander stehenden Leuchtfeuern einfädelten. - Abfallen und die kleine Genua raus. - Danach hatten wir ein wenig Zeit, uns in der Karte nach einem Ankerplatz umzusehen, den wir unter Segeln erreichen konnten. Rasch hatte Beate eine Bucht in der Karte ausgemacht. Die überspülten Steine auf dem Weg dahin konnten wir bald erkennen und den Eingang in die Bucht fanden wir auch und ankerten frei ziemlich tief in der Bucht.

Welche Überraschung! Eine nach Süden weisende, wurmartige Bucht mit hohen Felsen umsäumt, deren Einfahrt sich hinter zwei kahlen Inselchen am Eingang verbirgt. Bei der Ansteuerung verwirrt die Vielzahl der Inseln und Steine. Wenn man aber erst die Steine nördlich von Göklabben erreicht hat und dann mit etwa 285° weitersegelt, nähert man sich den Inselchen am Eingang der Bucht, die an Backbord gelassen werden müssen. Über einen der Steine projiziert sich ein auffälliger, weißer Birkenstamm vom westlichen Ufer.

Obwohl Långviken gar nicht so weit weg vom Prickenweg liegt, wird die Bucht nicht sehr häufig besucht. Hinter einer felsigen Enge, südlich des äußeren Teils der Bucht, wird das Wasser schnell flach, was sich auch durch den Schilfbewuchs am hinteren Ende andeutet. Ein Ausflug mit dem Dingi in diesen hinteren Teil von Långviken lohnt allemal.

Auf der Ostseite der Bucht, kurz nach der Einfahrt, findet sich eine Toilette, eine Abfalltonne und direkt am Ufer eine Feuerstelle. Der Trampelpfad führt von da durch Blaubeerfelder, eine sumpfige Wiese mit einem Pumpbrunnen, über einen glatt geschliffenen Fels um die Bucht herum und weiter ins Land.

Daß wir Långviken auswählten, ergab sich aus den Windverhältnissen. Es war aber lediglich eine von vielen Möglichkeiten, die sich hier bieten. Im Norden dieser Bucht liegt eine Inselkette, hinter der sich noch andere, herrliche Ankerplätze verbergen, die aber zum Teil Vogelschutzgebiete sind.

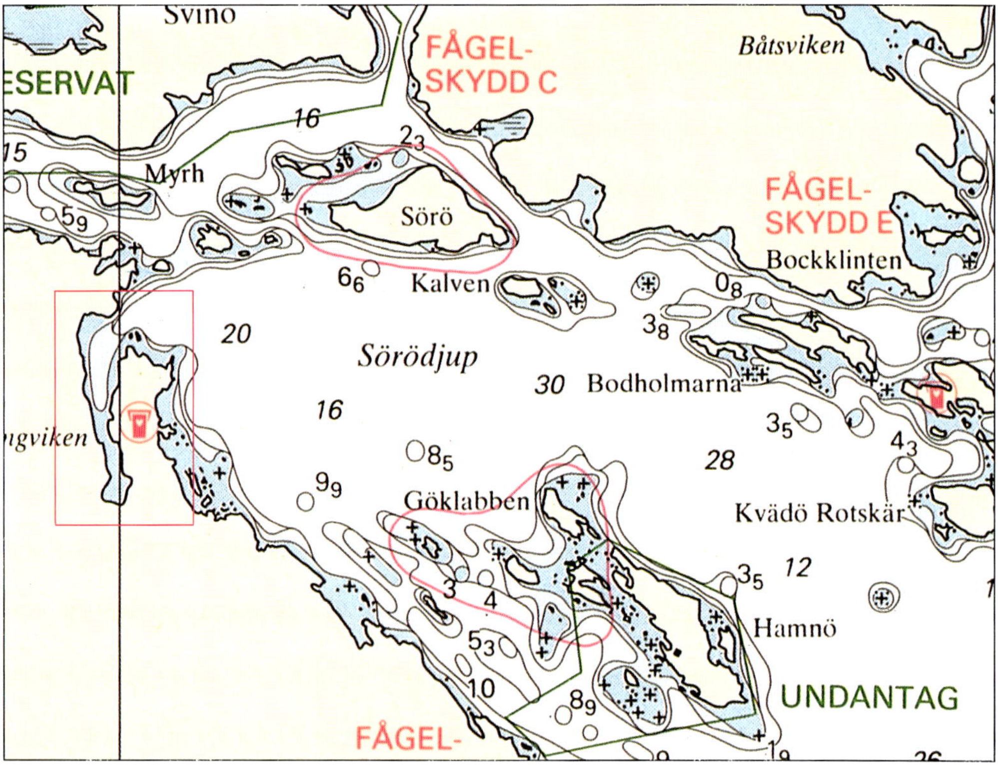

Die Steine (·) am Eingang zu Långviken

Lilla Ålö, Position 58° 07'100 N, 16° 46'550 E, Karte No 622 SW

Als wir einmal so richtig Hack gegenan hatten, suchten wir eine Bleibe, die uns gegen Nordost und gegen den später zu erwartenden Nordwest schützen sollte. Während ich nach den Tonnen spähte, suchte Beate in der Karte und schlug die Gegend um Stora Ålö vor. Da gibt's einige Möglichkeiten, sich zu verstecken. Das fängt im Süden von Stora Ålö mit Långholmen an, das von Südost aus angelaufen werden muß, dann als nächstes die Bucht zwischen Långholmen und Lindholmen mit der Einfahrt von Südwest und ein Stückchen weiter die großen Buchten an der Südküste von Stora Ålö. Wir aber wollten die kleine, nach allen Seiten geschützte Bucht nördlich von Lilla Ålö, den Eingang zum Nybyggefjärden, erkunden.

Das ist eine kleine Bucht, die durch die längliche, in Nord-Südrichtung verlaufende Lilla Källskär und rundherum hohe Felsen sehr geschützt liegt. Im Norden weitet sie sich etwas zu einer ins Schilf auslaufenden Bucht aus und bietet einige Plätze am Fels, ebenso wie gleich im Eingang an der Nord- und Südseite. Auch an der Nordspitze von Källskär und gegenüber ist ein Platz am Felsen zu finden, aber da ist die Möglichkeit, daß der Heckanker das Telefonkabel greift, nicht auszuschließen. Die idealen Plätze sind aber wohl in der winzigen Nordausbuchtung am Fels vor dem Schilf.

Da die Plätze am Fels besetzt waren, ankerten wir, auch mit dem Hintergedanken, daß der Wind drehen würde, auf 4 m Wasser knapp vor der kleinen Insel vor Lilla Källskär, am Rande des Schilfgürtels auf gutem Ankergrund.

Während ich noch das Boot aufräumte und Beate begann, Kartoffeln für den Sill zu kochen, angelten am Schilfrand Kinder in ihren Dingis. Eine herrliche Idylle, die wir noch mehr genossen, weil wir gerade aus dem Hack von draußen kamen. Und diese Idylle wurde perfekt, weil wir hier im inneren Schärengarten die Vögel hörten, die wir von zu Hause kennen – das Möwengeschrei der See vermißten wir gar nicht.

Vor dem Eingang zur Bucht liegt auf der anderen Seite des Fahrwassers ein kleiner Anleger für die Holzverladung. Da sahen wir einen Schlepper, der nebeneinander vier hoch beladene Schuten voller Holz vor sich hatte. - Eigentlich ein Anblick, den man in diesem waldreichen Land erwarten muß, der uns aber trotzdem überraschte.

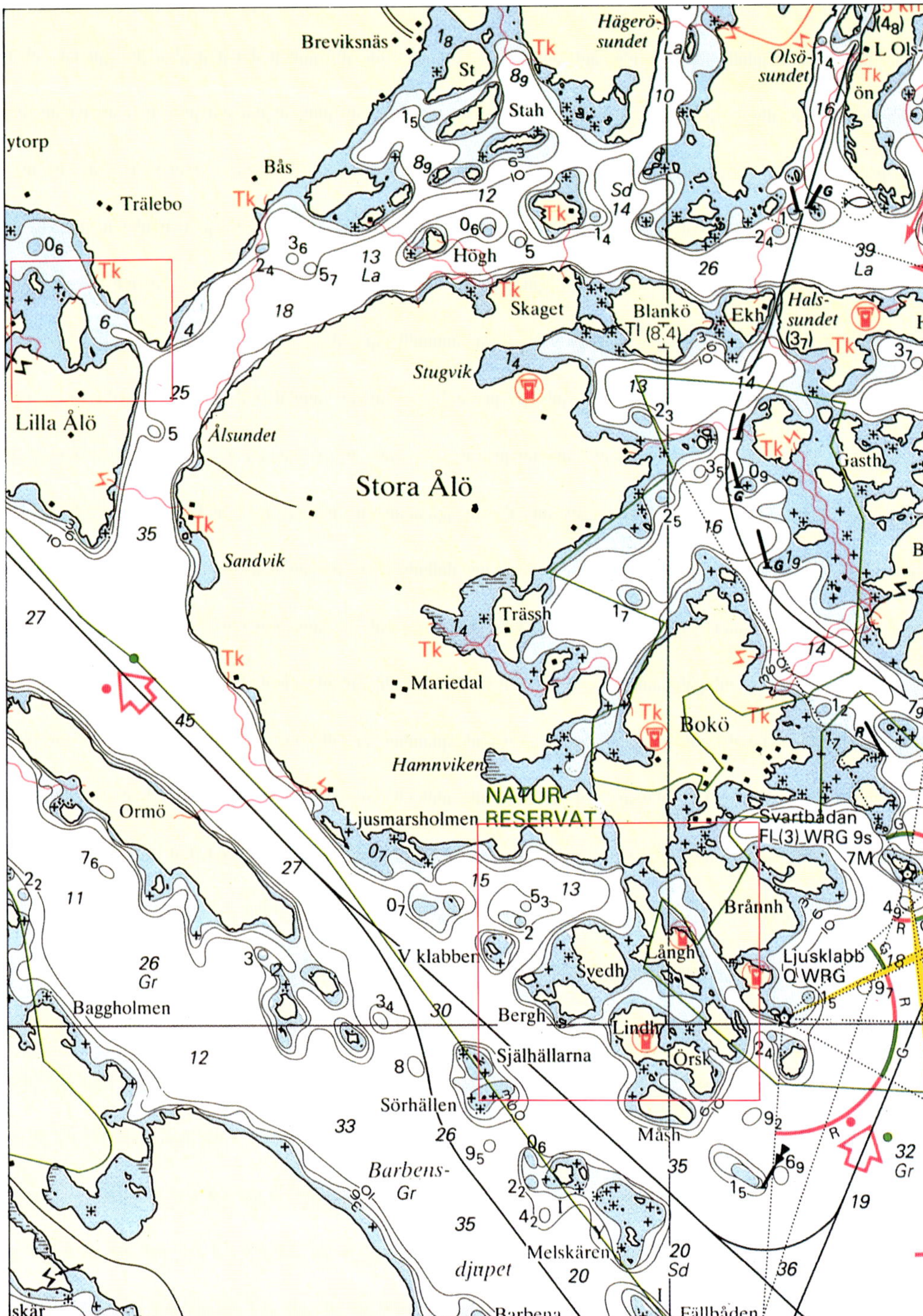

Lilla und Stora Ålö und die südlich davor gelegenen Ankerbuchten bei Långholmen

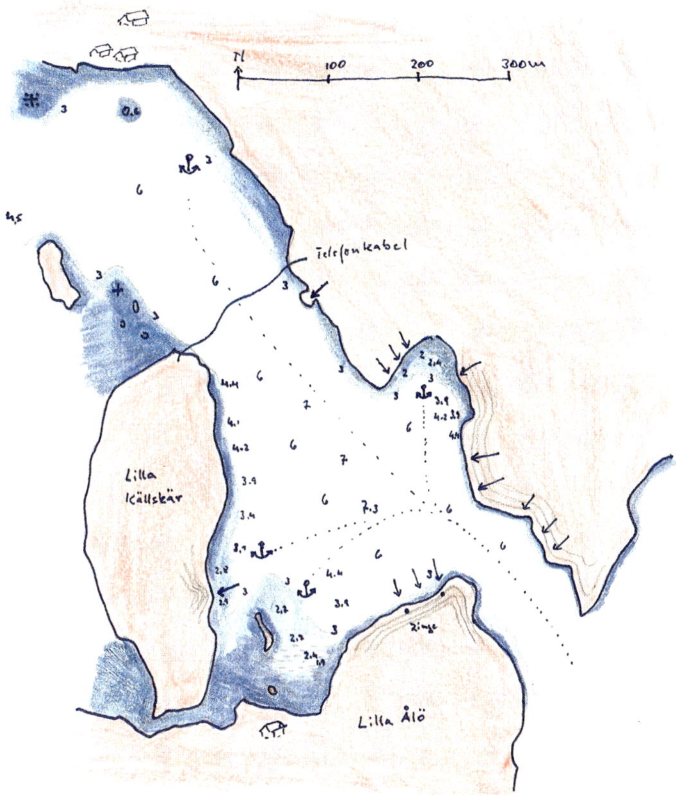

Ein Holzschubschiff an seinem Ankerplatz auf Stora Ålö

Gleich neben der Einfahrt liegt ein Kutter längsseits und kurz vor dem Schilf in der Ecke ein anderes Schiff in der kleinen Bucht mit dem Bug am Fels.

Zwischen Einfahrt und kleiner Bucht im Norden und kleiner Schilfinsel im Süden ankerten wir frei.

Stora Kalvholmen, Position 58° 10'900 N, 16° 53'96 E, Karte No 622 SW

Bei jeder Reise, egal ob rauf oder runter, jedesmal fehlt gerade irgend etwas und so gehen wir in den Hafen von Fyrudden. Wenn's dann noch zu einem Schwatz mit anderen Seglern kommt, ist der Tag eigentlich fast schon gelaufen und „Strecke machen" ist nicht mehr drin. Deswegen kennen wir in dieser Gegend auch so viele kleine Löcher, wo man sich verstecken kann. Aber nicht nur deshalb – es gibt hier ja auch so viele schöne Plätze. Diesmal war es also Kalvholmen. Bei uns in den Karten seit langem eingekringelt und mit einem Ausrufezeichen versehen.

Die Ansteuerung erfolgt wohl meist von Westen, wobei eine Untiefe von 1,6 m und die überspülten Steine berücksichtigt werden müssen. Von Süden kommend ist es etwas einfacher, wenn man sich nur gut zwischen den Inseln hält.

Kommt man in die Bucht zwischen Stora und Lilla Kalvholmen, die nur gegen Süd ungeschützt ist, bieten sich einem im Osten an den steilen Felsen und im Westen am schrägen Fels und um die Felsnase herum Plätze am Fels. Wir lagen knapp neben einem Stein entweder auf 3 m Wasser oder das Schiff rutschte auf den Wacker und das Echo zeigte 0.

Im Osten liegt ein überspülter Stein sehr störend genau dort, wo man eigentlich gern seinen Heckanker schmeißen möchte. Als wir herkamen, schwamm netterweise an dieser Stelle eine leere Plastikflasche, so daß wir gewarnt waren.

Der Platz ist bei den Schweden sehr bekannt und auch recht beliebt. Deswegen war er selbst im August immer noch ziemlich voll.

Stora Kalvholmen bietet im Norden noch einen Ankerplatz mit einigen sehr bequemen Stellen am Fels. Die Ansteuerung erfolgt von Osten um die rote Spiere herum. Am Eingang der Bucht kann man auf 4 m Wasser im Osten sehr bequem am Fels festmachen und gegenüber auch recht ordentlich auf etwas über 2 m Wasser. Das Innere der Insel ist voller Blaubeeren, Schluchten und Felsbuckeln, voller Moos, und nur wenige Trampelpfade führen über die Insel.

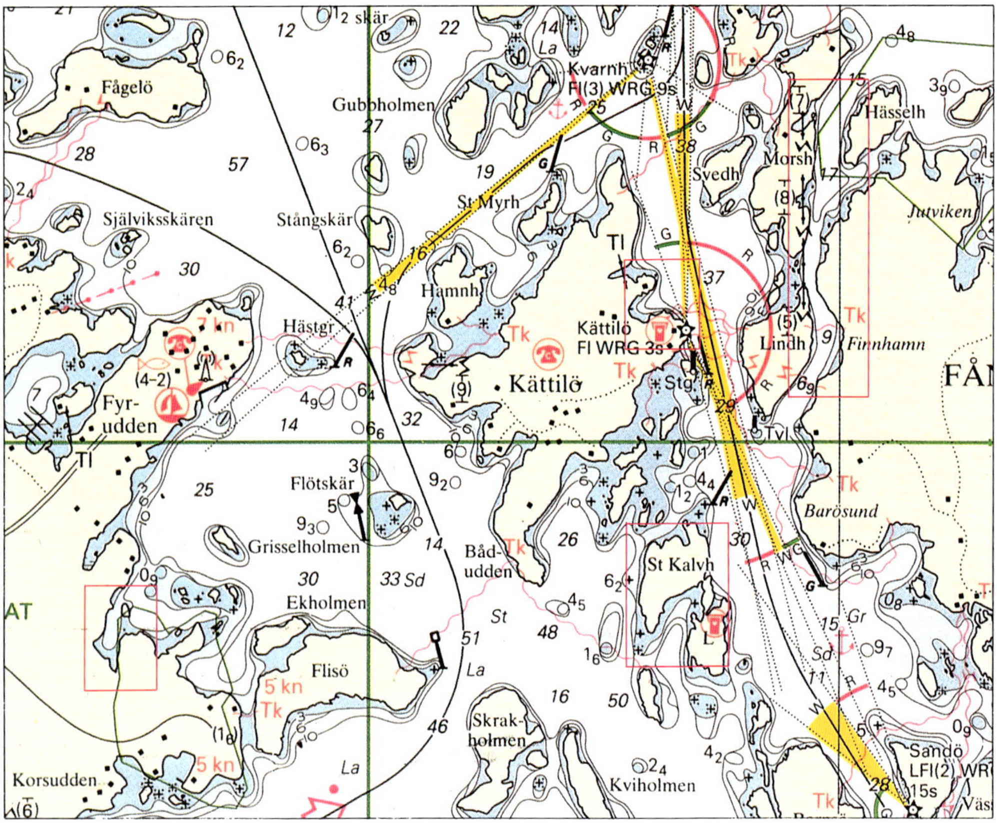

Das Gebiet zwischen Fyrudden und Fångö mit Drottningsviken, Stora und Lilla Kalvholmen, Morsholmen und Kättilö

100
200
300 m
Stora Kaluholmen
Lilla Kaluholmen

Ankernde Boote bei Kalvholmen

„Relaxende“ Skipper – wie an jedem Ankerplatz

Drottningssviken (in den Seekarten namenlos), Position 58° 10'8 N, 16° 50'7 E, südlich Fyrudden, Karte No 622 SW

Knapp eine Meile südlich von Fyrudden liegt eine kleine Bucht, die sich hinter einer vor der Einfahrt gelegenen Insel verbirgt. Offensichtlich finden da aber auch andere leicht hin, die nicht die Nacht in Fyrudden verbringen wollen. Der Ankergrund ist gut, und an der Westseite der Insel im Eingang, sowie an der Ostseite der Bucht kann man auch mit dem Bug an den Felsen gehen. Man ist hier gegen alle Winde geschützt. Die Ansteuerung, wenn sie strikt von Nord erfolgt, ist problemlos.

Von hier kann man leicht zunächst auf Trampelpfaden, die sich später zu Wegen ausweiten, nach Fyrudden zum Einkaufen gehen. Aber Vorsicht beim Fischkiosk: Es ist nicht alles frisch, was da angeboten wird!

Gegen die Mücken behelfen wir uns in solchen Gegenden mit einem Moskitozelt, das wir über das Cockpit hängen. So können wir auch abends, wenn Schwadronen von hungrigen Mücken über die Segler herfallen, ruhig draußen sitzen bleiben.

Fyrudden hat zwei Häfen. Einmal auf der Ostseite der Halbinsel den Gemeindehafen, in dem sich eigentlich das ganze Leben abspielt, wo man gut einkaufen kann und auch Tank- und Bunkermöglichkeiten bestehen. Auf der Westseite der Halbinsel liegt in einer großen, geschützten Bucht eine Marina, in der die schwedischen Boote aufs Wochenende warten.

Diese Gegend hat eine lange Geschichte. Sie war bereits in der Steinzeit besiedelt und in der späten Bronzezeit hat sich die Bevölkerung stark vermehrt. In Baresund trafen sich der schwedische König Amund Olofson und der norwegische König Olof der Heilige 1027 nach der Schlacht bei Helgean. An der gleichen Stelle ist auch König Sigismund aus Polen gelandet, nachdem er 1592 zum König von Schweden gewählt wurde. Er brachte 27 Schiffe mit deutschen, ungarischen und schottischen Soldaten mit.

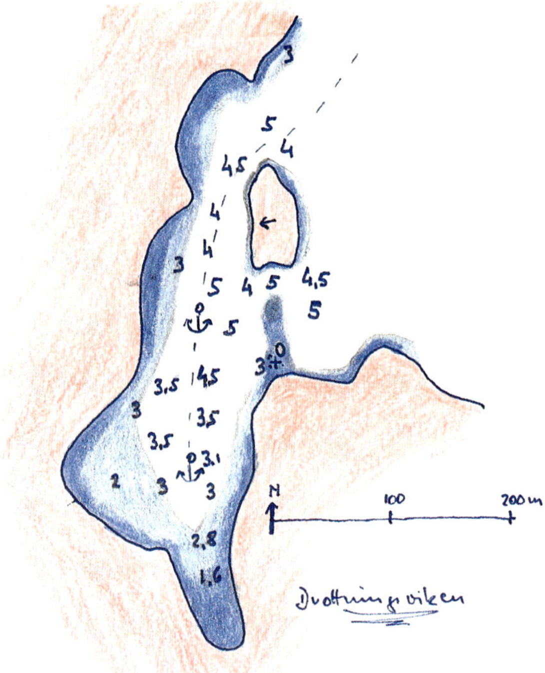

Sommeranfang in den Schären

Finnhamn, Position etwa 58° 11'7 N, 16° 54'9 E, zwischen Lindholmen und Fångö, Karte No 622 SW

Östlich von Fyrudden erstreckt sich zwischen Kättilö und Fångö ein Gebiet voller Ankerplätze (siehe Kartenausschnitt bei Stora Kalvholmen). Östlich vom empfohlenen Kurs, also zwischen Lindholmen und den nördlich folgenden Inseln einerseits und Fångö andererseits gibt es einen romantischen Weg, der an einigen Stellen, z.B. bei Finnhamn, zum Verweilen einlädt, vielleicht nicht gerade zum Übernachten, aber zum Blaubeerenpflücken. Die Wahl wird jedem, der hierher findet, schwerfallen. Meist wird man sich wohl entschließen, mit dem Bug zwischen den dicht stehenden Bäumen an einen Fels zu gehen Viel Verkehr ist, abgesehen von den kleinen Booten, mit denen die Einwohner zum Einkauf fahren, nicht zu befürchten. Einen ungewohnten Anblick bietet allerdings manchmal ein Boot voller Kühe, die auf eine andere Weide gebracht werden. Von hier aus bietet sich ein Ausflug mit dem Dingi nach Fangö mit seiner alten Erzgrube an.

Navigatorische Probleme bei der Ansteuerung dieses Nebenwegs dürfte es nicht geben.

Auf **Fångö** gibt es an der Nordostseite, gerade gegenüber Gubbön, noch einen anderen schönen Ankerplatz westlich des überspülten Steines, etwa da, wo in den Seekarten der symbolische Mülleimer eingezeichnet ist. Er wird hier zwar nicht weiter beschrieben, ist aber trotzdem recht interessant, wenn man die alten Erzgruben besichtigen will.

Einer der vielen Leuchttürme am Wegrand zeigt mit seiner Farbe die Fahrwasserseite an.

Kättilö, Position 58° 12'0 N, 16° 53'9 E, Karte No 622 SW

Passiert man Kättilö an der Ostseite, so findet man nördlich des Leuchtfeuers eine kleine Bucht für freies Ankern, aber auch mit der Möglichkeit, an der Südseite an den Fels zu gehen (siehe Kartenausschnitt bei Stora Kalvholmen). Dort liegt man dann in der Nachbarschaft des alten Zollhauses und des kleinen Leuchtturms. Gleich neben dem hübschen Zollhaus und seinem Schuppen sind steil ins Wasser fallende Felsen, die auch noch weiter in die Bucht hinein genutzt werden können. Der Ankergrund ist gut. Bei nordöstlichen Winden ist man allerdings relativ ungeschützt.

Aber Kättilö bietet noch andere Buchten im Norden der Insel, die den gleichen Schutz bieten und weniger häufig besucht werden, wenn sie auch nicht so romantisch sind.

Auf Kättilö soll übrigens der schwedischen Tennisspieler Björn Borg sein Sommerhaus haben.

Der Leuchtturm und das alte Zollhaus auf Kättilö

3
3
4,5
9
10
8
7
6,5
3,5
5
4
2
Lindholm
N
0
100
200
300 m

Gubbön, Westbucht, Position 58° 11'8 N, 16° 57'3 E, und Südbucht, Karte No 622 NE

Gubbön, einer unserer Lieblingsplätze, liegt 1/2 sm östlich von Fångö. Diese Insel ist bei den Schweden zu Recht sehr beliebt und dementsprechend oft besucht. Trotzdem lohnt sich ein Besuch, denn Gubbön mit seiner Kupa ist sehenswert. Hat man sich erst einmal um die Steine, die südlich, also an stb bleiben müssen, in die westliche Ankerbucht eingefädelt, hat man die Wahl, an der Südseite vor Heckanker an den Fels zu gehen oder an der Nordseite an dem wesentlich steileren Fels evtl. auch längsseits zu gehen, was sich aber nur empfiehlt, wenn die Bucht nicht sehr voll ist, weil die Schweden das als Platzverschwendung empfinden. Nur ganz selten sieht man sie längsseits am Felsen liegen.

Als wir das erste Mal da waren, lagen wir an der Südseite mit anderen schwedischen Booten und kletterten auf den steilen Felsbuckel, auf dessen Spitze bereits von den Wikingern ein großer Steinhaufen als Navigationshilfe aufgeschichtet worden war. Damals wurde diese Insel als Ansteuerung und Außenposten zur Sicherung der dahinter gelegenen Siedlungen benutzt. Näherte sich ein fremdes Schiff, wurde ein Warnfeuer angezündet, das im Hinterland ebenso gesehen wurde wie auf Kupa Klint, von wo es nach Arkösund weitergegeben werden konnte. Der Steinhaufen wurde vor etwa hundert Jahren von schwedischen Lotsen wiedererrichtet und diente den Frachtseglern noch als Wegmarke.

Da oben auf dem Fels trafen wir bei unserem ersten Besuch einen Schweden, der uns von einem bevorstehenden Starkwind aus Nord berichtete, den er lieber im Hafen von Fyrudden abwettern wolle. Schon während unseres Abstieges durch das urwaldartige Dickicht und die tiefen Schluchten zwischen den einzelnen Felsen merkten wir, daß sich die Bucht leerte. Sie ist halt nach Norden offen. Wir aber wollten keinesfalls die Chance verpassen, diese Insel ganz für uns allein zu erleben. Also ruderte ich mit dem Dingi an dem gegenüberliegenden Fels entlang und fand da überall an den senkrecht ins Wasser fallenden Wänden reichlich Wasser, um längsseits zu gehen. Über 4, teilweise sogar 7 m, ist es da tief. Das ist ein fast perfekter Platz, um auch Starkwind aus Norden abzuwettern. Bei Nordwind findet man aber auf Gubbön einen noch sichereren Platz, nämlich die Südbucht mit ihrem gutem Ankergrund.

Hier aber, längsseits in der Westbucht, verläuft der Fels in Höhe unseres Decks als Plateau. Die eingelassenen Haken werden offensichtlich auch von der schwedischen Marine benutzt. Man kann es hier tagelang aushalten. Im Fels ist eine sesselartige Kuhle ausgeformt, in der offensichtlich schon viele Generationen ihr Lagerfeuer angezündet haben. Das nötige Holz dafür fanden wir reichlich in dem nahen Kiefernhain, der eine kleine Bucht im Süden von unserem

Ankerplatz trennt. Vor dem Hain ist auch ein kleiner Anleger für ein winziges Touristenboot, das gelegentlich von Fyrudden kommt. Dahinter ist die Toilette und die Mülltonne versteckt.

Generell ist das Feuermachen auf dem blanken Fels der Schären verpönt, weil die Hitze ihn platzen läßt und so die Zerstörung der Schären fördert. Es gibt aber einige Feuerplätze, die toleriert werden. Meistens brauchen die schwedischen Segler aber gar kein Lagerfeuer, denn sie bringen ihren tragbaren Grill schon kurz nach dem Festmachen an Land und dann sieht man die Crews drum herum sitzen. Ein Lagerfeuer wird meistens nur angezündet, wenn mehrere Boote zusammen segeln und feiern.

Gubbön bietet viele Möglichkeiten für Entdeckungstouren - besonders kletternd. Gutes Schuhwerk empfiehlt sich nicht nur hier, und bei Nässe sollte man sich der Rutschgefahr auf dem Fels bewußt sein.

Nirgendwo sonst in den Schären haben wir den schwedischen Sommeranfang mit seiner Farbenpracht intensiver als hier erlebt.

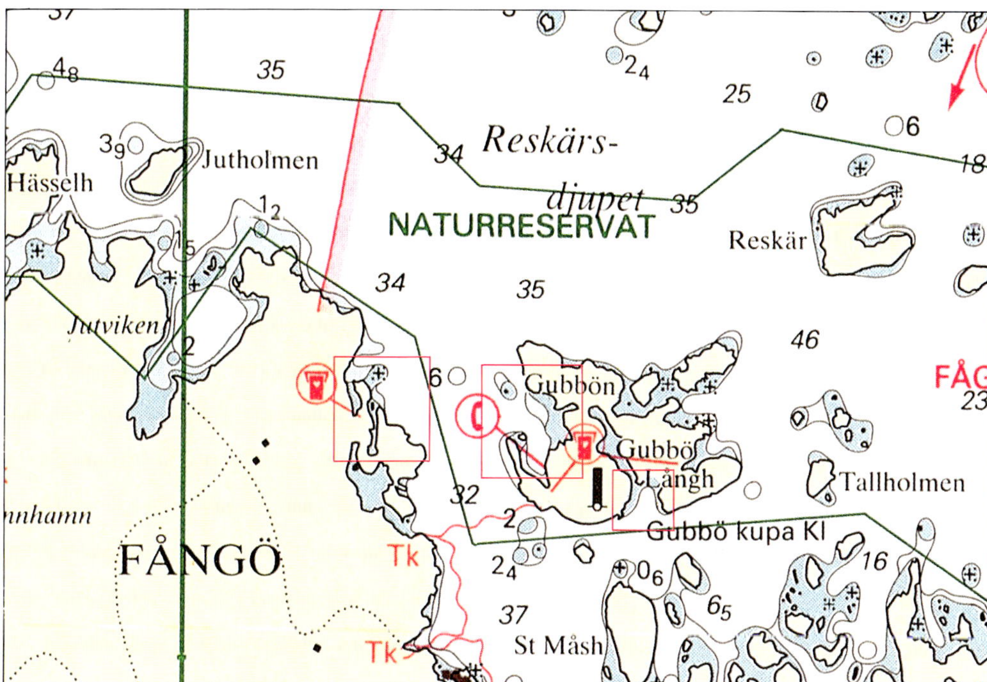

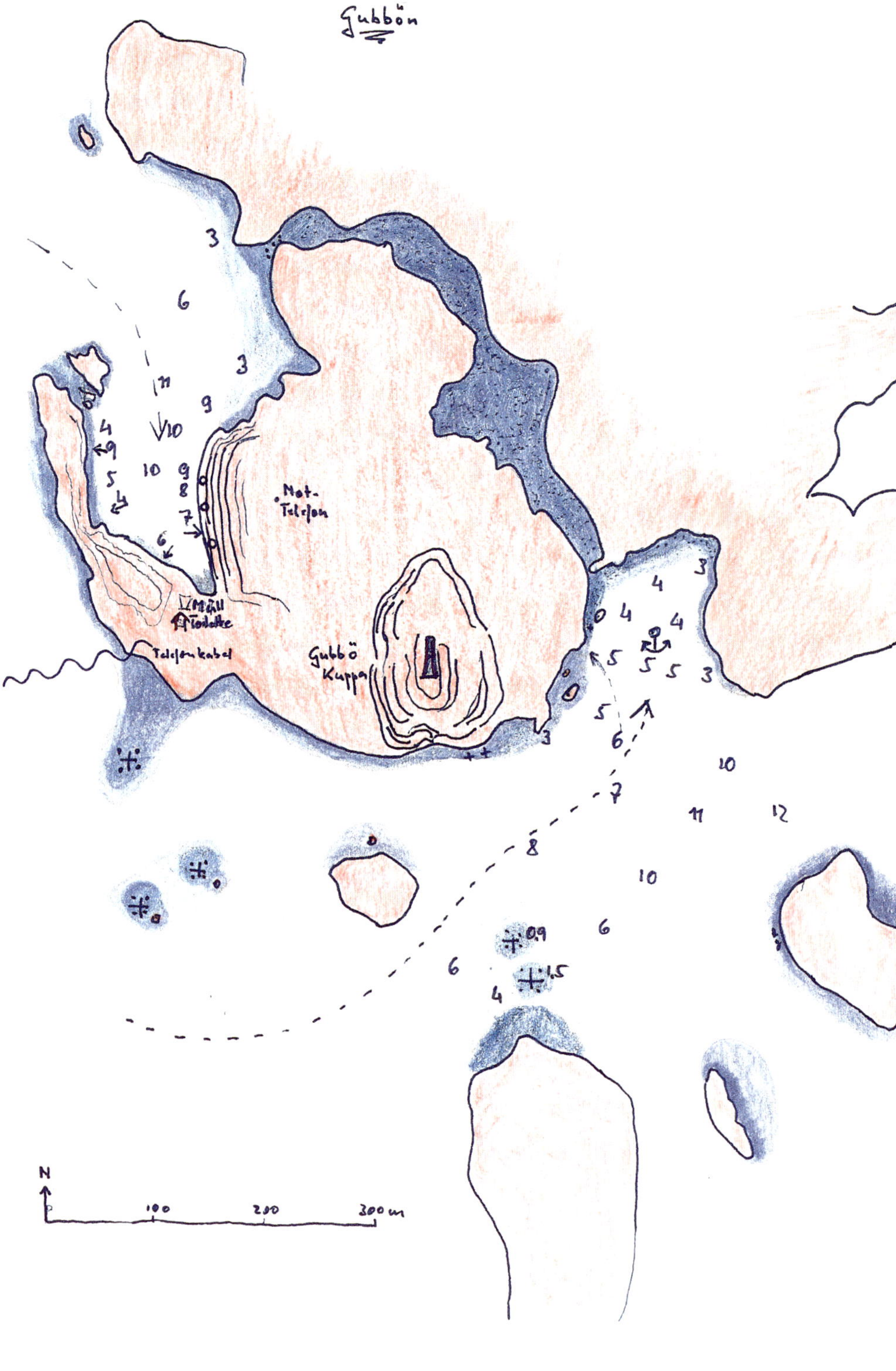
Gubbön
Mot-Telefon
Müll
Toilette
Telefonkabel
Gubbö Kuppa
N
0
100
200
300 m

Längsseits in Gubböns Westbucht. Einer der komfortabelsten Plätze in den Schären.

Harstena, Hafen und Lagune, Position 58° 15'6 N, 17° 01'5 E, Karte No 622 NE

Diese schon in früheren Schwedenbüchern enthusiastisch beschriebene Außenschäre liegt etwas abseits des Weges, ist aber trotzdem oder gerade deswegen eine der beliebtesten Inseln der schwedischen Segler. - Mit Recht, denn kaum an einem anderen Ort findet sich eine derartige Harmonie zwischen Natur und Mensch. Die Welt scheint hier in diesem alten Robbenjägerort noch total in Ordnung.

Man kann von Gubbön auf dem kürzesten Weg hinsegeln, verpaßt dann aber eine wunderschöne Sundpassage. Wir wählten statt dessen den Weg zurück ins Fahrwasser zwischen Fångö und Kråkmarö, folgten ihm nordwärts bis knapp vor das Leuchtfeuer Espskärsgrund und fädelten uns von da in den Sund zwischen Armnö und Kråkmarö ein. Keine Angst – er ist für 2 m allemal tief genug. Wer nicht in der Nähe übernachtet hat, findet hier einige Ankerplätze nahe des Fahrwassers, besonders hübsch südlich von Ängholmen an Steuerbord. Von da führt der Weg entlang der Inselkette nach Harstena.

Der winzige Hafen von Harstena ist nicht in den Karten eingezeichnet. Er liegt in dem Einschnitt zwischen Hässelön und Harstena mit der Einfahrt von Norden. Ein hohes Stahlgerüst, das zu militärischen Beobachtungen benutzt wurde, kann als Hinweis für die sonst leicht zu übersehende Einfahrt dienen. In den Karten findet man ihn dort, wo die beiden Telefonkabel (Tk) aus dem Norden ankommen und das symbolische Klo eingezeichnet ist. Der Hafen besteht lediglich aus mehreren kleinen Anlegern, die für Schiffe mit weniger Tiefgang als 1,80 m geeignet sind. Mit 2 m kann man gerade noch so eben am ersten Steg ganz im Norden festmachen. Aber das reicht, um an Land zu gehen und Geschmack zu bekommen. Und wenn man eine Grundberührung haben sollte, ist das kein Beinbruch, denn der Grund besteht aus Ton und Modder. Weiter nach Süden, wo es noch flacher ist, reicht der Hafen mit vielen Bootsschuppen bis in das Schilf hinein.

Wir zogen es vor, noch ein wenig weiter zur sogenannten Lagune zu segeln. Das ist eine sehr tiefe Bucht, die die Insel fast zerschneidet. Schwierig ist nur die Einfahrt, da man zwischen den richtigen Steinen durch muß. Das bedeutet Herzklopfen, aber es geht. Wir segelten in den Schlauch hinein und kamen zu einer Enge, die mit 5 m Breite gerade mal ein Schiff durchläßt, aber tief genug auch für größere Yachten ist. Hinter der Enge weitet sich eine lagunenartige Bucht auf. Für jeden Wind gibt es genügend Ankerplätze am Fels, wenn man es nicht vorzieht, frei zu ankern. Wir gingen mit dem Bug an den Fels der Westseite.

Von der Lagune erreicht man nach etwa 10minütigem Fußmarsch das Dorf und findet dort einen Kaufmann und Fischer, ein Café über dem Bootsschuppen des Fischers und einen Bäcker. Zu dem, also auch zum Dorf, weisen selbstgebastelte Schilder hin, die alle mit einer Puppe verziert sind und die Aufschrift „Bageri" tragen. Beim anderen Fischer an der Südseite der Insel gibt´s auch eine Sauna neben der Bootsgarage. Die Fischer - nicht nur auf Harstena - räuchern auch den selbst gefangenen Fisch.

Hübsch ist auch ein kleiner Binnensee, auf dem die in Skandinavien sehr seltenen roten Seerosen wachsen und die wir bisher nur auf Ramsö in den Koster Inseln in einem ganz winzigen Tümpel hoch über dem Meer gesehen haben.

Auf der Insel leben nur noch zwei Familien das ganze Jahr über. Alle anderen Häuser werden lediglich im Sommer bewohnt. Dann allerdings herrscht in den mit Schilf gesäumten Kanälen zwischen den Inseln reges Treiben. Frauen kommen mit dem Boot zum Einkaufen, Männer rudern zum Fischen und manchmal hört man schon lange das fröhliche Plappern und Lachen von Kindern, bevor man sie viel später in ihrem Boot durchs Schilf kommen sieht.

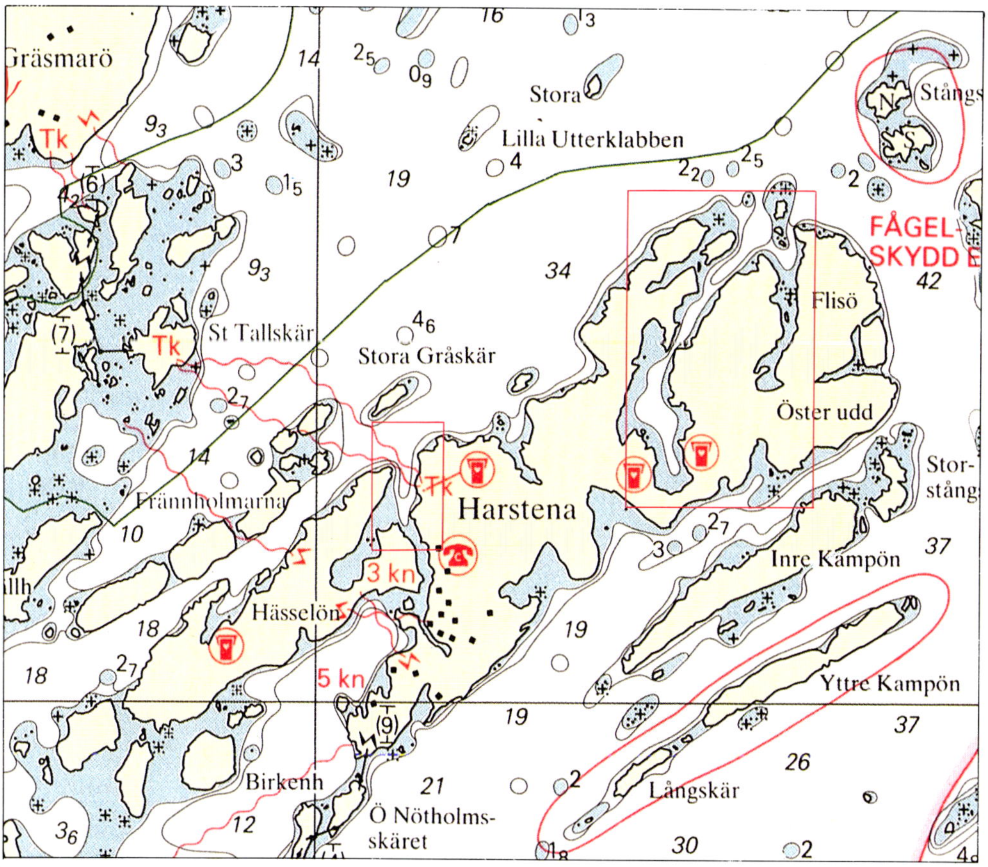

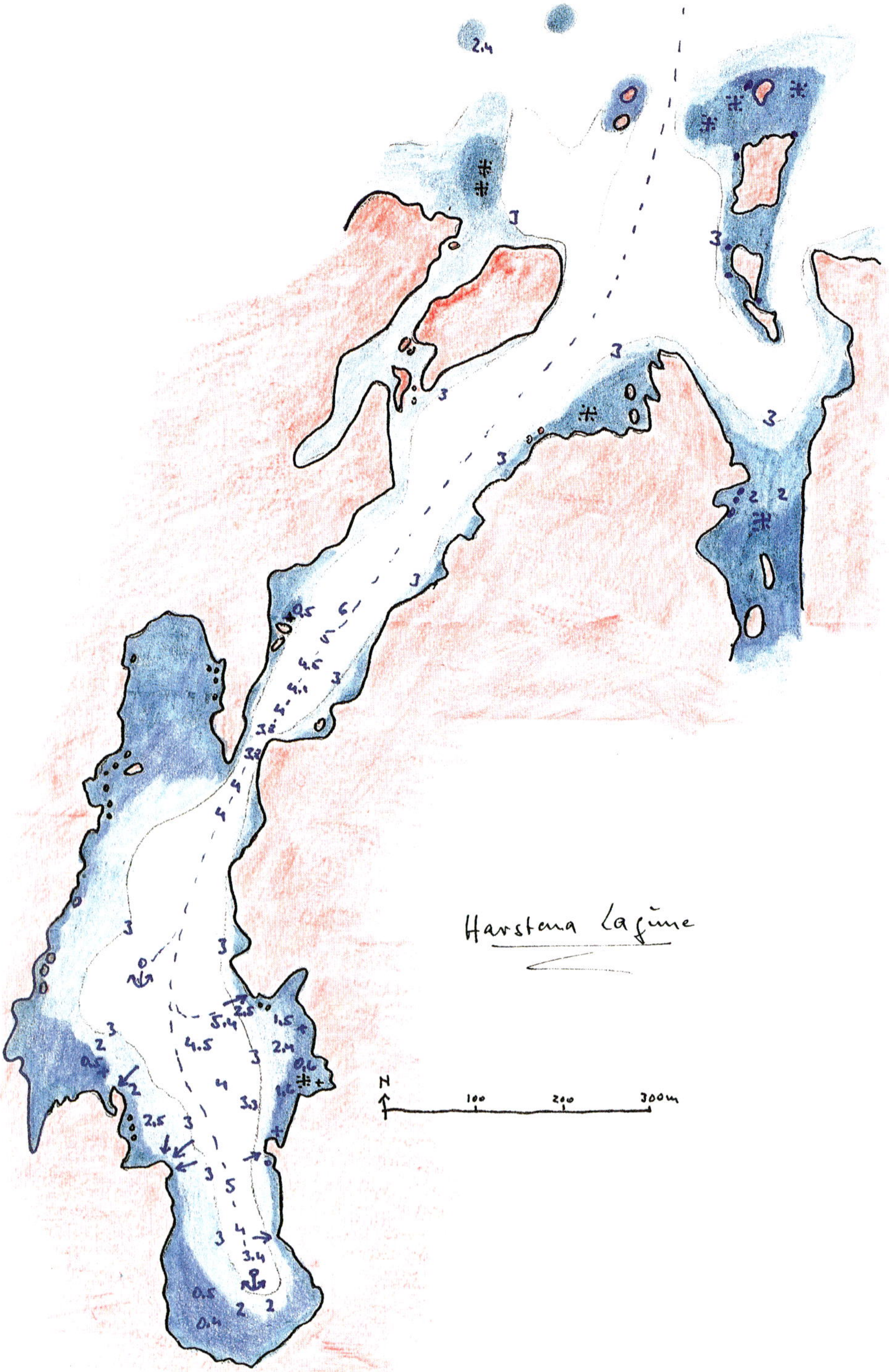
Harstena Lagune
N
100
200
300m

Lauschige Kanäle auf Harstena

Die seltenen roten Seerosen auf Harstena

Die Einfahrt zum Hafen von Harstena ist an dem Beobachtungsturm zu erkennen.

Die Enge in der Einfahrt zur Lagune. Blick in die Lagune

23.00 Uhr, Klönschnack an der Lagune. Es wird schon schattig.

Der Weg zum Bäcker ist nicht zu verfehlen.

Der Weg von der Lagune zum Dorf

Der Hafen von Süden

Stilleben beim Bäcker

Håskö, die Nordbuchten, Position 58° 15'860 N, 16° 55'990 E, Karte No 622 NE

Wir hatten Lennart, den Menschen, der uns das Copyright für die Seekartenausschnitte gab, in seinem Sommerhäuschen bei Tyrislöt besucht und anschließend mit ihm und seinen Freunden im „Sumpen" Pub am Campingplatz den Samstag abend gefeiert. Das war unheimlich schön, einmal weil der Pub eine alte Scheune war, die sehr gemütlich und vor allem urig eingerichtet war, zum anderen, weil die Leute sehr lustig waren. Am Morgen danach brauchten wir Ruhe. Da war die kurze Etappe nach Håskö gerade richtig. Schon lange war diese Schäre in unseren Karten eingekringelt.

Als wir uns von Norden der Insel näherten, sahen wir in allen Buchten Boote liegen, obwohl die schwedischen Ferien schon vorbei waren. Es waren nicht viele Schiffe, aber gerade genug, um zu zeigen, wo man überall hin könnte.

Wir wählten den langen Schlauch. Als wir durch die Enge motorten, sagten uns zwei Angler, daß wir eben da, wo sie standen, gut längsseits gehen könnten. Das taten wir denn auch und lagen auf 4,5 m Wasser. Man sollte aber nicht so ganz blindlings an die Felsen herangehen, denn da, wo's bequem wird, fällt der Fels nicht ganz senkrecht und könnte unschöne Kratzer unterhalb der Wasserlinie hinterlassen. Auch an fast der ganzen restlichen Ostseite kann man an den Fels gehen. Freilich, so bequem wie bei uns sah es nicht aus.

Da wir die Bucht nicht kannten, war unser Platz ein einfacher Anfang. Von hier aus ruderte ich mit dem Dingi die Bucht ab und fand auch in der hintersten Ecke noch ausreichend Wasser, so daß man mit weniger Tiefgang als unseren knapp 2 m hinter der Felsnase einen Platz am Felsen finden könnte. Es dauerte auch nicht lange bis drei Schweden, die sich hier offensichtlich auskannten, mit einem 10-m-Schiff und einem riesigen Schärenkreuzer zielstrebig in dieses Loch strebten. Der zweite hatte bereits Fender draußen, als er sich von außen der Bucht näherte. Offensichtlich ist diese Ecke in der Gegend bekannt. Dort liegt man aber auch wirklich vor allen Winden unangefochten in hervorragendem Schutz.

Und wenn es nicht gerade aus Nord bläst, kann man auch in allen anderen Buchten und Durchfahrten im Norden einen Platz am Fels finden.

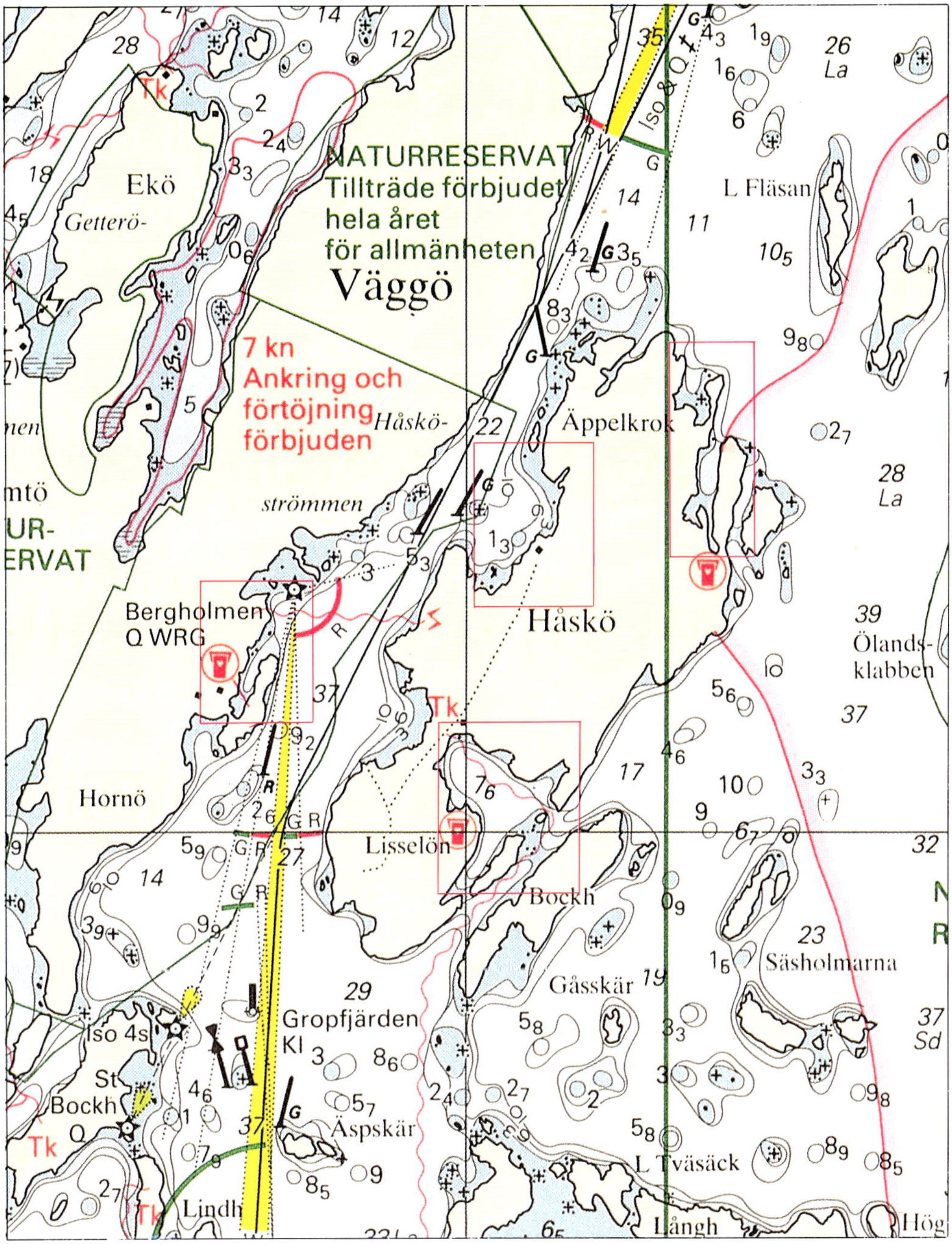

Väggö und Håskö

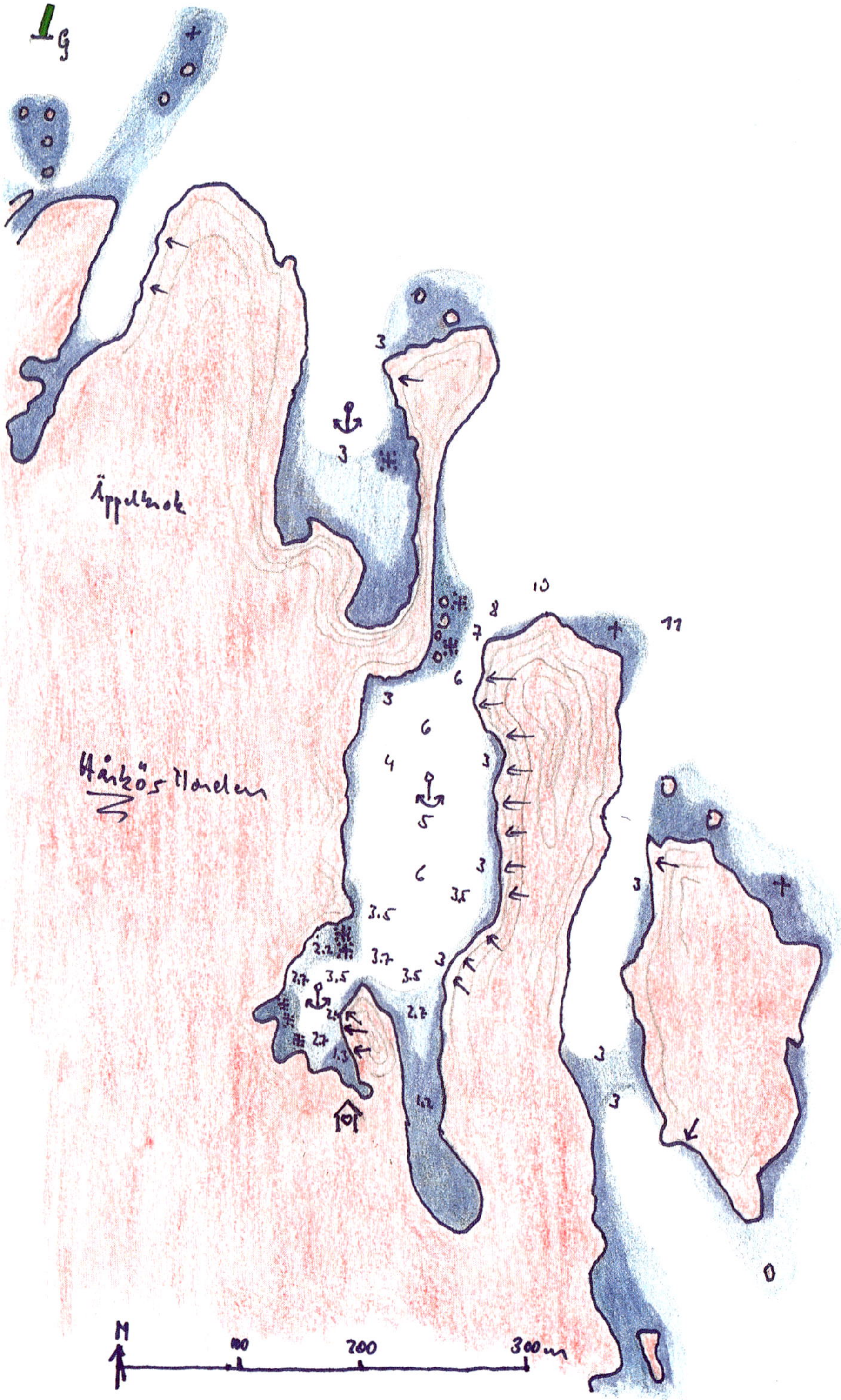
N
100
200
300 m

Håskö Nordbucht (Ostseite) mit dem überspülten Stein im Vordergrund

Das Anwesen des Fischers/Bauers am Westufer der Südbucht

Håskö, die Westbucht, Position 58° 15'8 N, 16° 55'2 E, Karte No 622 NE

Will man schnell weiter und keine Zeit verlieren, so bietet sich im Westen von Håskö eine Bucht direkt am Prickenweg an. Vor oder hinter der grünen Tonne kann man in die Bucht segeln und im Nord- oder Südteil, je nach Wind auf 6 bis 8 m frei ankern. Aufpassen sollte man nur im südöstlichen Teil wegen eines Flachs von 1,2 m.

Die Bucht hat keinen sonderlichen Charme, sie ist auch dem Schwell der vorbeibretternden Motorboote ausgesetzt, aber sie hat den Vorteil, daß man auch in der Hochsaison immer einen Platz findet und daß abends die Sonne lang auf's Boot scheint.

Håskö, die Südostbucht, Position 58° 15'120 N, 16°55'400 E, Karte No 622 NE

Diese etwas größere Bucht, fast wie ein Binnensee, fällt zu allererst auf, wenn man in dieser Gegend einen Platz sucht.

Die Ansteuerung von Nord oder Süd ist problemlos. Von Norden zwischen Håskö und Bockholm kommend benutzten wir die erste Möglichkeit, in die Bucht zu drehen. Von Süden her muß man zwischen Bockholm und den kleinen Inselchen hindurch, wobei man sich mittig halten sollte, weil vor der Küste von Bockholm eine Untiefe mit 1,9 m ins Fahrwasser hineinragt.

Die sich dann öffnende Bucht bietet Platz für Ankerlieger in den nördlichen und westlichen Ausbuchtungen auf etwa 3 bis 5 m Wasser und gutem Ankergrund. Gleich hinter der Einfahrt hält der Fischer von Håskö Lachse in einer Zuchtstation und kann von seinem Anwesen am westlichen Ende dieses „Binnensees" die ganze Bucht überblicken.

Das Telefonkabel verläuft etwa so, wie wir in die Bucht hineingefunden haben. Es verbietet sich also, in diesem, auch in den Karten verzeichneten Bereich zu ankern, was aber auch bei dem Angebot an kleinen Randausbuchtungen gar nicht nötig ist. Vor der westlichen Ausbuchtung liegen drei Bojen des Svenska Krusing Klubben, die für uns tabu sind, aber der Ankergrund ist auch hier gut, so daß man durchaus auch das eigene Eisen schmeißen kann.

Besonders gut gefallen hat uns die nördliche Ausbuchtung, die mit ihren hohen Felsen und dem dichten, hochgewachsenen Wald einen idealen Schutz bei Winden aus den nördlichen Quadranten bietet.

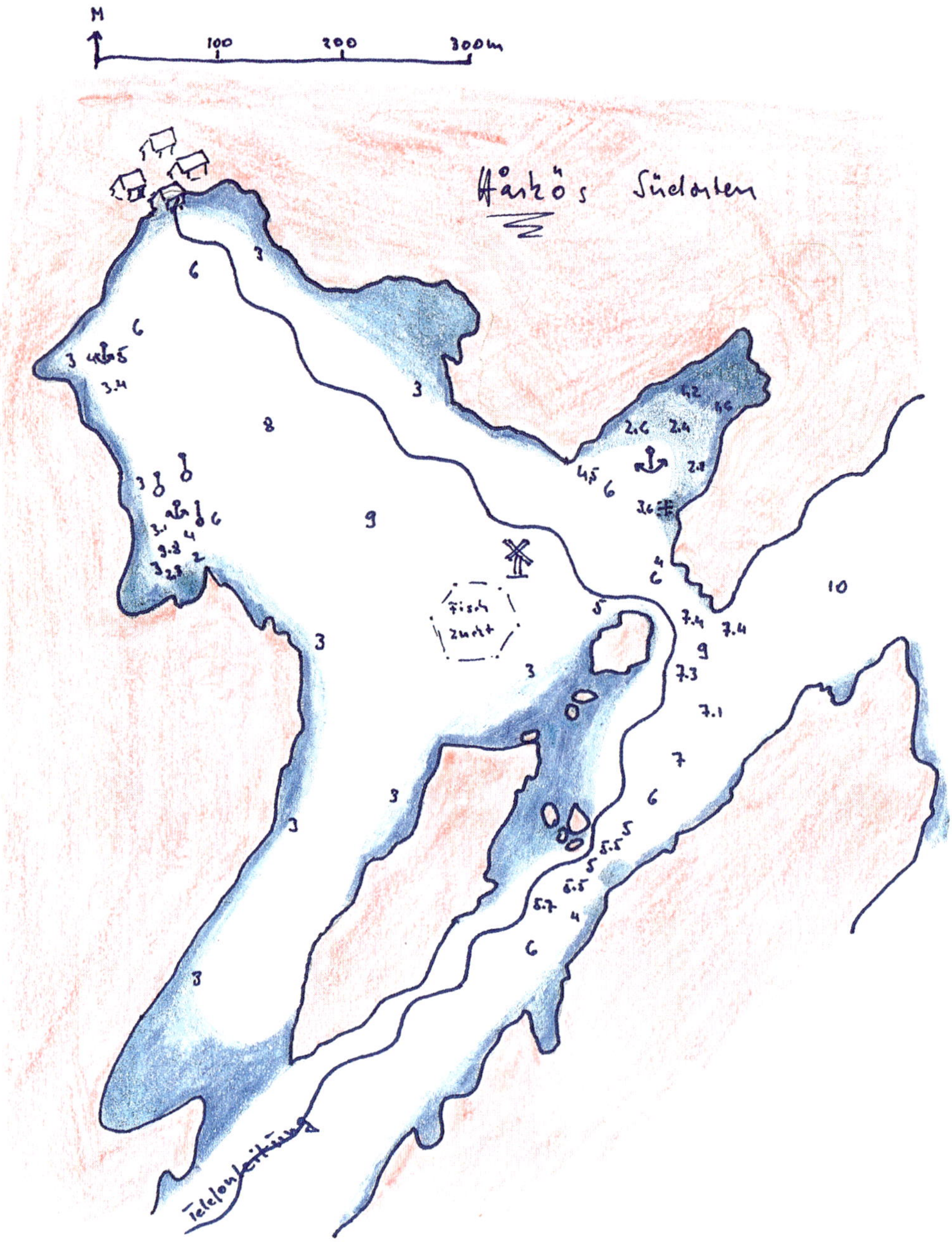

N
100
200
300m
Håskös Südosten
Fisch zucht
Telefonleitung

Die nördliche Ausbuchtung in der Südostbucht von Håskö

Die Ankerbojen in der Südostbucht von Håskö sind für Touristen tabu

Väggö, Position 58° 15'350 N, 16° 54'05 E, Karte No 622 NE

Etwa 250 bis 300 m südlich von Bergholmen Leuchtfeuer liegt der Eingang in eine hübsche, kleine Bucht direkt am Fahrwasser. Sie ist sehr versteckt und bietet viele Plätze, um mit dem Bug am Fels festzumachen. Sicherlich kostet es etwas mehr Zeit als in der Westbucht von Håskö den Grabbel zu schmeißen, aber es lohnt sich auf jeden Fall. Eigentlich ist die Bucht nach Norden offen, aber hinter dem Eingang gleich backbord gibt es eine Nische hinter einer hohen Felswand, die auch gegen Nord schützt. Offensichtlich ist diese Stelle sehr beliebt, denn viele Schiffsnamen am Fels zeugen von regem Besuch. Diese Bucht ist eine Idylle direkt am Weg, die wir eigentlich nicht erwartet hatten.

Väggö:
Der sicherste Platz, die Felswand mit den Namen der Yachten, die hier lagen

Väggö-Bucht von der Einfahrt aus gesehen, links die steile Felswand

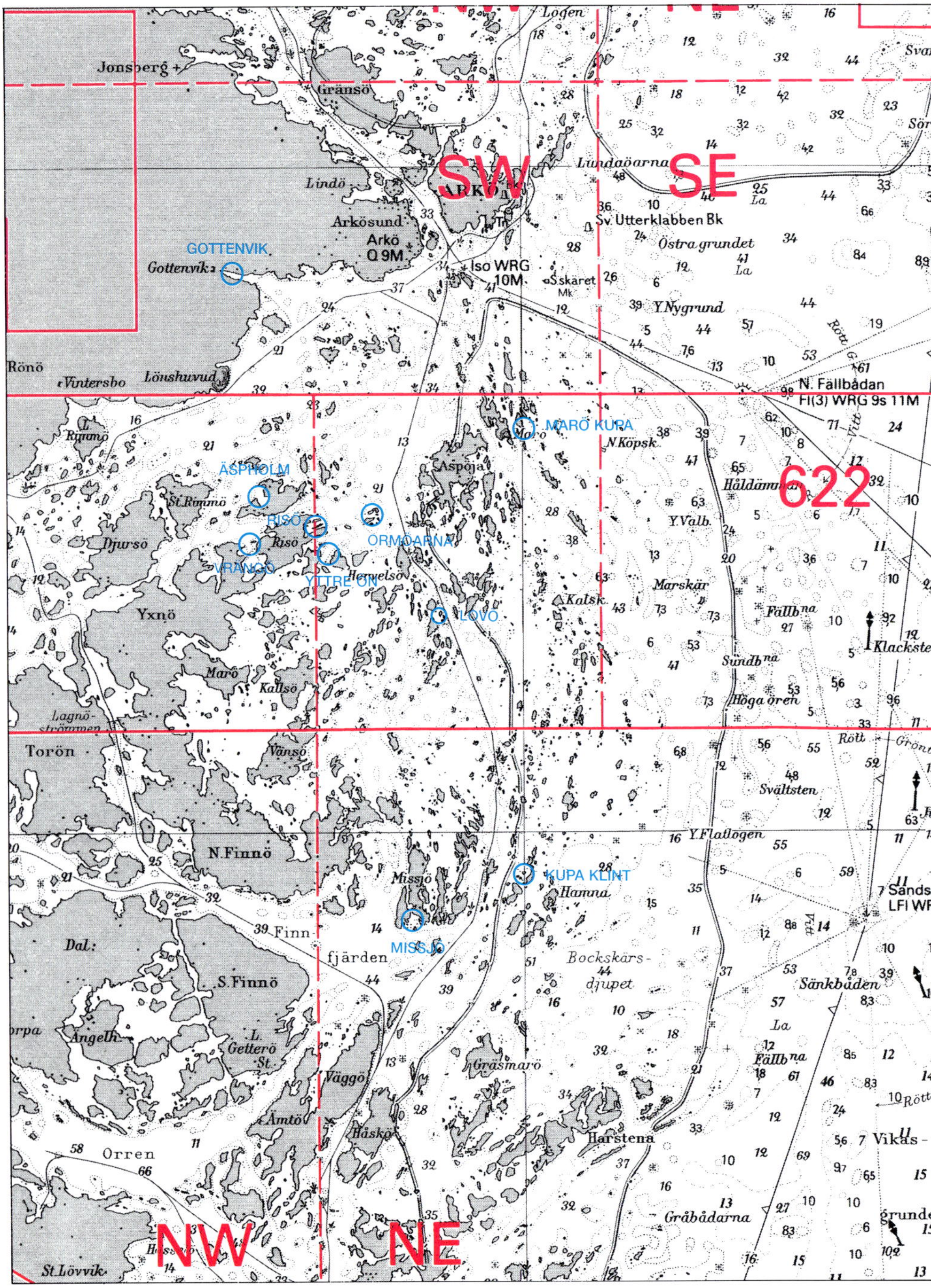
SW
SE
622
NW
NE
GOTTENVIK
MARÖ KUPA
ÄSPHOLM
RISÖ
ORMÖARNA
VRÅNGÖ
YTTRE ÖN
LÖVÖ
KUPA KLINT
MISSJÖ
Jonsberg
Gränsö
Lindö
Arkösund
Arkö Q 9M
Iso WRG 10M
Gottenvik
Lundaöarna
Sv. Utterklabben Bk
Östra grundet
Y.Nygrund
N. Fällbådan
Fl(3) WRG 9s 11M
Rönö
Vintersbo
Lönshuvud
L. Rimmö
St.Rimmö
Djursö
Risö
Yxnö
Marö
Kallsö
Aspöja
N.Köpsk
Håldämmar
Y.Valb.
Kalsk.
Marskär
Fällbna
Sundbna
Höga oren
Klackste
Torön
Vänsö
Svältsten
Y.Flatlogen
N.Finnö
Missjö
Hamna
Finn fjärden
Bockskärs-djupet
Dal.
S.Finnö
Angelh.
L. Getterö St.
Väggö
Ämtö
Håskö
Gräsmarö
Harstena
Orren
St.Lövvik
Sänkbåden
Sandsä LFl WR
Vikas-
Gråbådarna
Lagnö-strömmen

Missjö, Position 58° 18'73 N, 16° 56'67 E, Karte No 622 NE

Wir waren in Tyrislöt verabredet, wollten aber nicht in dem Hafen die Nacht verbringen. Also suchten wir in der Karte nach einem Ankerplatz und fanden einen aufregenden Sund zwischen Missjö und Västerön, den wir von Süden her ansteuerten. Hinter den ersten Felsen verließ uns aber der Mut, und wir ankerten auf knapp 4 m Wasser.

Von hier aus ruderten wir gleich nach dem Ankern den ganzen Sund ab und fanden, daß er durchaus für Schiffe mit weniger als 2 m Tiefgang zu befahren ist. Er ist allerdings so schmal, daß man in den Engen keinesfalls ankern darf. Aufregend schön fanden wir die schluchtartige Durchfahrt mit den schilfbestandenen Ausweitungen und den blühenden Algen. So ankerten wir auf tonigem Boden in malerischer Umgebung und ließen uns von den Wochenendhäusern in der Nähe nicht stören.

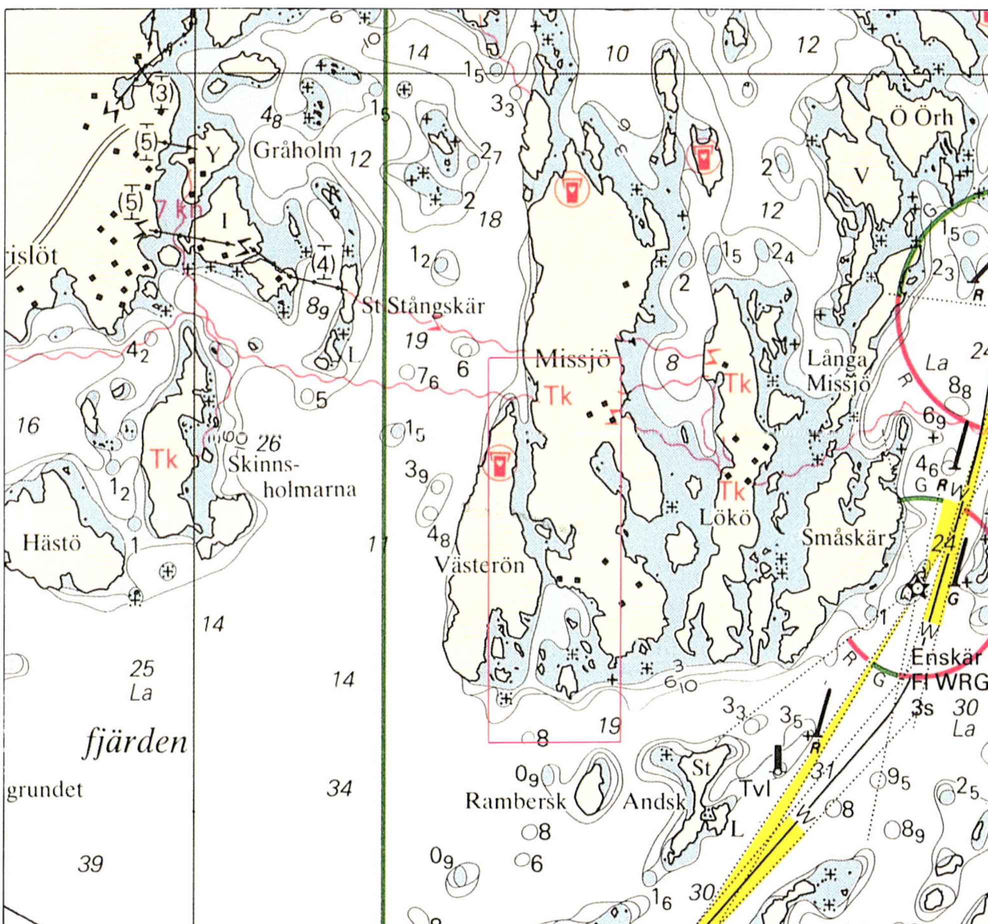

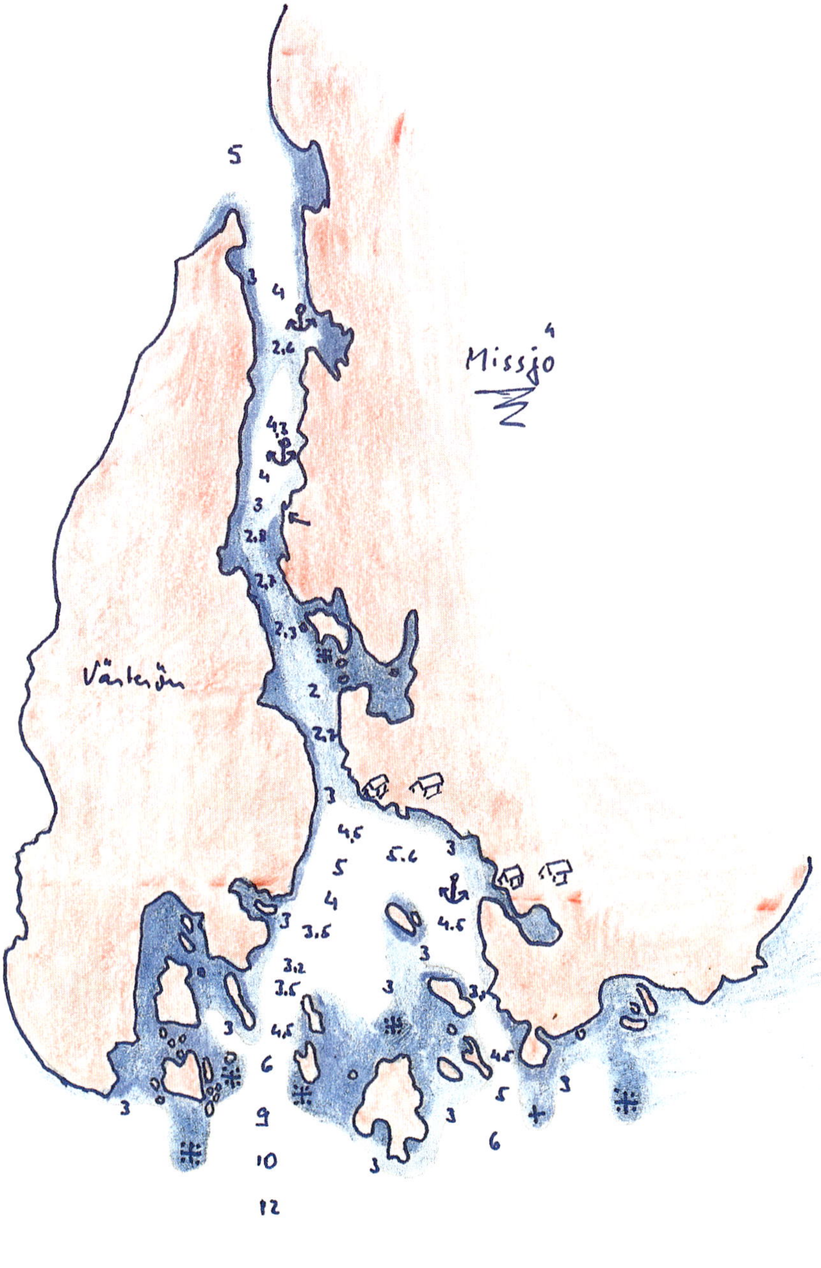
Missjo
Västerön
N
100
200
300m

Bootsschuppen im Missjösund

Der Missjösund, Eingang von Süden gesehen

Kupa Klint, Position 58° 19'300 N, 16° 59'900 E, Karte No 622 NE

Mit Kupa Klint verbinden sich bei uns die verschiedensten Erinnerungen. Einmal das grauenhafte Bild auf der Karte – alles dunkelblau und lauter Steine, dann die erstaunliche Lagune und zum Schluß der Kohlefilter, der sich ins Wasserleitungsnetz entleert hatte. Aber der Reihe nach.

Im Sjöfartsverket, dem schwedischen Hydrographischen Institut, erzählte uns der Herr, der für das Copyright zuständig war, als er unser Manuskript sah, von Kupa Klint und der Aussicht in die Schären. Wieder auf dem Schiff angekommen, guckten wir in die Karte und hielten es nicht für möglich. Aber er hatte gesagt, wenn man die letzte Möglichkeit nimmt, in die Lagune zu kommen, müßte es auch für uns gehen. Mit Gottvertrauen und gaaanz langsam gelang es.

Diese Außenschäre ist zu erreichen, wenn man aus dem Nord-Südfahrwasser nördlich von Fågelön nach Osten abbiegt und nach Passage der überspülten Steine mit etwa 140° weitersegelt. So kommt man zum südlichen Ende der Insel und geht zwischen dem Punkt in der Karte und dem südwestlichen Ausläufer von Kupa Klint in die Bucht. Der Durchlaß ist eng und flach. Nur wenn man sich etwas stb hält, hat man mit 4 m doch überraschend reichlich Wasser unter dem Kiel. Erst etwas nördlich des Kummel wird es wieder durchgehend tiefer. Dort ankerten wir auf 2,5 m Wasser, denn am Fels war es für uns mit knapp 2 m Tiefgang zu flach.

Die Aussicht von der Felsenkuppe ist wirklich atemberaubend. Hier brannten die Wikinger Warnfeuer ab, wenn sich Feinde näherten. Von hier aus sahen sie auch das Warnfeuer auf Gubbön Kupa und konnten ihrerseits von Arkösund aus gesehen werden.

Als Seemarke ist sie seit etwa 1200 bekannt. 1219 segelte unter dem dänischen König Valdemar Seir eine Flotte von Kurier- oder Kriegsschiffen von Utklippan aus die schwedische Küste längs, über die Åland-Inseln und Finnland bis nach Tallin und Riga, um Estland zu erobern.

Dort in Estland soll sich der Sage nach während einer großen Schlacht der Himmel geöffnet haben und dem Valdemar sei eine Fahne vor die Füße gfallen. Er deutete das natürlich als Zeichen des Himmels, nahm sie statt seines Kriegsbanners und entschied die Schlacht für sich. Seither ist sie die Flagge Dänemarks: Der Danebrog.

Die Route, die Valdemar damals segelte, ist als Valdemarsleden bekannt und die Karte, nach der er segelte, existiert noch. Ich wußte davon und fragte im Sjöfartsverket danach. Die Leute, die unser Manuskript angesehen hatten, freuten sich über die Frage und schenkten uns eine Kopie aus ihrem Archiv.

Entlang des Weges stehen seit alters her Seemarken wie Kupa Klint, Gubbön Kupa oder Mårön Kupa. Aber die früher gesegelten Routen sind, obwohl bekannt, heute nicht mehr alle passierbar, denn seit dieser Zeit hat sich das Schärengebiet um etwa 3 m gehoben, neue Schären sind entstanden und die verbliebenen Fahrwasser sind flacher geworden.

Hier passierte noch die Geschichte mit dem Wasserfilter. Nachdem wir nämlich mit viel Herzklopfen die Durchfahrt in diese Lagune gefunden hatten, wollten wir uns erst mal einen Kaffee kochen. Aber aus der Leitung kam kein Wasser mehr, weil sich der unterhalb des Wasserhahns vor acht Jahren montierte Aktivkohlefilter in die Leitungen entleert und sie verstopft hatte. Und während ich die alte Kohle aus den Leitungen spülte und einen neuen Filter montierte, registrierte Beate, daß südlich von Kupa Klint einer der meist befahrenen Wege nach Harstena verläuft.

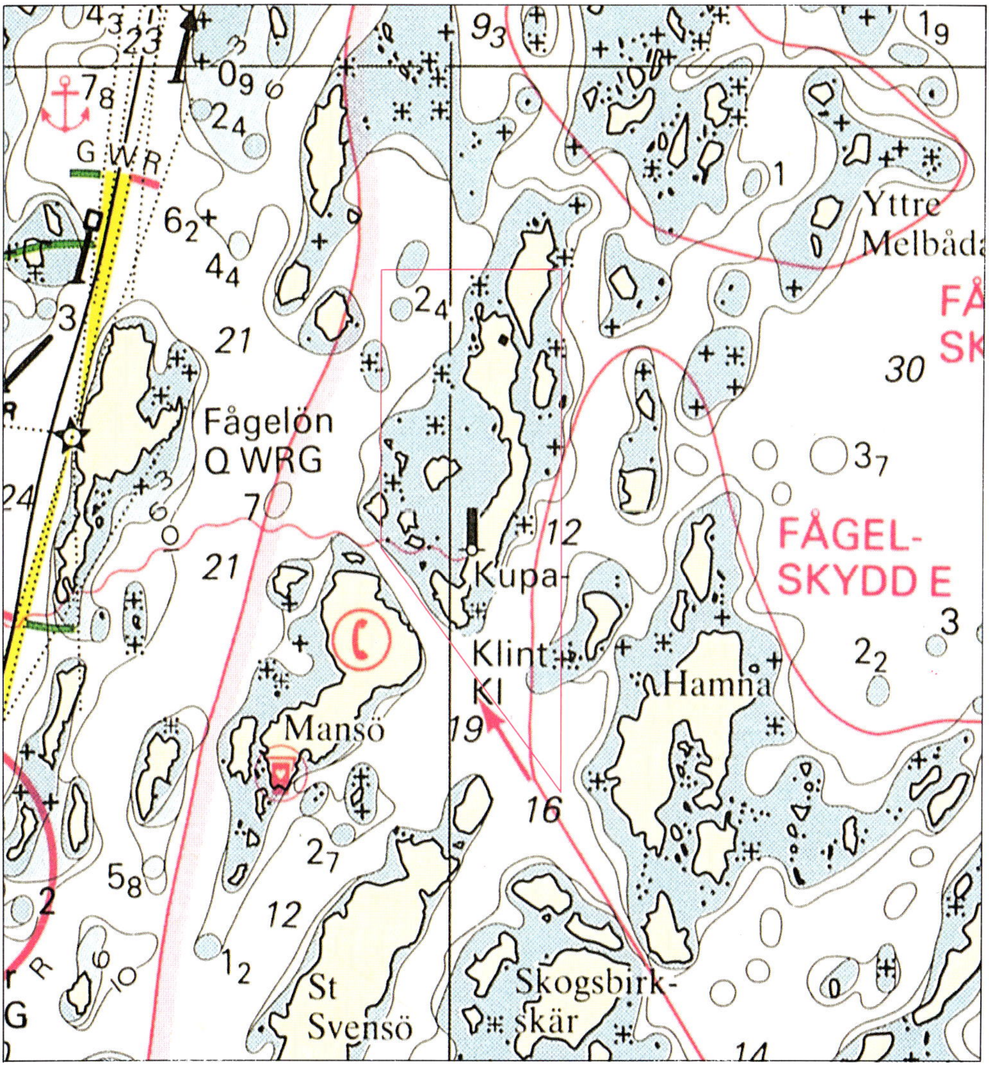

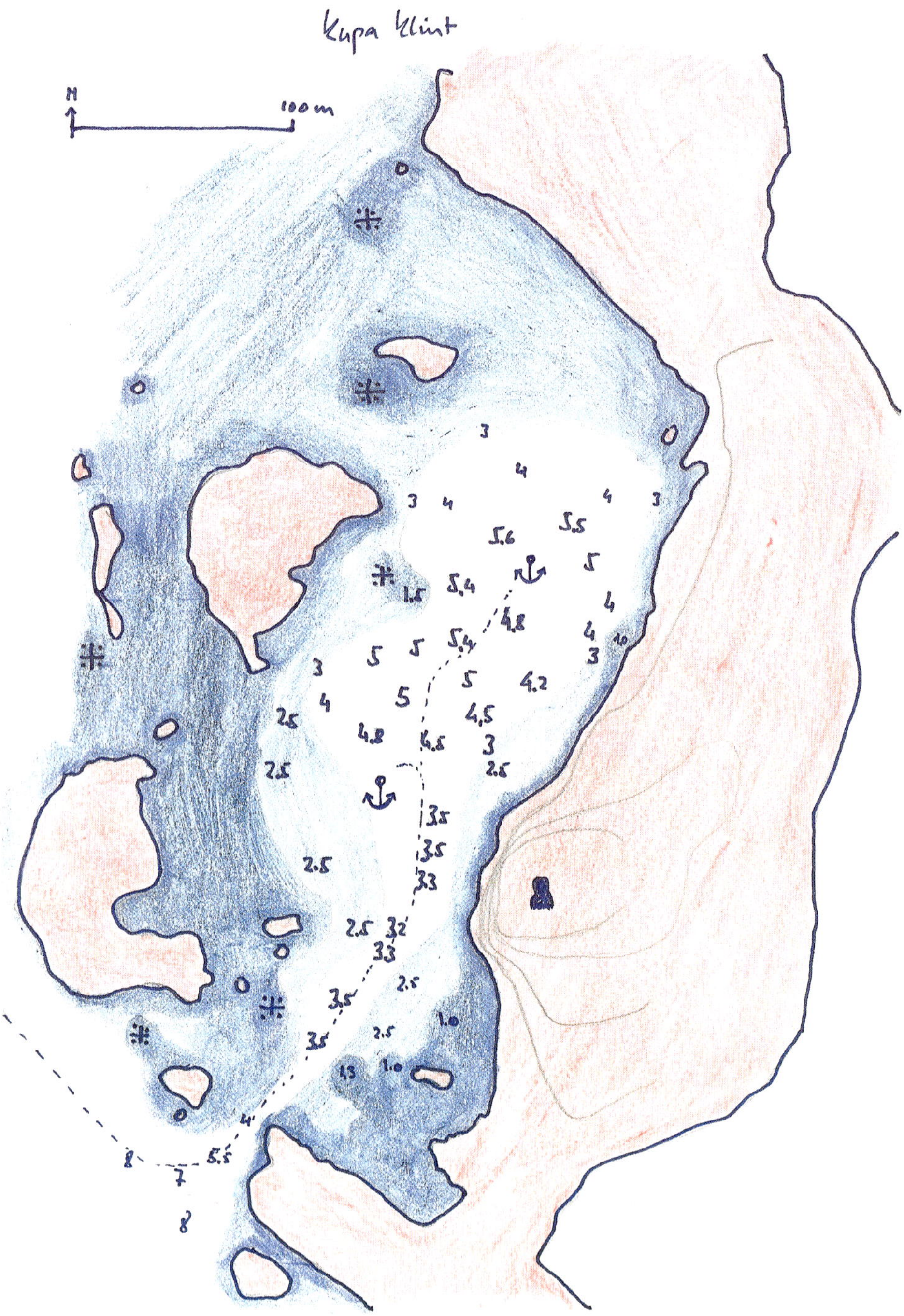
Kupa Klint
N
100 m

Die Lagune von Kupa Klint mit Blick nach Westen

Kupa Klint im Sonnenuntergang

Kupa Klint und seine Lagune mit dem Inselgewirr dahinter. Blick nach NW

Lövö, Position 58° 23'5 N, 16° 57'2 E, Karte No 622 NE und 621 SW

Auf dem Weg nach Norden liegt Lövö einige Meilen vor Arkösund. Es ist eine kleine Insel, die auf der Nordwestseite eine hübsche, kleine Bucht hat. Der Weg dahin ist schwierig, und kurz vor Erreichen der Bucht wird es an ihrer Nordseite noch einmal flacher. Der Platz lohnt aber für Schiffe mit 1,5 m Tiefgang durch die Diskrepanz von der Vorderseite der Insel zur Rückseite, denn auf der Fahrwasserseite herrscht reger Verkehr und die Richtfeuer illuminieren die Nacht, während an der Westseite das Archipel durch seine überwältigende Ruhe imponiert. Gegen Nordwestwinde ist die Bucht nicht geschützt.

Die Ansteuerung empfinde ich als ausgesprochen schwierig. Sie erfolgt aus dem Prickenweg heraus. Man umfährt die rote Tonne nördlich von Lövö, motort um die längliche Insel, die in den Karten wie ein Komma aussieht und fährt in einem deutlichen Bogen wieder auf die Kommainsel zu, um dem Stein, der auf 1,50 m liegt, auszuweichen. Wer das geschafft hat, kann auf Lövö zu drehen und findet eine kleine heimelige Bucht, die nach Nordwest offen ist.

Wir sind dem Stein nicht weit genug ausgewichen und haben uns da wieder einmal eine Macke am Kiel geholt.

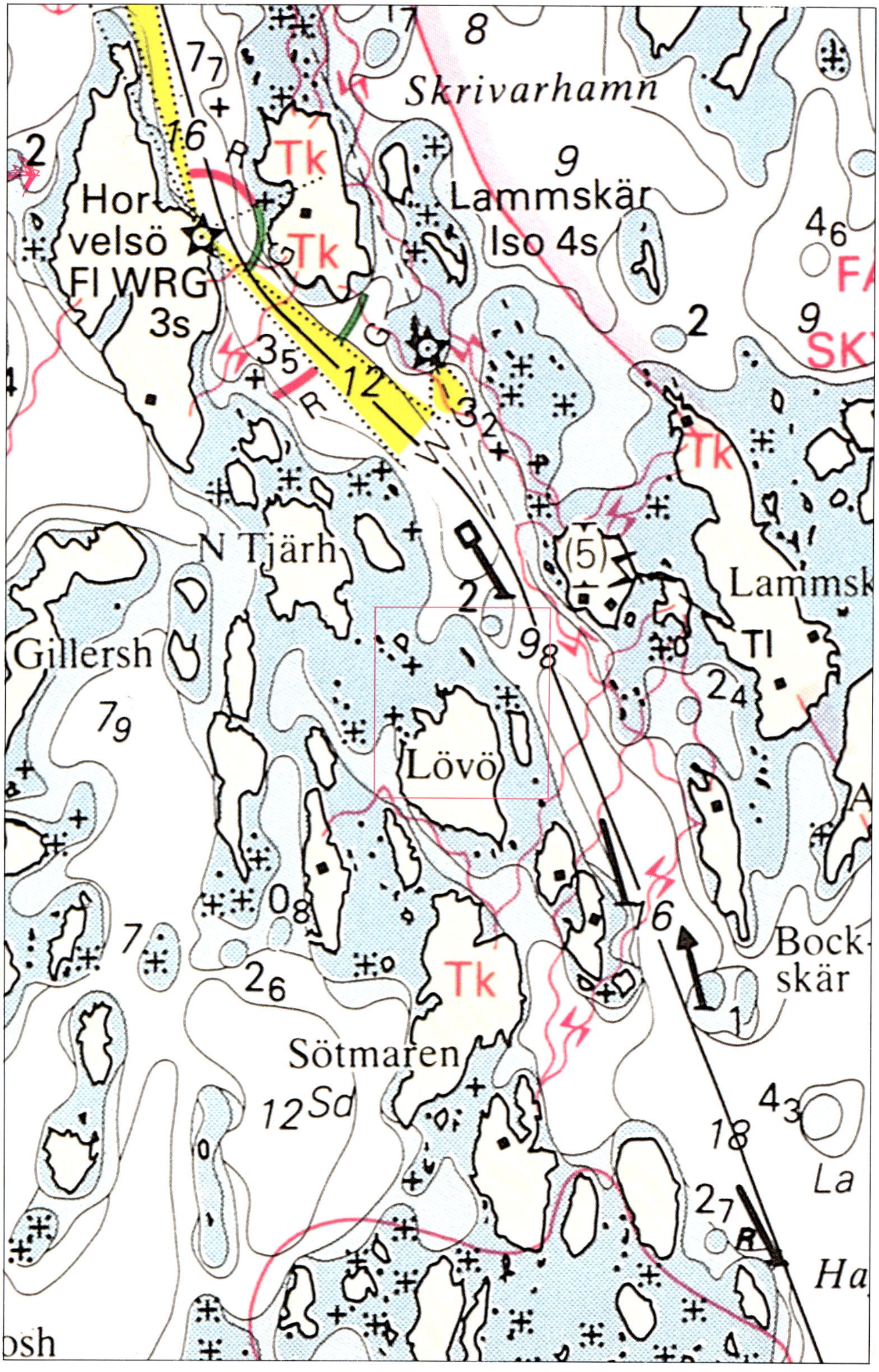

Skrivarhamn
Horvelsö
Fl WRG
3s
Tk
Lammskär
Iso 4s
N Tjärh
Gillersh
Lövö
Lammsk
Tl
Bockskär
Sötmaren
Sd
SK
La
Ha
osh

Yttre ön, Position 58° 24'1 N, 16° 54'2 E, Verkholm, Karte No 622 NE

Etwa 1 sm nördlich von Lövö ist in der Karte ein Ankergebiet verzeichnet. Wer hier vom Fahrwasser nach Westen abbiegt und nördlich an Förö und Yttre ön vorbeisegelt, gelangt in die Gegend um Risö. Das Gebiet ist sehr beliebt und gern besucht. Egal wo man hinguckt, überall schauen Masten um die Ecken.

Einmal zogen wir es vor, nach Yttre ön zu verholen, wo wir völlig allein lagen, obwohl die Buchten bei Risö und auch Ormöarna total überfüllt waren. Der Grund für die Leere in Yttre ön liegt wohl teils darin, daß die Insel steil und der Wald sehr dicht ist, wohl ist er aber auch in der nur bedingten Sicherheit zu sehen, denn die von uns genutzte Bucht bietet nur Schutz gegen Winde aus den südlichen Quadranten. Entscheidend ist aber sicherlich die Konkurrenz zu Risö und Ormöarna – Plätze, die viel kuscheliger sind.

Entschließt man sich aber trotzdem für Yttre ön, kann man sicher sein, überall einen Baum für die Leinen zu finden. Ebenso ruhig kann man am Ostufer von Verkholm liegen. Diese Insel ist ähnlich stark bewaldet. Die Durchfahrt nach Süden ist aber für die meisten Boote durch die Hochspannungsleitung versperrt, die in 10 und 11 Meter Höhe quert. Wir lagen in der größeren, nordwestlichen Bucht von Yttre ön mit dem Bug am Fels.

Navigatorische Schwierigkeiten, zu den Inseln zu kommen, bestehen überhaupt nicht.

Yttre ön, eine flache Stelle. Im Hintergrund Verkholm

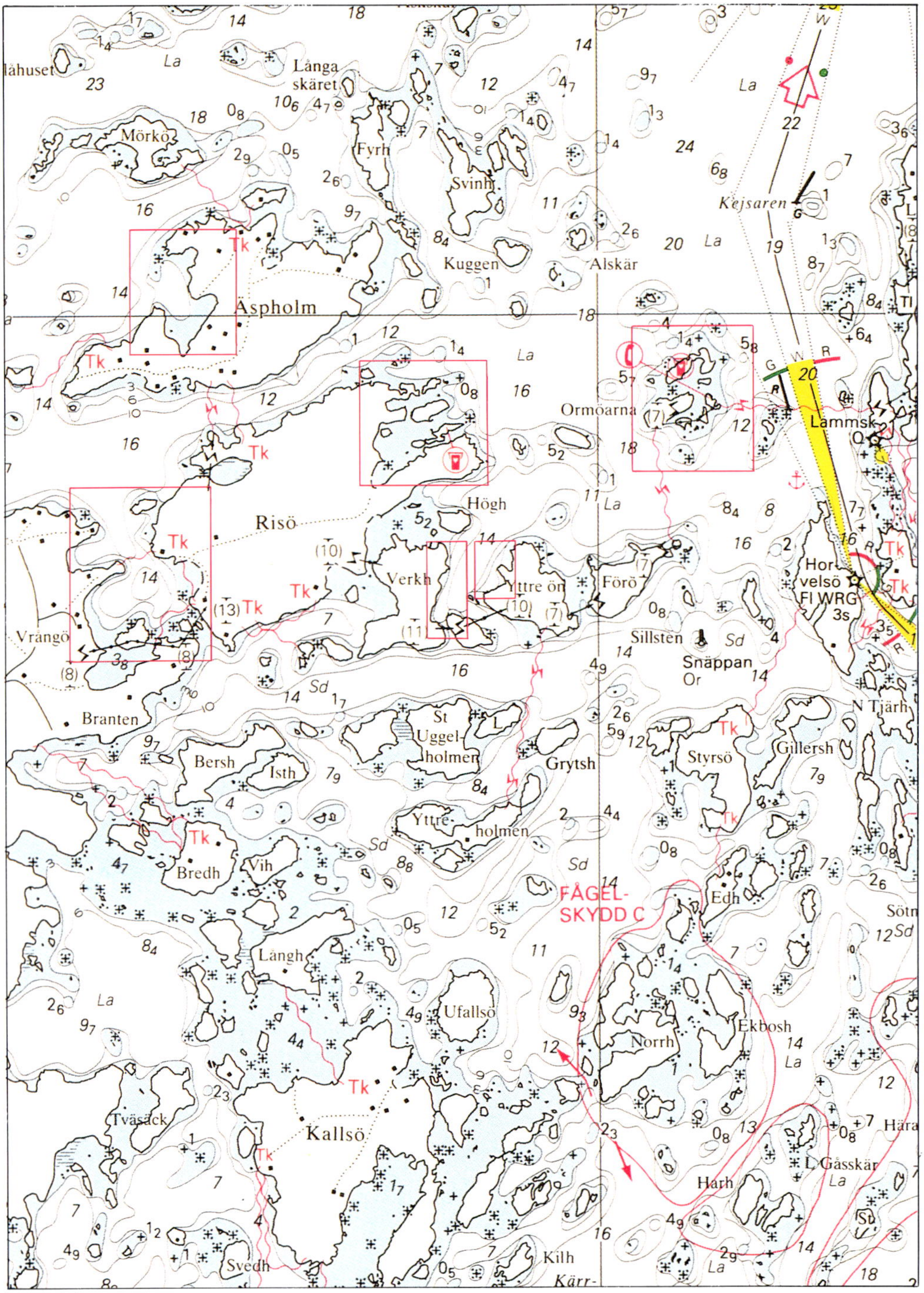

Westlich des Fahrwassers liegt ein Gebiet voller herrlicher Ankerplätze: Ormöarna, Yttre Ön, Verkholm, Risö, Vrångö und Äspholmen. Rechts oben im Kartenausschnitt ist die Tonne Kejsaren zu sehen.

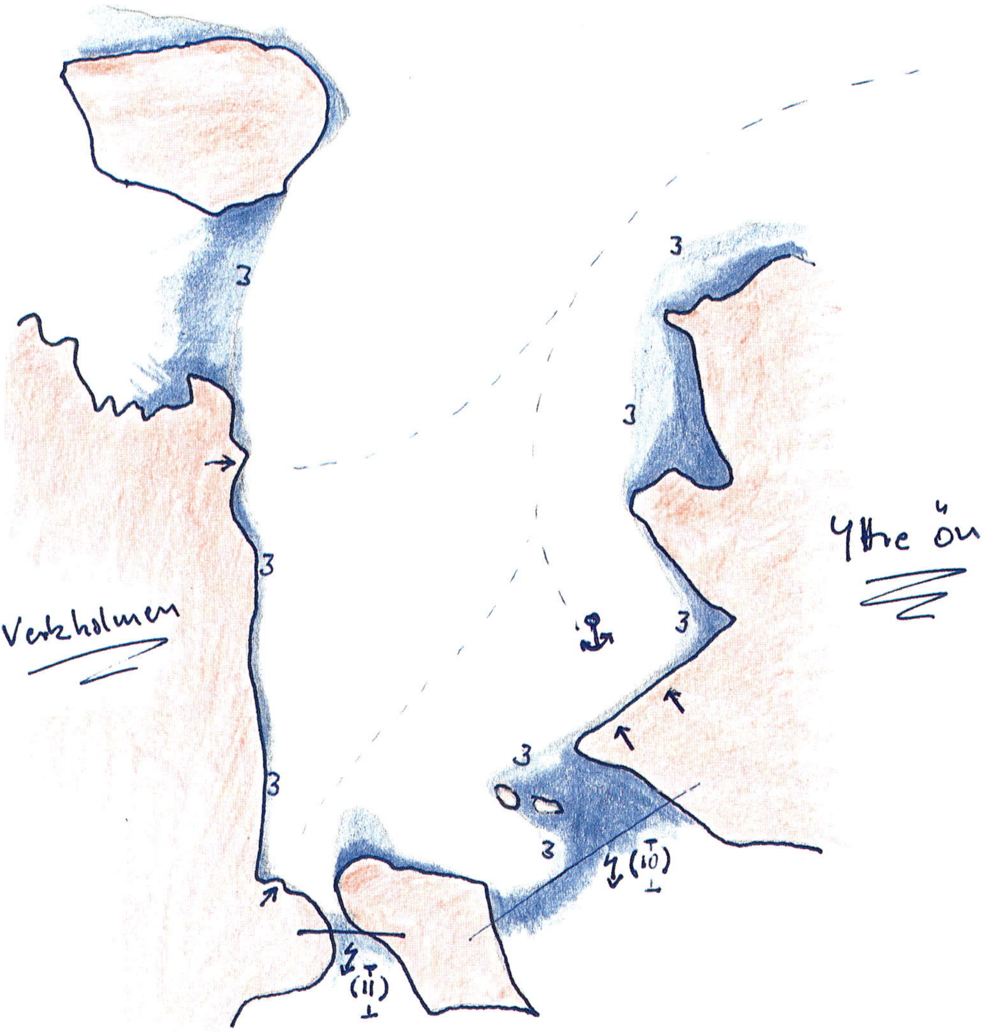
3
3
3
Verkholmen
3
3
Ytre ön
3
3
3
3
(10)
(11)
N
0
100
200
300 m

Risö, Position 58° 24'620 N, 16° 53'720 E, Vrångö, Äspholm, Karte No 622 NE und 621 SW

Segelt man durch den Sund zwischen Risö und Äspholm hindurch (siehe Kartenausschnitt bei Yttre Ön), wobei der überspülte Stein im Osten und das Flach von etwa einem Meter südlich von Äspholm zu beachten sind, kommt man in das **Ankergebiet zwischen Risö und Vrångö**, wo man sich gegen alle Winde schützen kann, oder in die **Westbucht von Äspholm.**

Bei den Schweden aber besonders beliebt und verständlicherweise am häufigsten besucht ist die aufgefingerte Ostseite von **Risö,** die sehr viele Möglichkeiten am Fels und für freies Ankern bietet. Hier in dem buchtenreichen Inselparadies kann man sich vor allen Windrichtungen schützen. Das wissen aber halt auch sehr viele andere Segler und bevölkern dieses Buchtensystem während der schwedischen Ferien zahlreich. Navigatorische Schwierigkeiten, zu den Inseln zu kommen, bestehen eigentlich nicht, wenn man erst einmal auf Grytsholmen zuhält, um die vorgelagerten Untiefen zu umgehen.

Beim Ankern ist allerdings Vorsicht geboten, denn der Ankergrund ist zum Teil steinig. Wenn der Grabbel aber gegriffen hat, hält er bombig in festem, grauem Ton, den ich nachher vom Anker herunterschneiden mußte. Wir lagen einmal nördlich der Schäre mit dem Papierkorb frei vor Anker. Es wehte aus Süd bis Südwest. – Draußen – hier war Stille! So verbrachten wir einen sonnigen Tag mit Baden, Schreiben und Bootchen fahren, vergaßen natürlich den Wetterbericht und bekamen die Quittung nachts, als der Wind auf Ost drehte und voll in die Bucht stand. Da hatte ich ausreichend Gelegenheit, auf dem Deck herumzuturnen, nach dem Anker zu gucken und klappernde Fallen zu klarieren. Es tröstete mich nicht allzusehr, daß ich nicht der einzige war.

Ein kleines Boot lag nahe dem Schilf, da wo die Kühe manchmal zum Saufen hinkommen. Als die beiden Segler gerade beim Abendessen im Schiff saßen, stolperte eine Kuh über eine Landleine und verriß das Schiffchen, so daß die erschrockene Crew herausgehechtet kam.

Für Buchten wie diese gibt es eigentlich kein so richtig treffendes, deutsches Wort. Die Engländer umschreiben es mit „cosy". Wir fühlten uns zwischen den eng beieinander liegenden und mit Mischwald bestandenen Inselchen wie in Gottes Schoß. Kein Wunder, daß die Schweden hier gerne herkomen.

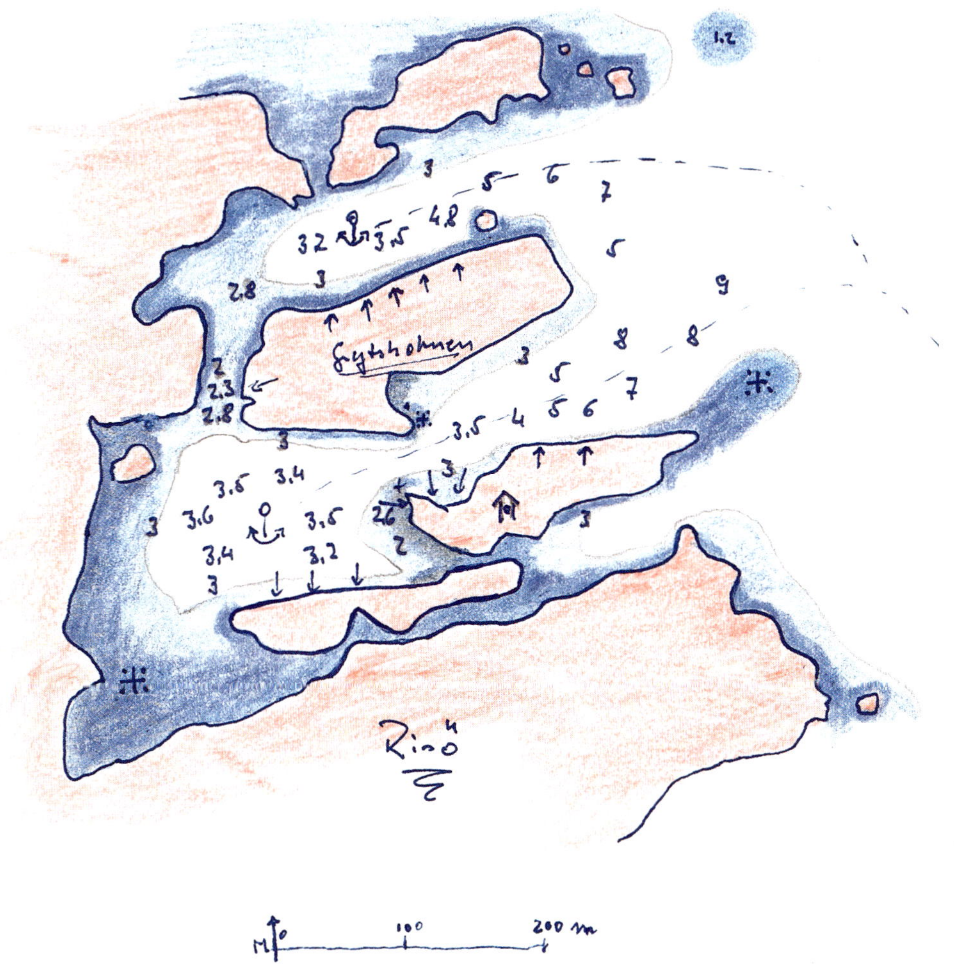

Gytsholmen
Rinö

Der Eingang zur Bucht südlich Grytsholmen

Blick auf die Bucht von SW

Ormöarna, Position 58° 24'720 N, 16° 55'520 E, Karte No 622 NE und 621 SW

Ebenso beliebt wie Risö ist Ormöarna, wo wir uns anschließend an die unruhige Nacht bei Risö trösten wollten. Obwohl es hier häufig ebenso voll ist, waren wir allein, als wir ankamen. Man steuert Ormöarna von Osten kommend an, indem man die Durchfahrt nördlich der mit dem Nottelefon gekennzeichneten Insel wählt. Dabei läuft man auch nicht Gefahr, auf den Stein im Norden aufzulaufen. Alle anderen Einfahrten in diese Inselgruppe hinein sind zu flach und/oder durch Hochspannungsleitungen blockiert und bleiben den Paddlern vorbehalten.

Nicht nur an der mittleren der drei südlichen Inseln, die durch die Stromleitungen verbunden sind, findet man gute Möglichkeiten, am Fels vor Heckanker zu gehen, sondern auch in der Nordbucht, wenn man südlich um den überspülten Stein herumgegangen ist. Auch an Ormöarna selbst kann am Fels festgemacht werden, wenn man knapp hinter dem überspülten Stein auf die Insel zudreht. Man findet da 3 Ringe zum Vertäuen. Im Westen der Inselgruppe findet sich ein - allerdings nach Westen ungeschütztes - Ankerfeld, das auch von Westen her angelaufen werden kann.

Wir ankerten auf gutem, tonigem Grund, und Ormöarna wird uns wegen seiner vielen, wunderschönen Libellen in Erinnerung bleiben.

Die Tonne Kejsaren

Nördlich von Ormöarna steht am Fahrwasser nach Arkö eine grüne Spiere mit einer goldenen Krone. Sie ist mit „Kejsaren" (Scheisaren) beschriftet. Als ich Schweden fragte, was sie bedeute, erklärten mir einige, sie solle an den dänischen König Valdemar erinnern, aber alle waren sich einig, daß man sie nicht passieren dürfe ohne einen Schluck auf ihn zu trinken, es sei denn, man segelt auf der verkehrten, d.h. östlichen Seite vorbei. König Valdemar Seir segelte mit seiner Flotte 1219 entlang der schwedischen Küste von Utklippan über Västervik und Nyköping nach Marieham und weiter über Finnland nach Tallin und Riga (siehe auch Kupa Klint). Es ist möglich, daß er auch hier vorbeikam, aber der alte Valdemarsleden stieß erst einige hundert Meter weiter nördlich auf das heutige Fahrwasser.

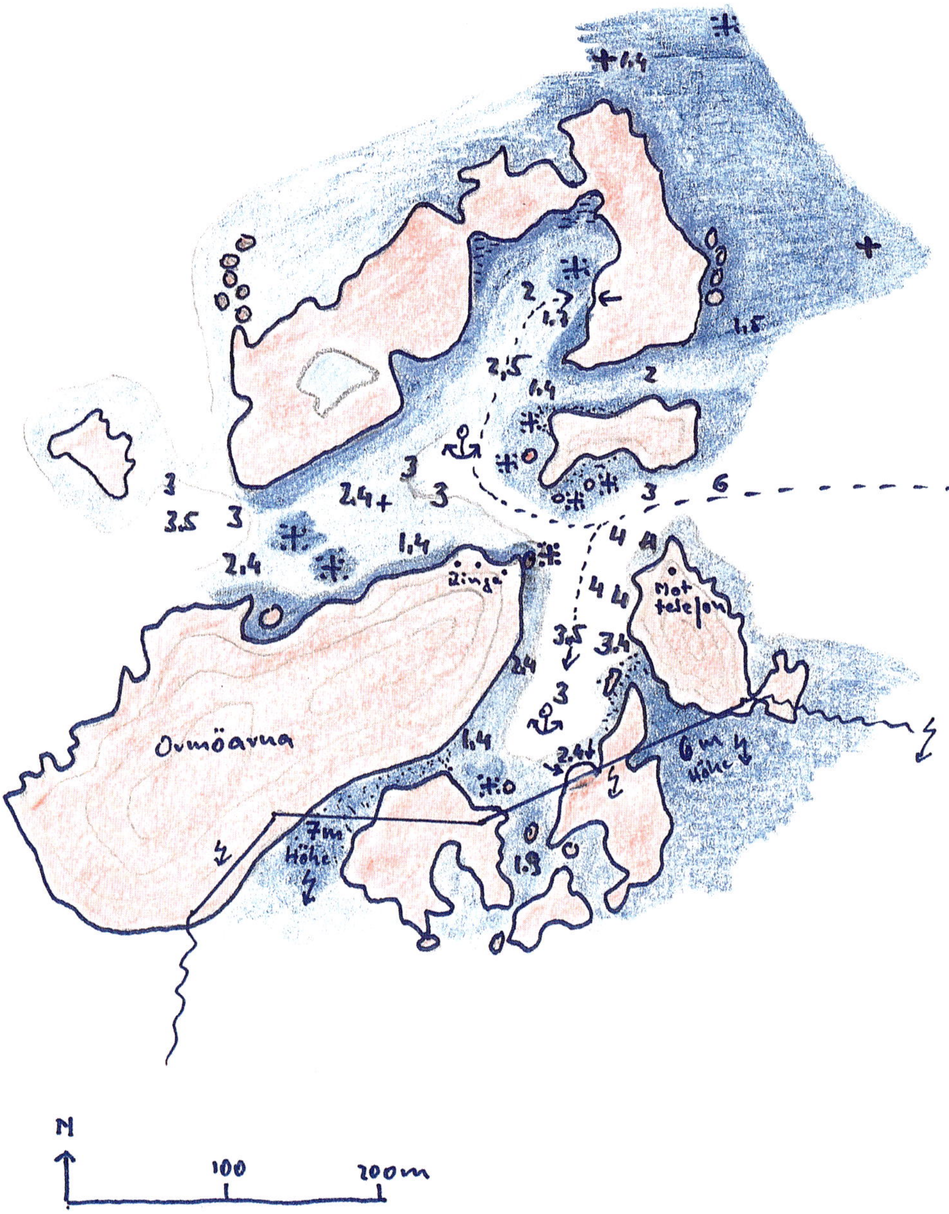

Ormöarna

Die Tonne Kejsaren südlich Arkösund

Ormöarna: Der Eingang mit dem Mast vom Nottelefon auf dem südlich der Zufahrt gelegenen Eiland.

Manchmal kann Beate wirklich frischen Lachs kaufen. Dieser war noch warm.

Marö Kupa, Position 58° 26'100 N, 16° 59'100 E, Karte No 621 SW

Südlich von Arkö liegt die dritte Kupa nach Gubbön und Kupa Klint, die wir uns anguckten. Die Ansteuerung ist nicht sehr schwierig, wenn man von Kejsaren aus an Lindholm und Aspöja längs auf das lange Dach des Fischers auf Lånjö zuhält. Am nördlichen Ende von Aspöja sind häufig Fischernetze ausgebracht. Hält man dann auf die gelbe Tonne nördlich der Netze zu, so kommt man von dem weiter nördlich gelegenen Flach klar. Weiter südlich im Sund zwischen den Inseln liegen zwei überspülte Steine, die aber gut auszumachen sind. Bleibt man unter der Küste von Lånjö, geht man allen Hindernissen sowieso aus dem Weg.

Marö Kupa bietet zwei Ankerbuchten. Paterhamnen zwischen Lånjö und Marö mit einer für unsere Begriffe schweren Einfahrt und nur wenig Wassertiefe bietet für Schiffe mit wenig Tiefgang sehr geschützte Verhältnisse außer bei Süd. Die überspülten Steine sind allerdings nicht immer klar zu sehen. Als wir da auf der 3 m Linie waren, hatte ein Schwede ganz ordentliche Schwierigkeiten, wieder aus der Bucht herauszukommen.

Weiter südlich liegt eine kleine Bucht, die auch nach Süden zu offen ist und einige Möglichkeiten bietet, am Fels festzumachen. - Direkt unterhalb der Kupa. Der Weg dahin führt um die überspülten Steine im Süden der vorgelagerten Insel herum. Weitere Plätze am Fels finden sich an der Ostseite der Insel.

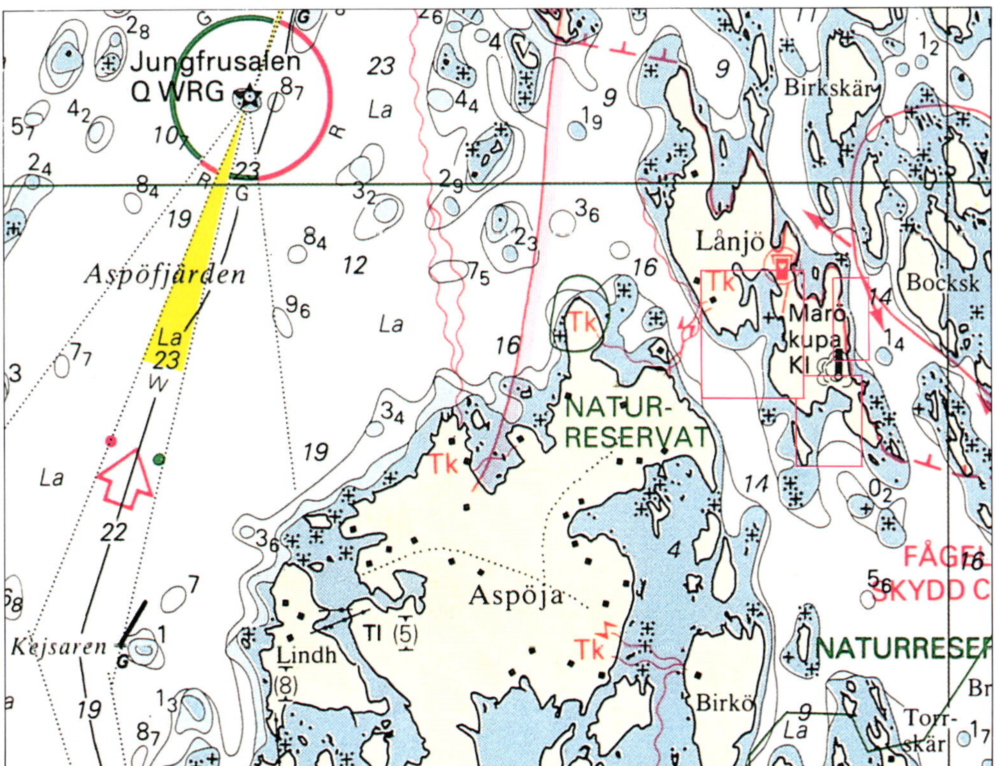

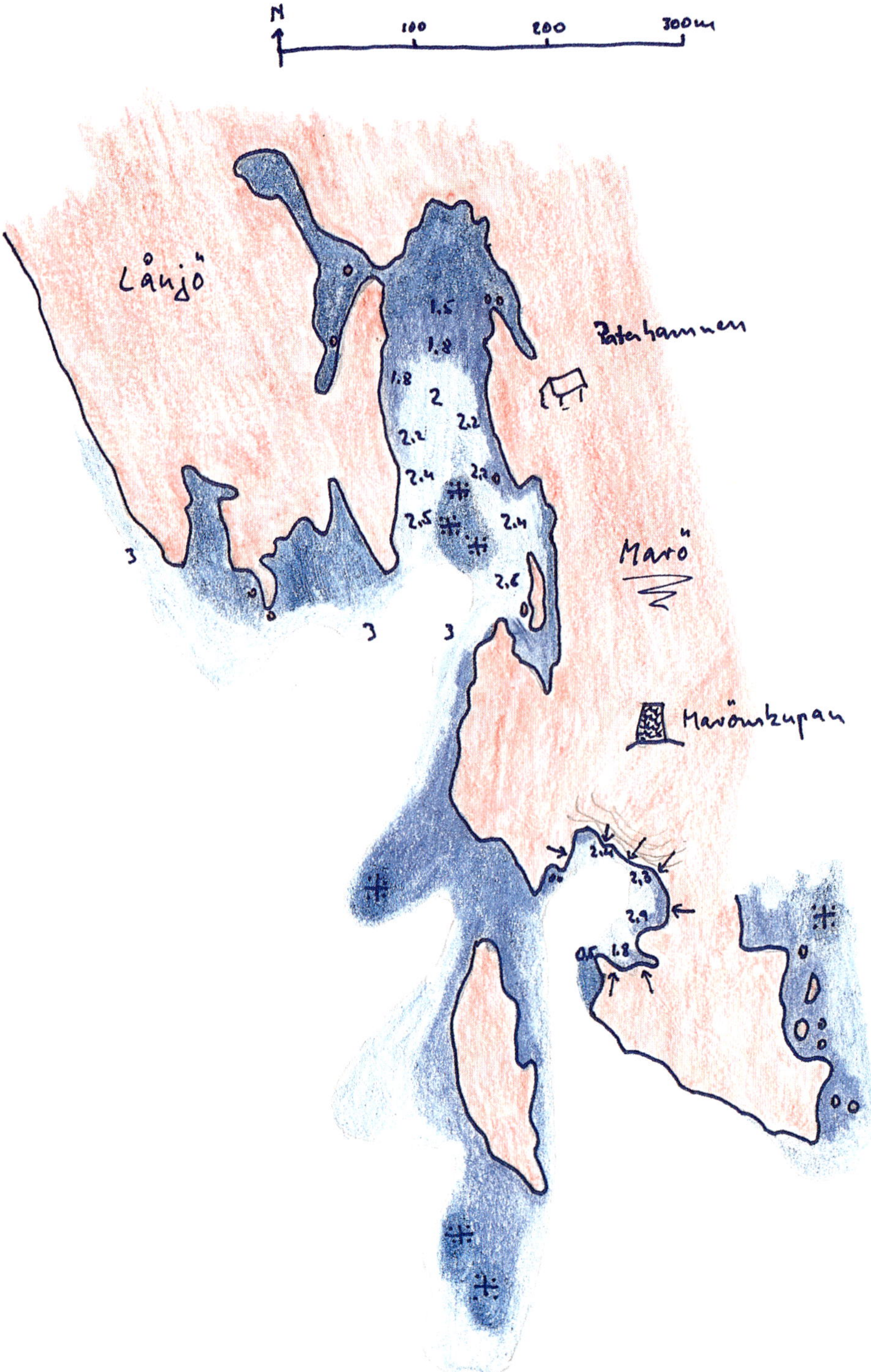
N
100
200
300m
Långö
Marö
1.5
1.8
1.8
2
2.2
2.2
2.4
2.5
2.4
2.6
3
3
3

Gottenvik, Position 58° 28'4 N, 16° 51'7 E, Karte No 621 SW

Hat man sich auf dem Weg zum Götakanal in Arkösund verproviantiert und die private Sauna genossen, die von der Tankstelle aus gemanagt wird, will aber in diesem unruhigen Hafen nicht bleiben, bieten sich zwei Möglichkeiten: man kann im Norden des Gemeindehafens in den neuen Yachthafen gehen, der nur um die Ecke herum neben der Möveninsel liegt, und da die ganze Nacht lang das Geschrei der Emmas genießen oder ein paar Meilen weiter westlich in einer nach Osten offenen Bucht vor Anker gehen.

Gottenvik bietet guten Ankergrund, reichlich Platz und unendliche Ruhe. Die Bucht ist an ihrer Nordseite von einigen Stegen und einem Ankerfeld gesäumt. Ein imposantes Gutshaus im Scheitel der Bucht beherrscht die Gegend. Hier ist man bei Nord-, West- und Südwinden gut aufgehoben, nur gegen östliche Winde findet man hier keinen Schutz, d.h., dann wird hier Schwell hereinstehen. Wir freuten uns hier über das Gezwitscher der Vögel. Die Ansteuerung ist völlig problemlos.

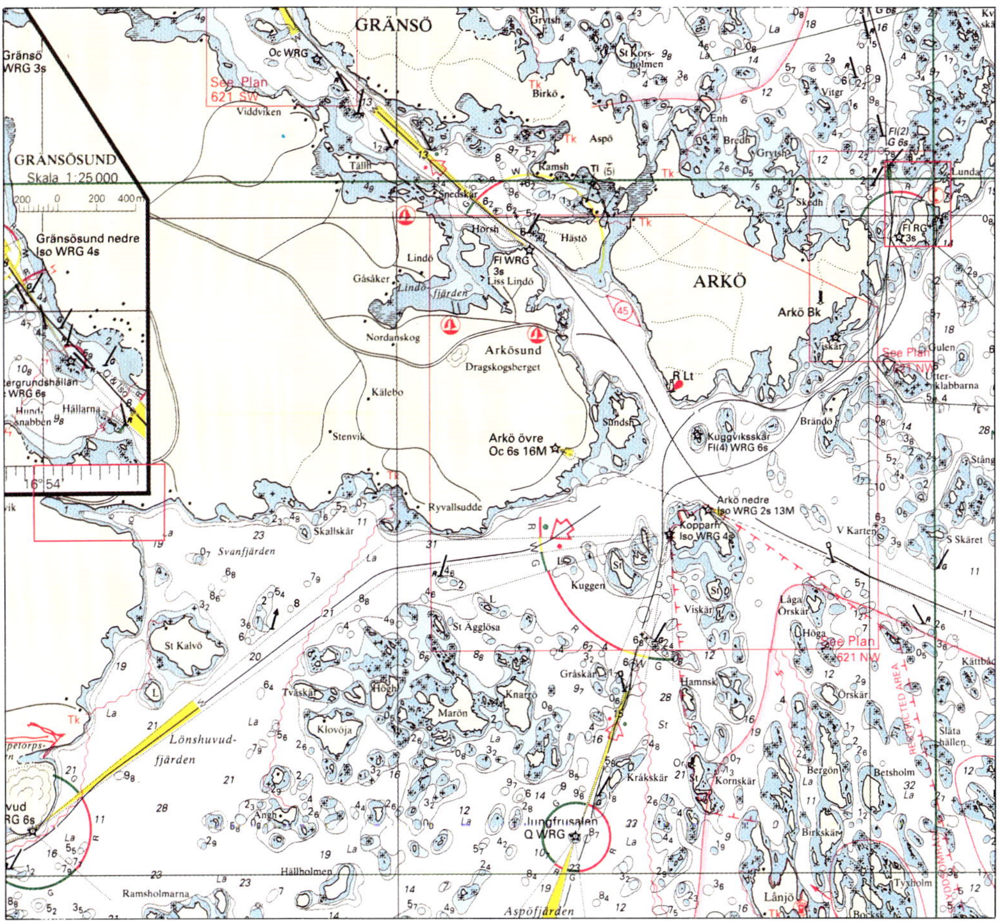

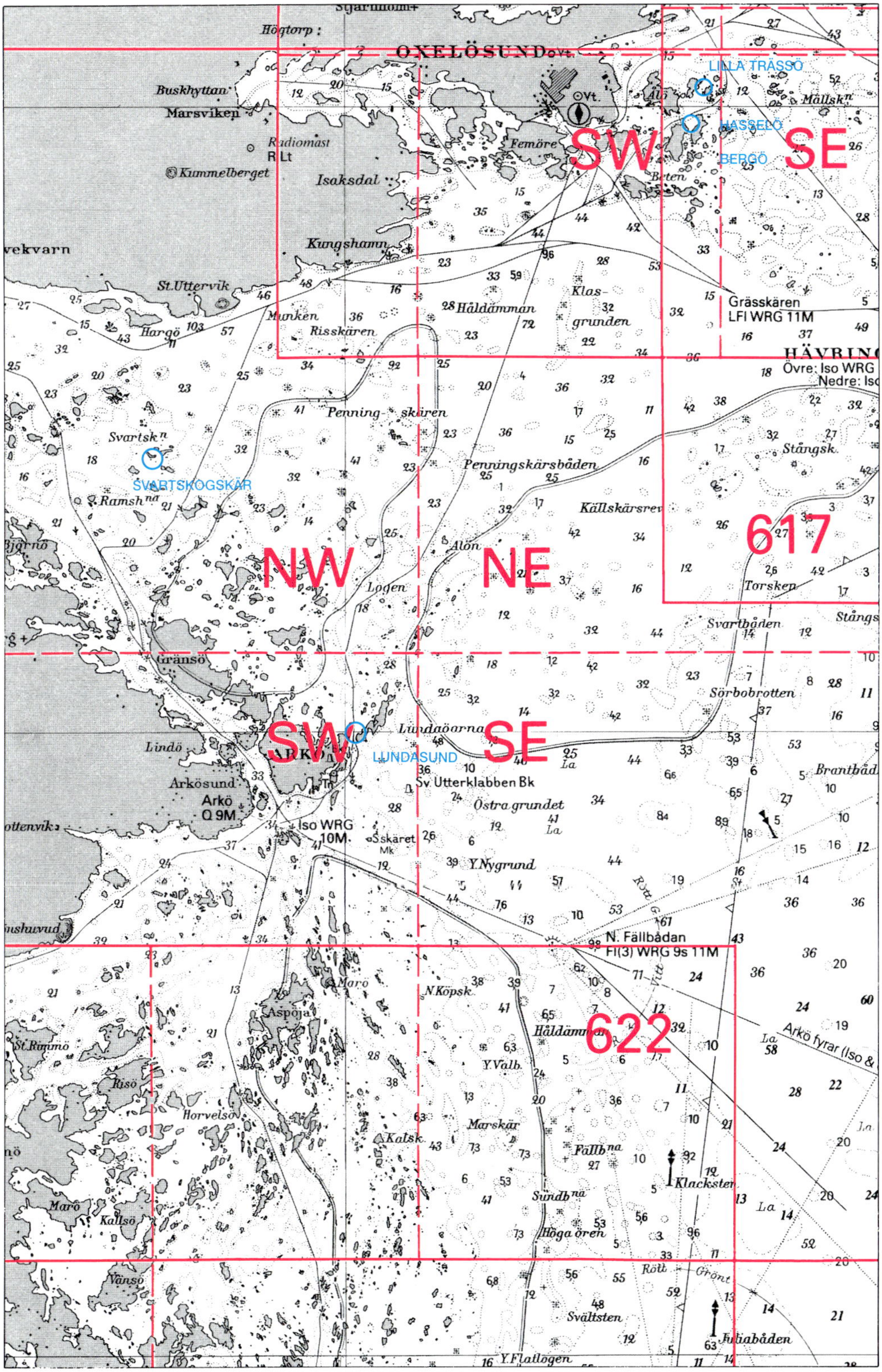
OXELÖSUND
Högtorp
Buskhyttan
Marsviken
Radiomast
R Lt
Kummelberget
Isaksdal
Kungshamn
St.Uttervik
Hargö
Munken
Risskären
Femöre
Beten
LILLA TRÄSSÖ
HASSELÖ
BERGÖ
Mällsk.
SW
SE
Håldämman
Klas-grunden
Grässkären
LFl WRG 11M
HÄVRING
Övre: Iso WRG
Nedre: Iso
Penning-skären
Penningskärsbåden
Källskärsrev
Stångsk.
617
Svartsk.
SVARTSKOGSKÄR
Ramsh.
Björnö
NW
NE
Alön
Logen
Torsken
Svartbåden
Gränsö
Sörbobrotten
Lundaöarna
LUNDASUND
Lindö
ARKÖ
Arkösund
Arkö
Q 9M
Iso WRG
10M
Sskäret
Sv. Utterklabben Bk
Östra grundet
Y. Nygrund
Brantbåd.
N. Fällbådan
Fl(3) WRG 9s 11M
Arkö fyrar (Iso &
Maro
N.Köpsk.
Aspöja
St.Rimmö
Risö
Horvelsö
Y.Valb.
Håldämman
622
Kalsk.
Marskär
Fällb.
Klackster
Sundb.
Höga ören
Maro
Kallsö
Vänsö
Röd
Grönt
Vitt
Svältsten
Juliabåden
Y.Flatlögen

Lundasund, Position 58° 30'4 N, 17° 00'6 E,
Karte No 621 SW (Ausschnitt auf 621 NW)

Etwas mehr als 2 sm östlich von Arkösundhafen liegt der Lundasund (östlich Arkö). Nördlich von Lunda sind einige Buchten und kleine Einschnitte, die nach Süd und Südost geschützt sind. Die langen, sanft aus dem Wasser steigenden Felspartien machen das Anpirschen zwar einfach, jedoch sollte man beim Sprung an Land wirklich lange Tampen mitnehmen, denn die ersten Bäume zum Festbinden sind hoch am Fels, sehr weit entfernt. Der Fels selbst ist ziemlich glatt und hat wenig Sprünge, in die man Felsnägel schlagen könnte. Gegen Nord geschützt ist lediglich der weiter östlich gelegene Teil der Ankerbucht, in dessen innerem Teil jedoch überspülte Steine liegen. Auch die lagunenförmige Bucht an der Nordseite ist mit Vorsicht anzugehen. Das eigentliche Ankergebiet von Lunda liegt weiter im Norden. Dorthin kann man zwar von Süden her gelangen, aber die Möglichkeit, einen Stein zu treffen, ist größer als die Wahrscheinlichkeit glatt durchzukommen, denn die nutzbare Rinne zwischen den Steinen ist sehr schmal.

In der Zeit, in der wir da lagen, war einige Male das Rappeln von Riggs zu hören, wenn wieder ein Schiff auf einen Stein gelaufen war. Wirklich empfehlen kann ich nur freies Ankern und im südöstlichen Teil das Festmachen am Fels. Die Ansteuerung des südlichen Teils von Lunda aus dem Fahrwasser ist dagegen einfach – es führt direkt an der Bucht vorbei. Der sanft nach Nordwest abfallende Fels ist ideal zum Sonnenbaden und bei den Schweden sehr beliebt. Wir erlebten hier einen der ruhigsten Abende, während wir einen Vater beobachteten, wie er mit seinem Sohn in einem winzigen Dingi zu einer vorgelagerten Insel ruderte und dort mit ihm bei untergehender Sonne angelte. Ein Bild, das den friedlichen Sonnenuntergang noch unterstrich.

Der ehemalige Leuchtturm Viskär östlich von Arkö

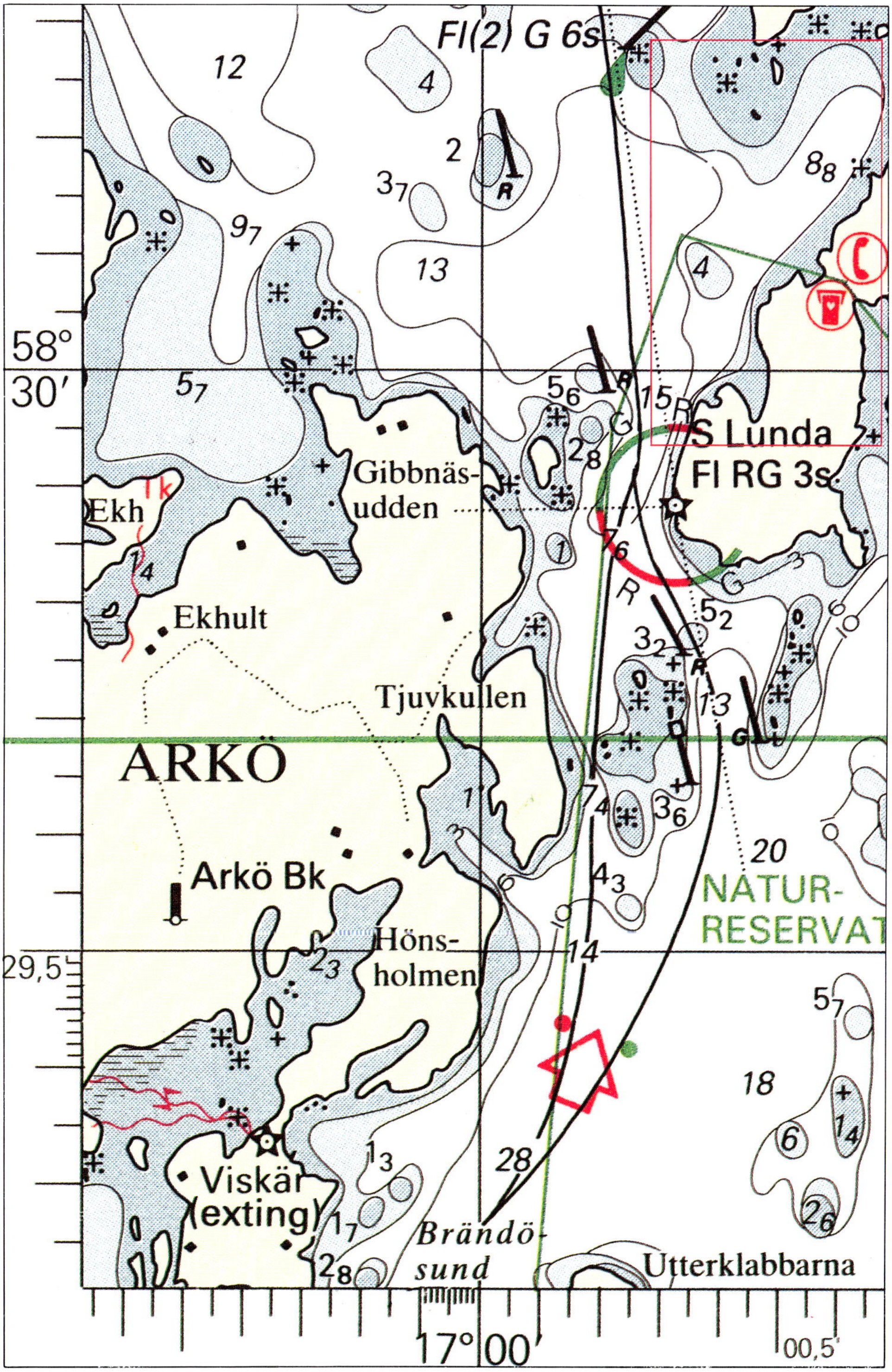
Fl(2) G 6s
S Lunda
Fl RG 3s
Gibbnäs-
udden
Ekh
Ekhult
Tjuvkullen
ARKÖ
Arkö Bk
Höns-
holmen
Viskär
(exting)
Brändö-
sund
Utterklabbarna
NATUR-
RESERVAT
58°
30′
29,5
17° 00′
00,5′

Svartsskogskär, Position 58° 34´200 N, 16° 54´200 E, Karte No 621 NW

Nördlich von Arkösund, an Gränsö vorbei, liegt eine kleine Schäre, die wirklich einen Besuch wert ist, auch wenn die Ansteuerung nicht ganz so einfach ist. Die Svartsskogskär ist unter den Seglern der Region wohlbekannt und auch beliebt. Allein wird man dort wohl nie sein, aber so richtig voll wird es auch nicht, weil sich viele durch die Steine vor und in der Einfahrt abschrecken lassen. Trotzdem oder gerade deshalb hat´s dort ´ne Menge Stimmung. Der Mittsommerbaum und die Reste eines großen Lagerfeuers im östlichen Teil der Bucht sprechen eine deutliche Sprache.

Es handelt sich um eine längliche Insel in Ost-West-Richtung mit einer nicht ganz kreisförmigen, nach Norden offenen Bucht. Davor und im Eingang liegen überspülte Steine, deren Lage bei der Ansteuerung unbedingt berücksichtigt werden muß.

Die Svartsskogskär erreicht man vom Fahrwasser aus, wenn man auf dem Weg nach Norden hinter der zweiten roten Tonne nördlich vom Marö nedre Feuer nach Westen abbiegt und – sich gut freihaltend – nördlich an der Svartsskogskär längs motort. Im Ostteil der Einfahrt zur Bucht passiert man den ersten, sehr ausgedehnten, überspülten Stein, so daß man erst, wenn man fast schon an der Bucht vorbei ist, eindrehen kann. Dann aber hat man auf der Steuerbordseite eine Untiefe von etwa einem Meter Tiefe, die auch umfahren werden muß. Dieses Flach wurde, zumindest in den letzten Jahren, von den einheimischen Seglern mit einer Plastikflasche markiert. Erst dahinter findet sich etwa 2,5 m tiefes Wasser und man kann vor Heckanker an den Fels gehen. Wer sich in diese Bucht hineinwagt und es nicht gerade mit Vollstoff angeht, wird die Steine und auch das Flach (notfalls auch ohne Markierung) noch rechtzeitig sehen und nach dem Erfolg des Ankommens ein echtes Kleinod der schwedischen Ostschären genießen.

Je nach Wind ist sowohl die West-, Süd- oder auch Ostseite brauchbar. An der Südseite ist eine grob aus Baumstämmen zusammengelegte, rechteckige Sitzgelegenheit mit einer Feuerstelle in der Mitte vorbereitet. Daneben liegt Feuerholz bereit, das wieder ersetzt werden sollte. Weiter oben im Fels ist eine Toilette und ein Mülleimer. Kleinere Feuerstellen finden sich aber auch überall, wo Segler festmachen.

Im Westteil der Insel liegt ein wunderschöner Wald, der für Kinderspiele wie geschaffen ist. Er lädt geradezu zum Träumen ein. Kleine, felsige Schluchten, umgekippte Bäume, die zeltartig den Boden bedecken und Gräben zum Verstecken wechseln sich ab mit lichtem Wald, der wohl von den Holzsuchern immer wieder sorgfältig „gesäubert“ wird.

Beim Herumkrabbeln auf den noch regennassen Steinen rutschte ich aus, fiel in einen Graben und verschrottete dabei meine Kameraausrüstung komplett. Das gleiche kann auch jedem anderen passieren, der während oder nach einem Regen auf den feuchten, aalglatten Felsen herumkraxelt. Auch hier, wie auf allen anderen Schären, empfehlen sich feste Schuhe mit Knöchelschutz gegen Verletzungen des Sprunggelenkes.

Obwohl die Schäre nicht sehr hoch ist, bietet sie ausreichend Schutz bei Wind. Wir verbrachten da eine unangenehme Starkwindperiode, merkten aber vom Wind eigentlich nur das Pfeifen im Rigg sowie gelegentlich ein bißchen Krängung. Draußen aber war die Hölle los. Im sicheren Hafen läßt sich so etwas besonders genießen.

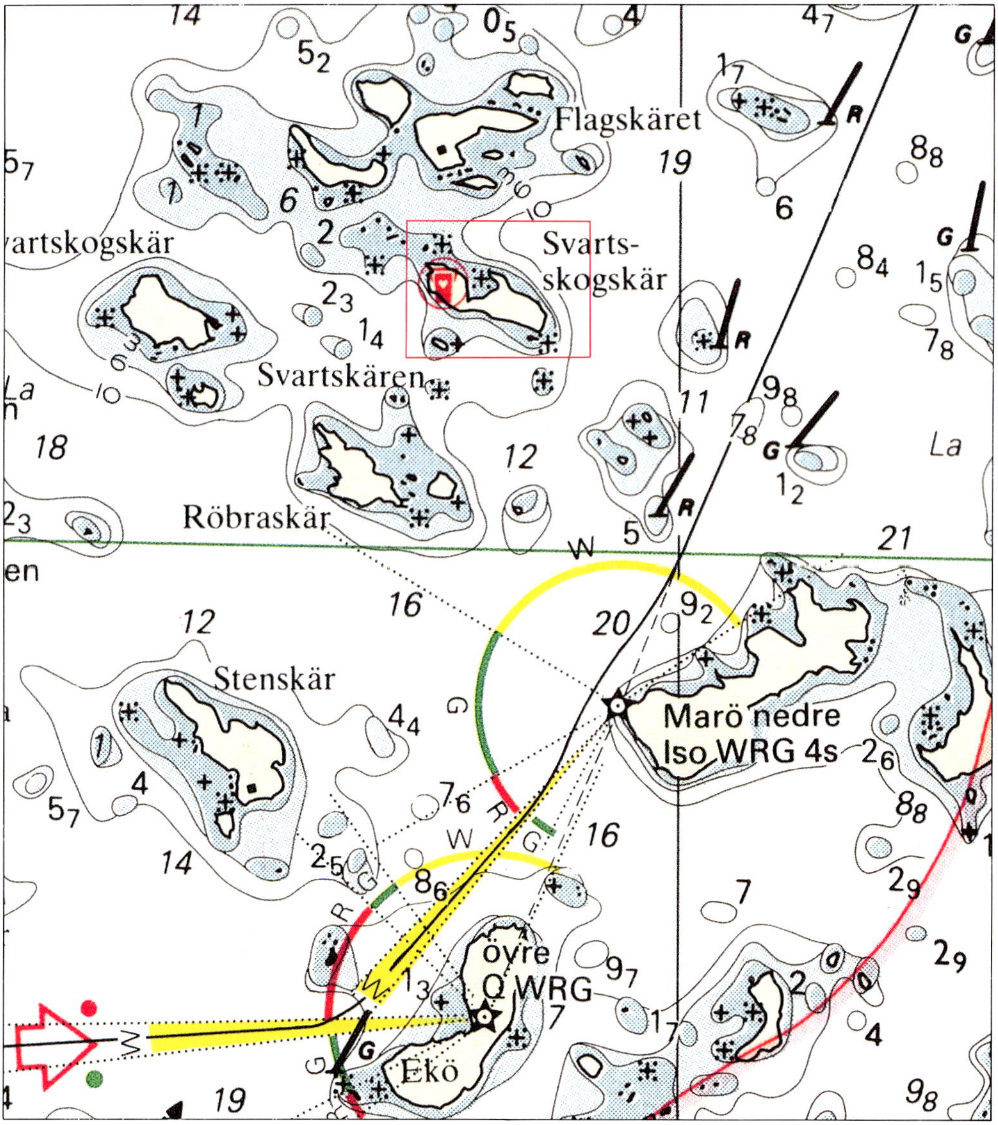

Einer der typischen Dampfer im Götakanal

Die Einfahrt in die Bucht der Svartsskogskär mit den überspülten Steinen und der Untiefe, die mit einer Flasche gekennzeichnet ist.

Die Bucht mit den südlichen und westlichen Plätzen. Am rechten Bildrand ist die Flasche über der Untiefe zu erkennen.

Hasselö Bergö, Position 58° 39'7 N, 17° 10'7 E, Karte No. 6211 SW

Kartenausschnitt: siehe Lilla Trässö

Auf dem Weg nach Norden passierten wir Oxelösund, wollten aber diese Industriestadt nicht unbedingt anlaufen. Also suchten wir in der Umgebung einen Platz zum Übernachten und fanden bei Hasselö Bergö direkt neben dem Fahrwasser eine große, nach Westen offene Bucht, in der 2 Moorings des Svenska Kryssar Klubben verankert sind. Die sollten wir für die Mitglieder des Clubs freilassen, aber Gott sei Dank besteht der Ankergrund, wie meistens in den Schären dieser Gegend, aus grau-blauem Ton, der sehr gut hält. Das garantiert sicheres Ankern. Am Ufer finden sich auch einige Ringe zum Festmachen, die aber nur mit wenig Tiefgang angelaufen werden können.

Allein schon die Möglichkeit, den riesigen Industriehafen zu umgehen und nicht zu sehen, war für uns wichtig. Und das zählt in dieser Gegend, denn die Schlote von Oxelösund sind meilenweit sichtbar, wo auch der Anker fällt, nur selten bleiben sie verborgen.

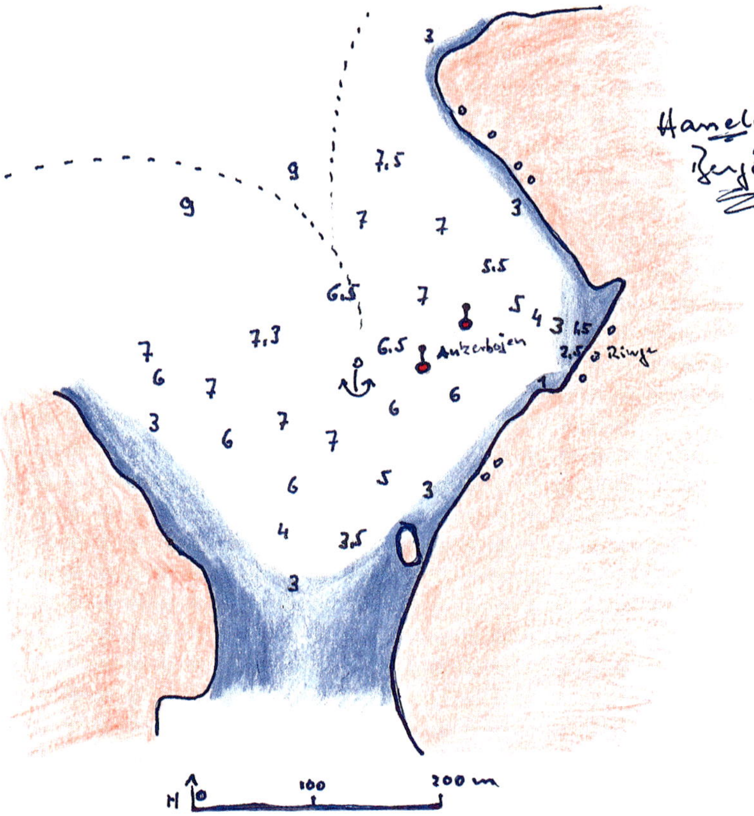

Lilla Trässö, Position 58° 40'200 N, 17° 11'400 E, Karte No 6211 SW

Weniger als eine halbe Meile nördlich von Hasselö Bergö liegt eine kleine Inselgruppe mit vorgelagerten Schären: Lilla Trässö. Die Ansteuerung von Süden ist zuerst problemlos, aber in der Einfahrt liegt an Steuerbord ein überspülter Stein. Hält man sich mittig, läuft man über 3 m Wasser ein. Westlich öffnet sich eine winzige, sehr geschützte Bucht mit einigen Plätzen am Fels und 3,5 m Wasser in der Mitte der Bucht.

Steuerbord, an der Nordwestseite der Schäre östlich Lilla Trässö, sind nördlich von dem überspülten Stein auch einige Plätze am Fels.

Nördlich dieser Schäre liegt eine weitere Insel mit einigen Plätzen an der Südseite. Hier steht ein altes Clubheim und ein Mastenkran. Westlich dieser Insel liegt ein Stein etwa 70 cm unter Wasser. Weiter nördlich sieht man einen gut sichtbaren Stein aus dem Wasser ragen.

Selbst in der südlichen Bucht von Lilla Trässö, die wie ein Haken aussieht, kann man mit wenig Tiefgang an den Fels gehen. Wir sahen da einen Motorsegler sehr geschützt liegen, haben diese Bucht aber nicht ausgelotet.

Auch an der Westseite der Insel, nördlich des Flachs mit 2,3 m, kann man gut an den Fels gehen. Dieser Platz ist besonders bei Ostwindlagen beliebt.

Lilla Trässö bietet Schutz vor allen Winden außer Nordost.

Lilla Trässö und die Insel mit dem Clubhaus im Hintergrund

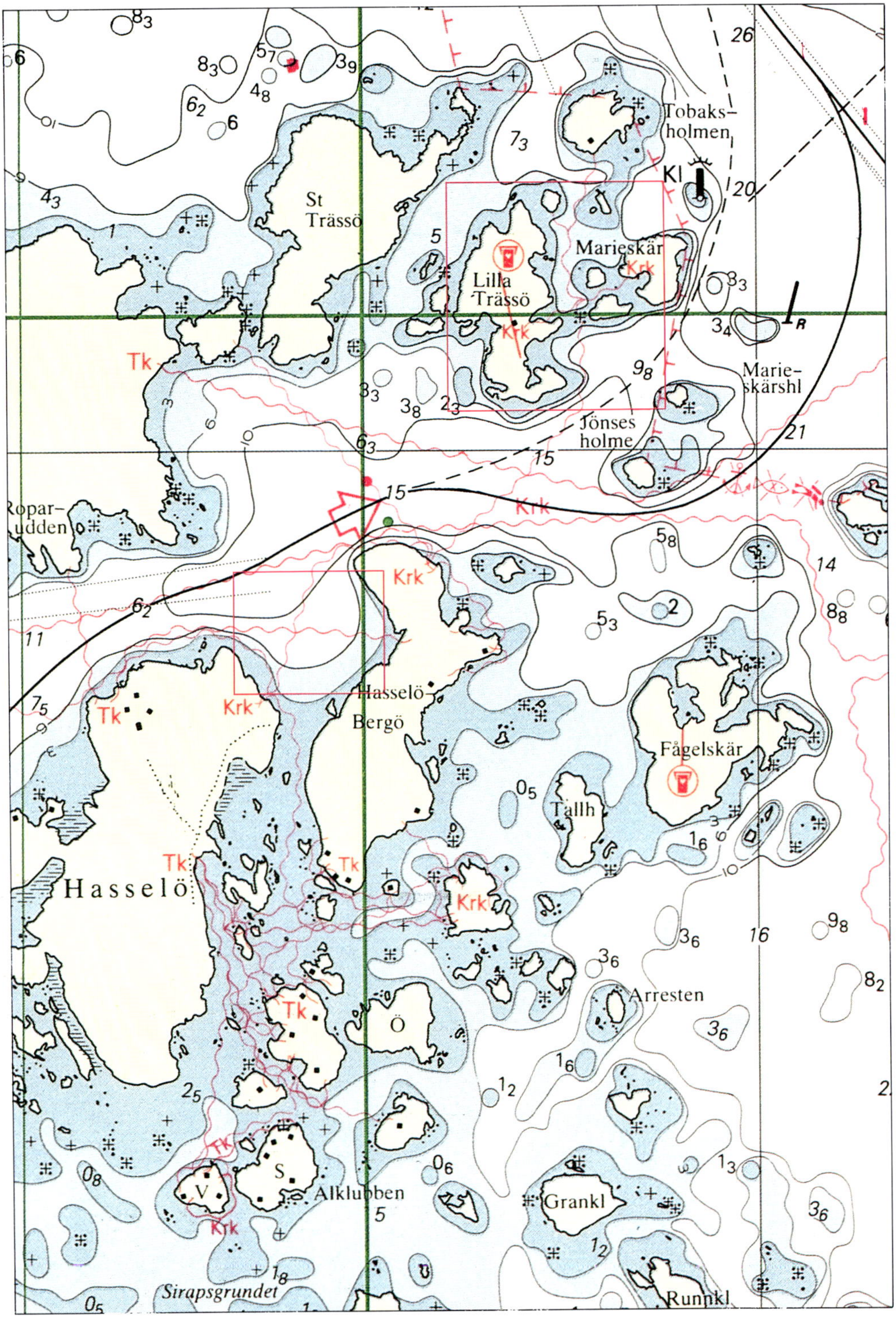

Tobaks-
holmen
St
Trässö
Marieskär
Lilla
Trässö
Marie-
skärshl
Jönses
holme
Ropar-
udden
Hasselö-
Bergö
Fågelskär
Tallh
Hasselö
Arresten
Ö
S
V
Alklubben
Grankl
Sirapsgrundet
Runnkl

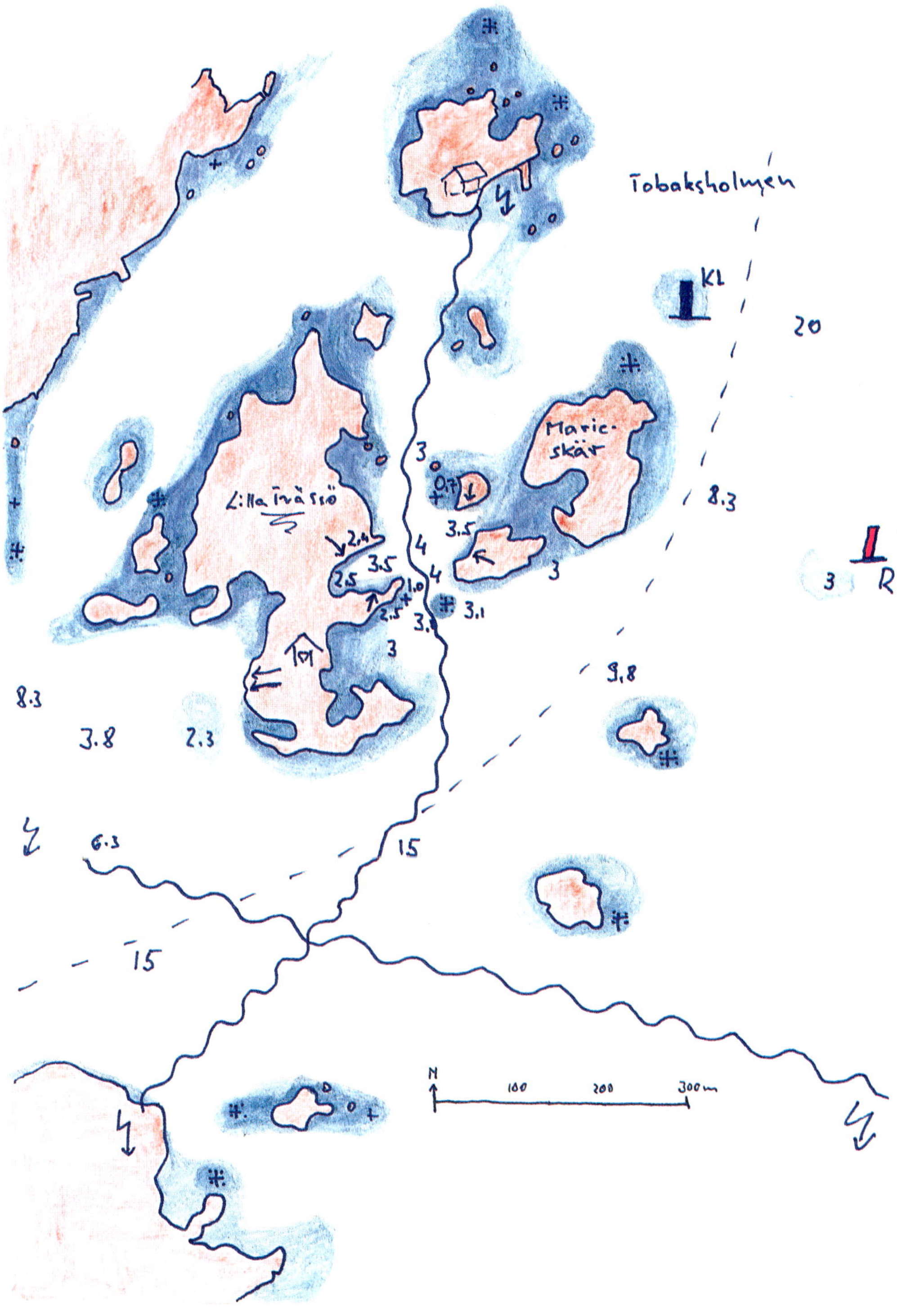
Tobaksholmen
KL
20
Marie-skär
Lilla Tvässö
8.3
R
9.8
8.3
3.8
2.3
6.3
15
15
100
200
300m

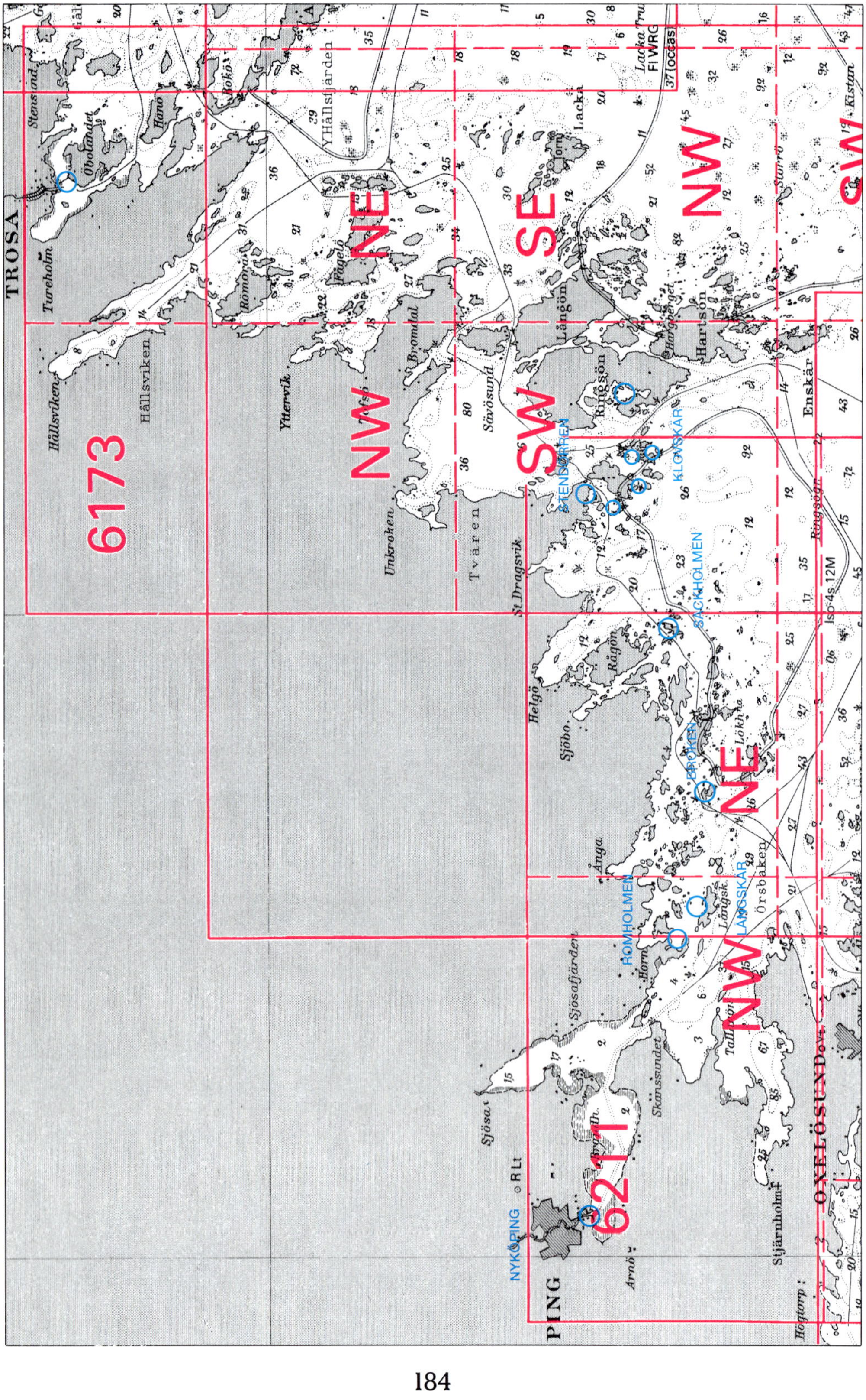

TROSA
6173
6211
NW
NE
SE
SW
Hållsviken
Ytterviк
Unkroken
Tvären
Sävösund
Ringsön
Långön
Hartsön
Enskär
STENDÖRREN
KLOVSKÄR
SÄCKHOLMEN
BROKEN
ROMHOLMEN
LÅNGSKÄR
Örsbaken
Sjösafjärden
Skanssundet
NYKÖPING
OXELÖSUND
PING
Stjärnholm
Rågön
Helgö
Sjöbo
Ånga
Iso 4s 12M

Nyköping, Karte No 6211 NW

Zwischen den vielen Ankertagen zieht es uns immer wieder mal in einen Hafen, um mit anderen Leuten zu reden. Auf unseren Reise versuchen wir, nur Häfen anzulaufen, die u.a. über eine Sauna verfügen und das ist uns auch in der Regel geglückt. Nyköping bietet aber deutlich mehr.

Man erreicht die Stadt über eine 4 sm lange Baggerrinne, die durch mehrere sehr flache, mit Schilf bestandene Buchten führt. Auf dem Weg passierten wir einige Kolonien mit Enten, Kanadagänsen und anderen Vögeln in nur wenigen Metern Abstand, ohne daß sie sich an uns störten.

Der Gästehafen ist am Ende der Baggerrinne stb. Die ersten beiden Stege haben eine Wassertiefe von 2,3 m, wobei es zwischen den Boxen schon mal etwas flacher ist. Der erste Steg hat Boxen mit einer Breite von 3,80 m, während bereits die Boxen des zweiten Steges wesentlich schmaler sind. Noch breitere Boote können außen längsseits gehen. Wasser und Strom sind am Steg. Die Nacht kostet pro Boot 90 SKR und Dusche sowie Sauna pro Boot noch einmal 20 SKR. Das Ehepaar, das den Hafen betreibt, gibt sich sehr viel Mühe und ist ausgesprochen nett.

Nyköping liegt an einem Fluß, der sich sehr gewunden und malerisch durch die Stadt schlängelt. Nahe der Mündung liegt die Ruine des Schlosses Nyköpinghus, in das der 27jährige König Birger 1317 seine Brüder, die Herzöge Erik und Valdemar zu einem Essen einlud, das als Versöhnungsfest getarnt war. Dabei ließ er sie gefangennehmen, im Schloß einsperren und da verhungern.

Im Nyköpinghus hängt ein Bild, das die Verschiffung der Leiche von König Gustav Adolf zeigt, der 1632 in der Schlacht bei Lützen fiel. Damals wurde seine Leiche in Wolgast verladen und nach Nyköping gebracht.

Abgesehen davon bietet die Stadt auch sonst noch so viele Sehenswürdigkeiten, daß wir fast eine Woche dablieben. Ausgedehnte Ausflüge mit unseren Rädern entlang des Flusses zu den Runensteinen und den Felszeichnungen bei Släbro waren echte Highlights. Dies um so mehr, wenn man die Zeichnungen der Westküste, z.B. in Tanumshede oder bei Torhamn, schon gesehen hat. Die in Nyköping sind völlig anders. In der Nähe, gerade auf der anderen Flußseite, liegt ein großes Gräberfeld in unendlicher Ruhe. In der Umgebung liegt auch Uppsa Kulle, mit 10 Metern Höhe und einem Durchmesser von 55 Metern der größte Grabhügel Sörmlands. Hier soll im 6. Jahrhundert n.Chr. ein König namens Östen begraben worden sein.

In der vom Hafen knapp 1 km entfernten Stadt finden sich einige gut erhaltenen mittelalterliche Kirchen mit Deckenmalereien: St. Nikolai, Alla Helgona, Bälinge, Lid und Tunaberg.

Profaneren Vergnügen kann man sich auch widmen; so gibt es ein Pfand- und Auktionshaus, in dem wir schöne Stücke aus den 50ern für ein Trinkgeld fanden. Besonderen Spaß macht es uns, in den Antiquariaten herumzustöbern, in denen wir zum Teil bemerkenswerte Bücher finden – Lesestoff nicht nur für die Sommerferien, sondern auch für den Winter. Alle diese Läden haben beachtliche Abteilungen mit deutscher und englischer Literatur – es lohnt sich immer, selbst für die, die „nur“ an politischer Literatur aus der Zeit zwischen den Weltkriegen interessiert sein sollten.

Bemerkenswert ist auch der Karneval im August, der teilweise brasilianische Motive bietet. Jedenfalls sieht man nicht nur vereinzelte, äußerst spärlich bekleidete Schöne. Wer dieses Fest von der Törnplanung her nicht schafft, wird sich in und vor den Restaurants am Hafen reichlich am Publikum erfreuen, das zum Sehen und Gesehenwerden hierher kommt.

Eine der „Kultur“-Pricken am Weg nach Nyköping. Das Wort Prick ist doppeldeutig:
1.) Pricke
2.) Besäufnis

Ganz in der Nähe dieses Baumes sind die unbezeichneten Felszeichnungen im Norden Nyköpings.

Einer der beiden Runensteine bei Nyköping

Långskär, Position 58° 42'800 N, 17° 10'800 E, Karte No 6211 NW

Auf dem Rückweg von Nyköping fiel uns eine sehr schöne Insel auf, an der im Norden viele Boote lagen. Långskär verspricht viel. Es sind 4 Mülleimer eingezeichnet, das heißt, daß auf dieser langgestreckten Schäre sowohl im Osten, im Norden an zwei verschiedenen Plätzen und auch im Süden am Felsen festgemacht werden kann. Freunde aus Nyköping bevorzugen den Platz im Süden, dessen Ansteuerung mir aber nicht klar ist.

Der Platz im Norden ist aber einfach zu erreichen, wenn man sich von den überspülten Steinen vor der Einfahrt frei hält. Da die aber gut zu sehen sind, dürfte es hier keine Schwierigkeiten geben. Hier im Norden gibt es einige Plätze am Fels.

Da Långskär aber direkt am Fahrwasser liegt, ist der Platz auch recht bekannt und dementsprechend – hauptsächlich von den Seglern der Umgebung zum Picknick – gut besucht. Die vorbeifahrenden Motorboote verursachen im Norden erheblichen Schwell.

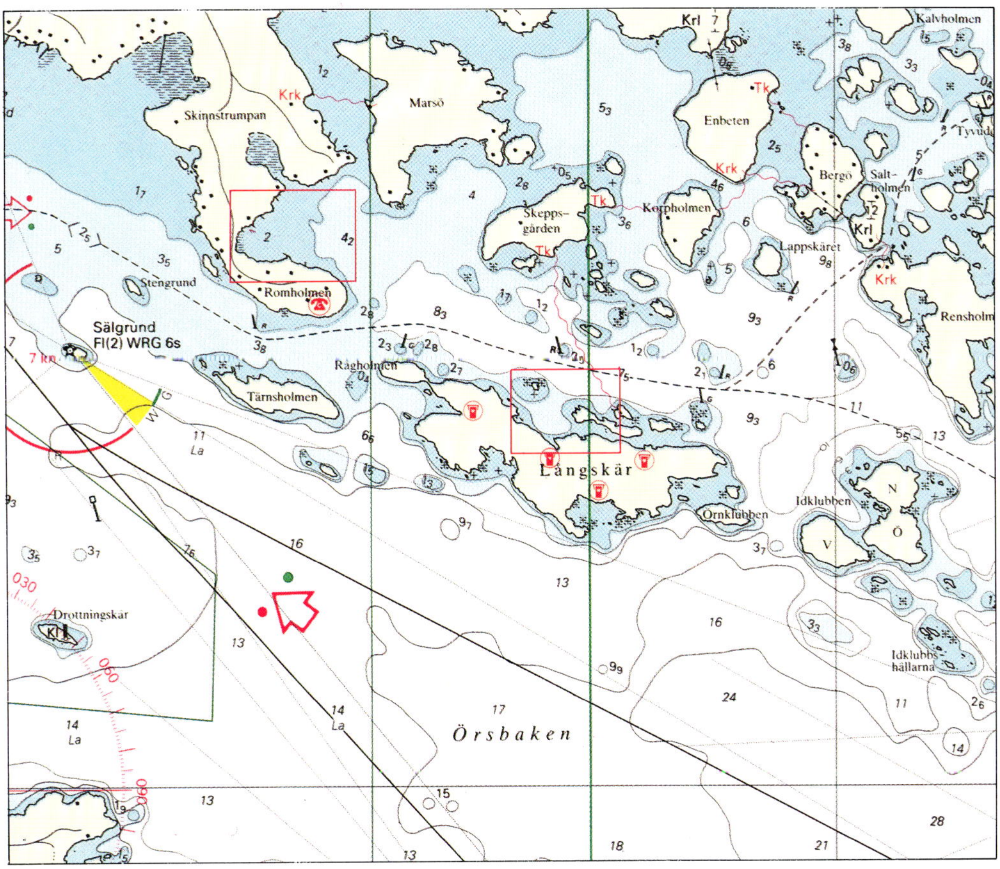

Der Weg zur Nordbucht von Långskär führt östlich um diese überspülten Steine, auf denen eine senkrechte, rote Markierung steht.

Auf dem Weg von Ringsön nach Osten passierten wir den Sävosund mit seinem Krog.

Romholmen, Position 58° 43'200 N, 17° 09'750 E, Karte No 6211 NW

Siehe Kartenausschnitt Långskär

Während eines Tages mit heftigen Westwinden passierten wir Romholmen gerade gegenüber von Långskär. Im Schutz der hohen Halbinsel ankerten viele Boote auf 2 m Wasser, ohne von dem heftigen Wind etwas zu merken. Bei westlichen Winden ist diese Bucht als Alternative zu Nyköping, wenn es zu spät ist und man keinen Wert auf die Sauna legt, recht gut geeignet.

Die Bucht von Romholmen ist gegen Winde aus Südwest bis Nord geschützt.

Broken, Position 58° 42'700 N, 17° 14'170 E, Karte No 6211 NE

Nyköpings Segler haben ihre eigene Insel mit Hafen, Clubhaus und eine Familiensauna auf Broken. Die Insel ist aber nicht nur für die Mitglieder des Clubs attraktiv, auch viele fremde Boote besuchen sie. Die Ansteuerung ist von Süden her problemlos, vom nördlichen Fahrwasser her kommend, hält man sich an die vom Segelclub ausgelegten Spieren. In diesem Fahrwasser beträgt allerdings die Wassertiefe an der flachsten Stelle nur etwa 2 m. In der nach Osten hin offenen Bucht liegen die Boote vor Heckanker an einem Steg in Verlängerung der südlichen Begrenzung der Bucht. Auf der Insel gibt es Wasser an einem Brunnen vor dem Clubhaus. Ein Trichter hängt an der Pumpe.

Als wir Broken anliefen, wehte es aus Ost. Trotzdem war der große Steg proppenvoll; die im Osten anschließende Bucht hatte felsigen, also ganz schlechten Ankergrund, so verholten wir an den winzigen Steg in der Westbucht von Broken und lagen da sehr geschützt auf 2,5 m Wasser vor Heckanker. Bei östlichen und nördlichen Winden ist dies der beste Platz auf dieser Insel.

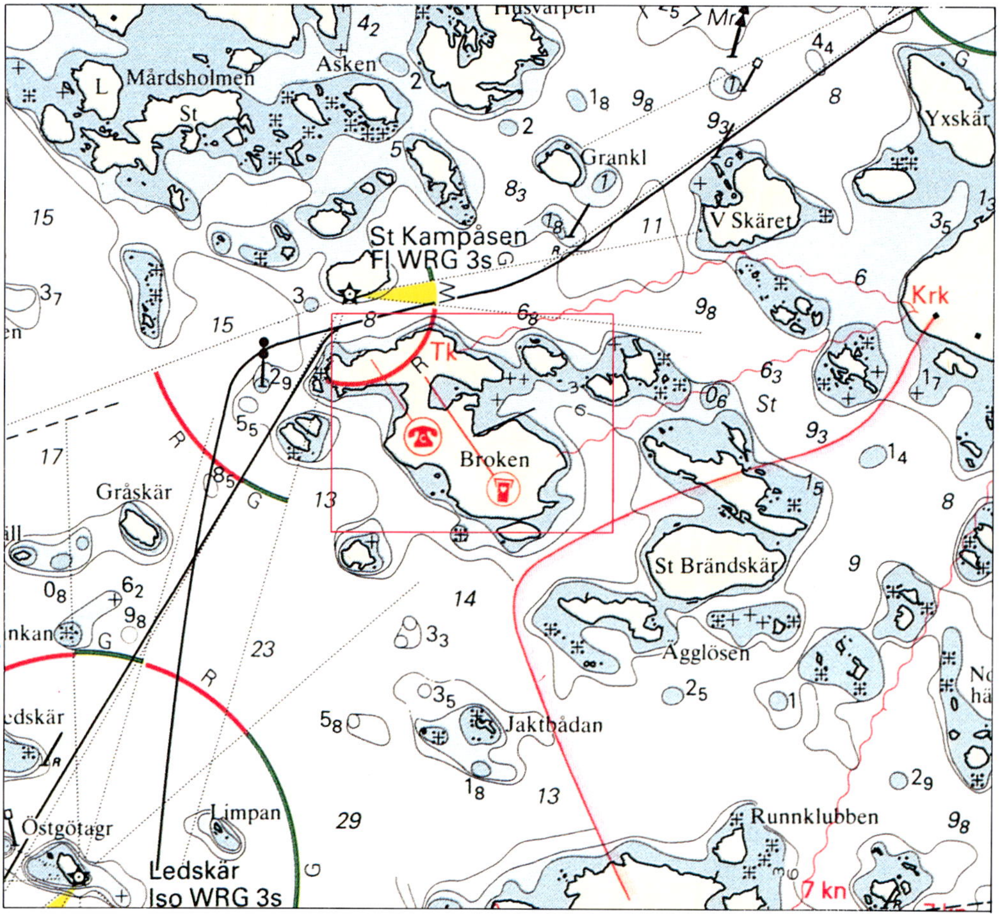

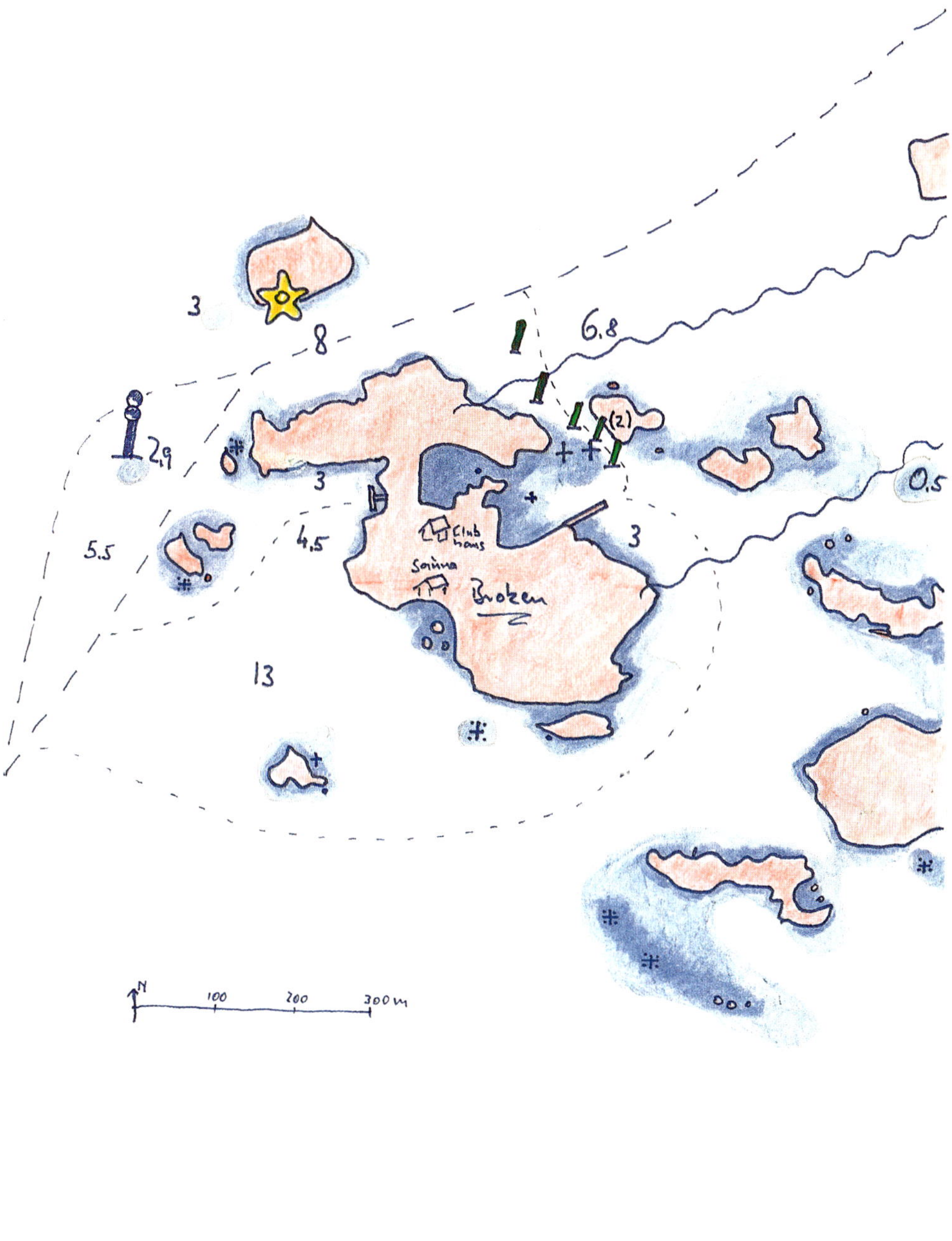
3
8
6.8
2.9
3
(2)
0.5
5.5
4.5
Club haus
Sauna
Broken
3
13
100
200
300 m
N

Sackholmen, Position 58° 43'330 N, 17° 19'400 E, Karte No 6211 NE

Auf dem Weg von Nyköping nach Nordost passierten wir Espskärsklubb, ein Feuer gegenüber von Sackholmen. Diese Inselgruppe bildet die südliche Begrenzung des Fahrwassers. Südlich des Prickenweges liegen einige gute und sehr beliebte Ankerplätze am Fels, die auch weidlich genutzt werden. Sie liegen aber auch zu ideal! Es sind in dieser Gegend wohl die besten Plätze. Wer da ankert, hat einen Logenplatz und kann den ganzen Verkehr auf dem Fahrwasser beobachten, ohne sich Sorgen machen zu müssen, seinerseits beobachtet zu werden, denn die Vorbeisegelnden haben in der Regel alle Hände voll zu tun.

Der Ankergrund ist im südlichen Teil etwas besser als im nördlichen. Dem Fels der östlichen Küste sind Steine vorgelagert, die bei der Auswahl des Platzes berücksichtigt werden müssen.

Die vorbeirasenden Motorboote verursachen erheblichen Schwell an beiden Plätzen.

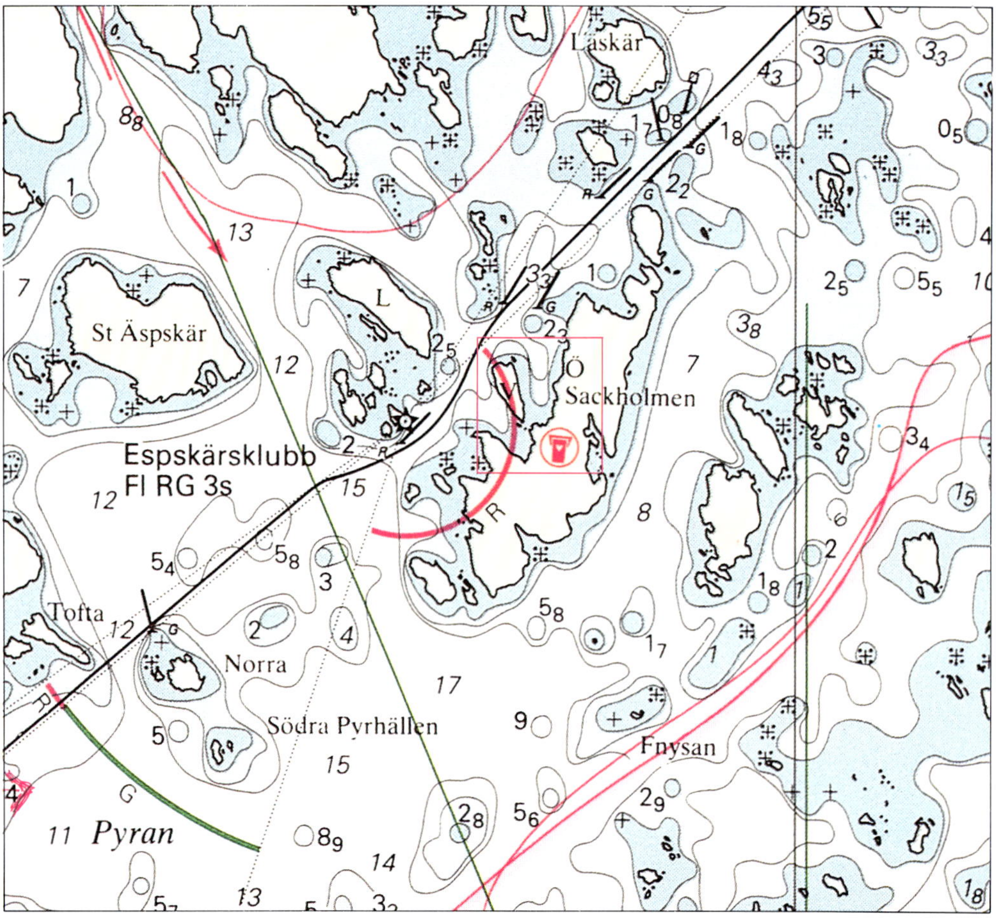

Die Ostseite von Västra Sackholmen vom Fahrwasser aus gesehen

Aspö, Position 55° 44'600 N, 17° 23'800 E, und Stora Krokholmen im Stendörren, Karte No 6173 SW

Auf dem Weg nach Norden passierten wir suchend auch den Stendörren. Das ist eine sehr malerische und sowohl bei Seglern als auch bei Landlobbern unglaublich beliebte Passage zwischen Aspö und Krampö. Da finden sich nicht nur hinter Stora Krokholmen gute Ankerplätze. Die sind aber so offensichtlich und liegen so nah am Weg, daß das Gebiet eigentlich immer sehr gut besucht ist.

Die Wassertiefen sind zwischen Aspö und Stora Krokholmen auch für ein Boot mit 2 m Tiefgang gerade eben noch ausreichend. Fädelt man sich südlich um die Untiefentonne in das Gebiet zwischen Aspö und Krokholmen, so findet man gleich an der Backbordseite Plätze am Fels von Krokholmen, aber auch guten Ankergrund für freies Ankern auf etwa 3 m Wasser und schöne Plätze am Fels der Landzunge von Aspö.

Bei gutem Wetter spielt sich hier genau das ab, was man sich als schwedischen Sommer vorstellt. Es ist wie im Bilderbuch. – Wo man auch hinguckt – auf jedem Fels liegen sonnenhungrige Mädchen, zwischen den Steinen spielen Kinder und überall auf dem Wasser schaukeln Boote – eine Atmosphäre wie im Strandbad. Für den Vorbeisegelnden ist es ein sehr eindrucksvolles und anregendes Schauspiel.

Stendörren ist Naturschutzgebiet und kleine, zierliche Hängebrücken führen Besucher von Schäre zu Schäre. Das erklärt den bemerkenswerten Zulauf, den die Inseln haben.

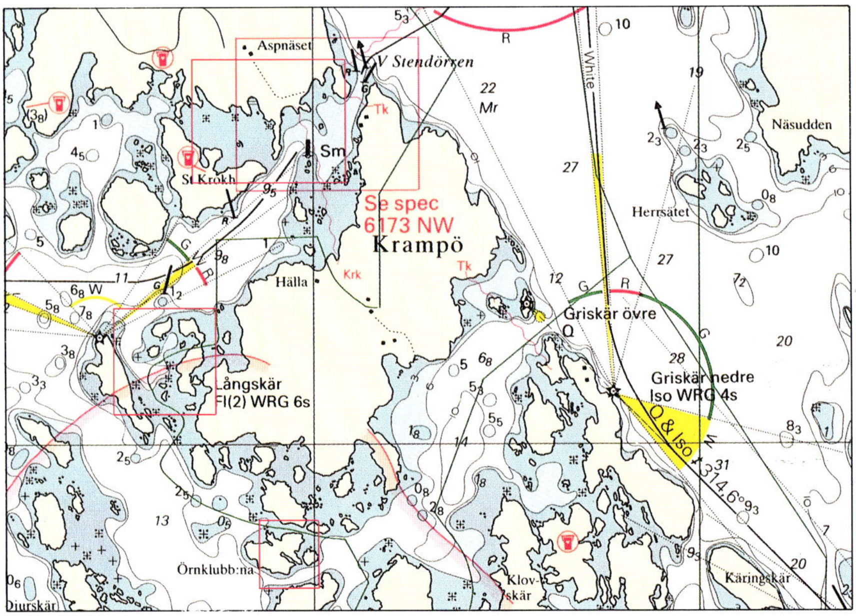

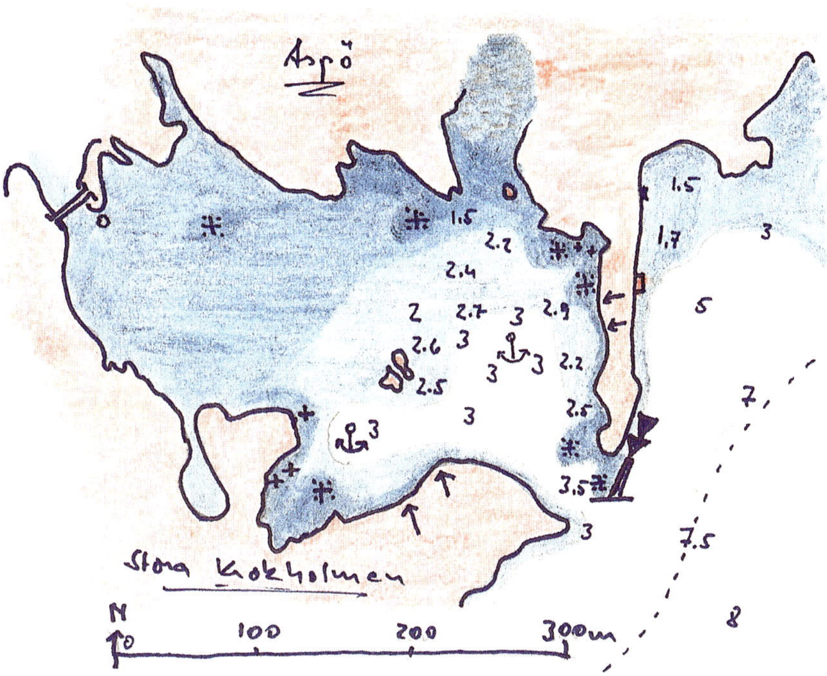

Die Landzunge von Aspönäset gegenüber Stora Krokholmen

Vasskroksholmarna bei Stendörren,
Position 55° 44'200 N, 17° 23'400 E, Karte No 6137 SW

Östlich von Långskär liegt eine kleine Inselgruppe, deren größte Vasskroksholmarna ist. Hier findet man sehr gut geschützte Ankerplätze am Fels hinter einer kleinen Insel. Siehe Kartenausschnitt bei Aspö und Stora Krokholmen.

Die Ansteuerung ist nicht ganz so einfach. Man segelt östlich des Feuers etwa in der Mitte zwischen Långskärs Spitze und der grünen Tonne nach Süd und fädelt sich vorsichtig um das Flach südlich der kleinen Schäre herum wieder nordwärts. Das Wasser ist überall tief genug, wenn man sich an die Skizze hält. Um an den angegebenen Platz zu kommen, wählt man am besten den Weg südlich um die kleine Insel herum. Nicht ganz so einfach – weil der schiffbare Weg wesentlich schmaler ist – geht die Durchfahrt nördlich des Inselchens. Aber auch freies Ankern ist in der Bucht auf gutem Grund möglich.

Vasskroksholmarna ist schon deutlich ruhiger

Dieser Ankerplatz liegt gerade eben außerhalb des Naturschutzgebietes.

Hier ist man dem Trubel von Stendörren zwar etwas entronnen, aber er ist noch so nah, daß man ihn, ohne viel rudern zu müssen, genießen kann - sofern man diese Schwimmbadatmosphäre mag.

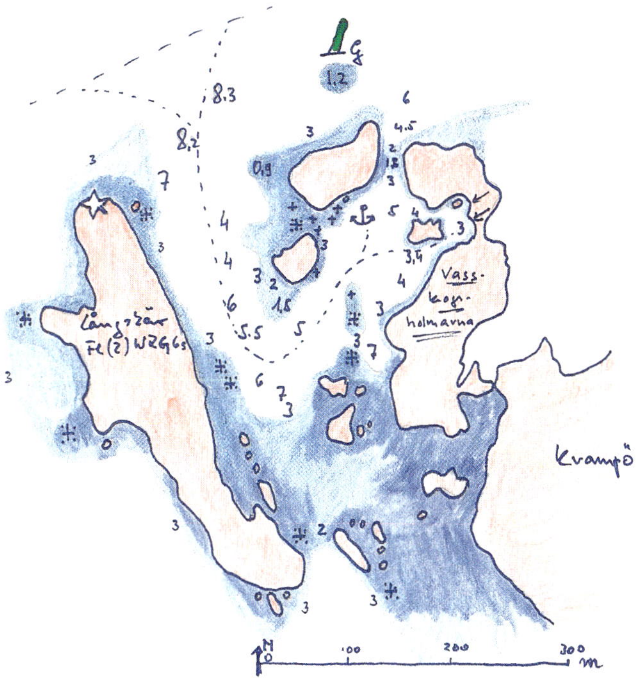

Typische Szenerie im Stendörren

Zickzackkurs in Stendörren

Sommerhäuser auf Krampö

Örnklubbarna, die Garage, Position 58° 43'760 N, 17° 23'900 E, Karte No 6137 SW

Südlich von Krampö liegt Örnklubbarna, eine Skäre, die einen sehr schmalen Einschnitt hat, der von der Südostseite nach Nordwest zeigt. Dieser Einschnitt ist gerade so breit, daß ein Schiff mit seiner Breite hineinpaßt. Die Länge dieses Platzes reicht gerade für zwei Schiffe.

Schwedische Freunde erzählten uns von dieser Garage, berichteten aber gleichzeitig, daß sie sehr oft schon belegt sei, wenn sie hinkämen. Es ist ein besonders komfortabler Platz mit der Intimität eines Eigenheimes, denn wer hier drin ist, wird keinen neuen Nachbarn mehr bekommen.

Die Ansteuerung ist nicht schwierig (siehe Kartenausschnitt bei Aspö und Stora Krokholmen). Wenn man westlich von Långskär nach Südost segelt. Örnklubbarna liegt gerade eben außerhalb des Naturreservats.

So eine Anlegemöglichkeit nennen die Schweden „Garage"

**Klovskär, Position 58° 43'9 N, 17° 24'7 E,
Granholmen und Hasselklubbarna,
Karte No 6173 SW**

Wir hatten uns ein Gebiet ausgesucht, in dem sich sehr viele Plätze am Fels oder auch frei vor Anker anboten. Das Wetter war gut und die schwedischen Ferien hatten bereits angefangen. So segelten wir an den lieblichsten Buchten vorbei und zählten erschreckt die Masten. Für unseren Geschmack waren alle Ecken zu voll. So suchten wir abseits der beliebtesten Buchten die weniger vollen und fanden eine Insel, an der wir für drei Tage ganz allein liegen konnten. Was für Tage!

Die Ansteuerung unseres Platzes an der **Klovskär** erfolgte aus dem Fahrwasser zwischen Krampö und Ringsön heraus. Südlich von Krampö liegt Griskär mit seinem unteren Richtfeuer. Etwas weiter nördlich liegt eine kleine Insel mit dem oberen Feuer. Um diese Insel herum führt der Weg in eine große Bucht, aus der heraus der nördliche Teil der Klovskär ohne Schwierigkeiten anzusteuern ist.

Es ist eine große Insel mit viel Wald und steilen Felsen. Auch auf die Nachbarinsel kann man gehen, indem man einen Schilfgürtel von Stein zu Stein springend überquert. Dort findet man ein Humus-Klo und eine Mülltonne. Schwedische Segler haben dort eine große Feuerstelle auf dem sanft ansteigenden Fels eingerichtet. Auch hier liegt Holz bereit, das jeder nach dem Verfeuern aus dem Wald ersetzen soll.

Auf der Südseite dieser Insel, die **Granholmen** heißt, aber im Schärenatlas nicht benannt wird, fanden wir den versteckteten Ankerplatz überhaupt. Er liegt zwischen der großen Insel und einem sehr kleinen, vorgelagerten, steinigen Eiland. Dazwischen ist für ein Schiff mit wenig Tiefgang ein versteckter, romantischer Platz am Fels. Zwischen dem südlichen Teil der Klovskär und Granholmen liegt auch ein geschütztes Ankerfeld, das um **Hasselklubbarna** herum erreicht werden kann. Dort, an der Nordseite von Hasselklubbarna kann man – gegen südliche Winde geschützt – auch ankern.

Wir aber lagen auf der Nordostseite von Klovskär auf tiefem Wasser vor Heckanker, als uns der Anruf eines befreundeten Seglers aus Stockholm erreichte. Der erzählte uns, daß das Tief, das wir hier abwettern wollten, wohl etwas kräftiger als erwartet wäre. Hier würde es uns auflandig erwischen. Da wir nicht den Platz wechseln wollten, begannen wir mit den Vorbereitungen. Zunächst gingen wir längsseits und führten den Heckanker über die Mittelklampe an die Winsch, um das Boot vom Fels abzuhalten. Alle verfügbaren Fender hängten wir unter unser Fenderbrett und sicherten die langen Leinen gegen die Steine mit untergelegten und frei hin- und herrollenden Hölzern.

Von hier aus sahen wir das alte rote Gehöft auf Krampö, in dem damals noch der alte Alrik lebte, der in seiner Jugend einmal in einer Fabrik für kurze Zeit arbeitete, krank wurde und nie mehr in die Stadt ging. Hier lebte er bis 1990 ohne Elektrizität unter seinen Schafen und Kühen, glaubte an die alten Götter und Trolle, und als er im letzten Herbst sein Ende nahen fühlte, ging er in den Wald, um zu sterben. Über seinem Haus sahen wir vor dem Sturm den Himmel rot glühen.

Mittlerweile war es späte Nacht geworden und die Sonne ging unter. Aber sie sah so böse aus, wie wir es selten erlebt haben. Ein ganz giftiges Rot, zwischen den anrollenden Wolkenwalzen. Und dann erwischte es uns. Zwar konnte uns nicht viel passieren, aber die kurze Welle, die sich in dieser kleinen Bucht aufbaute, war lästig. Der Regen zeigte uns sehr genau, welche Durchlässe ich nicht sorgfältig genug abgedichtet hatte, und der im Rigg jaulende Wind krängte das Schiff manchmal so sehr, daß wir die Tassen instinktiv festhielten. So waren wir 36 Stunden beschäftigt. Seit diesem Sturm sind tiefe Spuren in unser Fenderbrett eingegraben. Aber wir wissen jetzt, daß wir den Platz notfalls auch bei Nordoststürmen empfehlen können. Besser bei NE-Winden wäre allerdings die Südseite der Klovskär oder Ringsön.

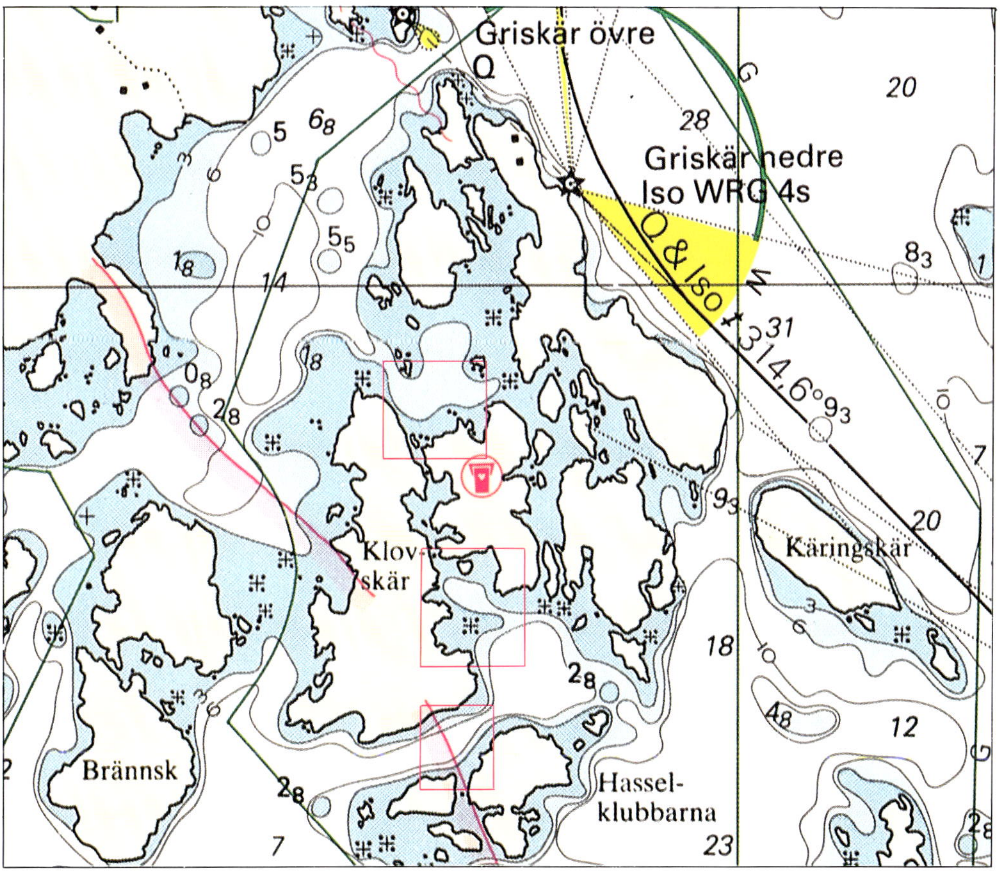

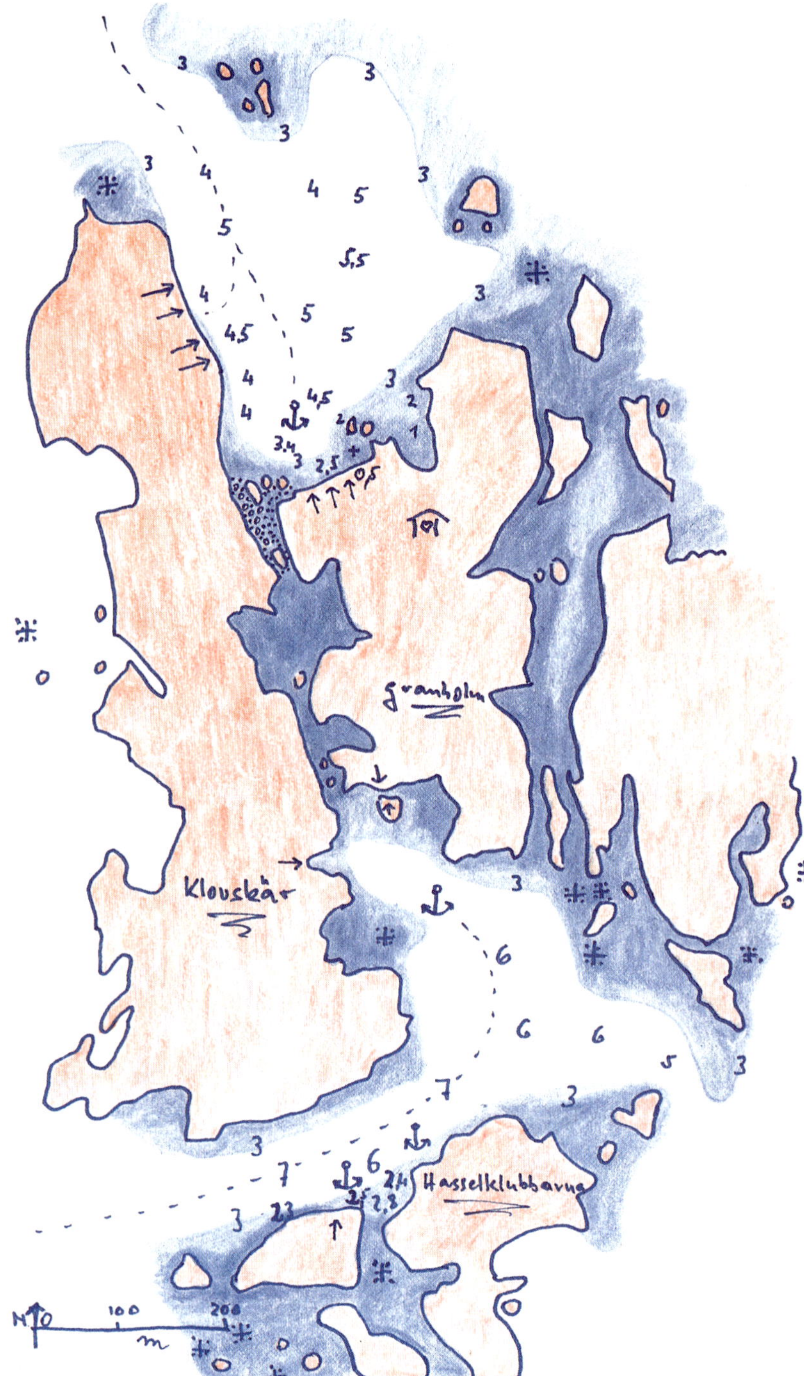
Granholm
Klouskär
Hasselklubbarna
100
200
m

Ringsön, Karte No 6173 SW

Eigentlich hatten wir uns Ringsön zum Abwettern des Sturmes ausgesucht. Das ist eine große Insel mit einer riesigen Bucht, in der wiederum mehrere Inseln liegen und hervorragenden Schutz vor allen Winden geben. Hier findet man unglaublich viele Ankerplätze in einer der größeren oder kleinen Buchten. Der Nachteil ist halt, daß dieses Ankergebiet auch den nicht sehr erfahrenen Seglern bei der Planung ins Auge springt und deswegen entsprechend voll ist. Es ist aber so groß, daß jeder seinen Platz findet.

Ob man über den Hummelviksfjärden oder den Västerfjärden einläuft ist letztendlich egal, denn beide Wege führen zu den ausgedehnten Ankergebieten im Süden. Zudem ist zwischen Stora Granholmen und der südlich davon gelegenen Insel, die das Zeichen für einen Mülleimer trägt, eine Durchfahrt in das innere Ankergebiet möglich (siehe Zeichnung), über die man sowohl in den Västerfjärden als auch in den Hummelviksfjärden kommt. Mit einer Tiefe von etwa 4 m ist sie für alle Yachten tief genug. Zu beachten ist bei der Einfahrt von Westen lediglich, daß auf der Steuerbordseite ein überspülter Stein in Fortsetzung der Mülleimerinsel liegt, nach dessen Passage man dem Flach auf der Backbordseite ausweichen muß. Bereits hinter der Durchfahrt auf der nördlichen Seite ist ein kleiner, beliebter Platz am Fels für kleinere Boote.

Der Mülleimer signalisiert bereits in der Karte, daß hier auch Plätze am Fels zu finden sind. Den ersten findet man sofort nach der Passage der Enge an Stb an einem kleinen Felsen und andere gibt es tatsächlich in der südlichen Bucht an der Innenseite der „Zahnwurzeln". Diese Bucht hat in ihrer Mitte noch eine Tiefe von 2,4 m. Sie kann aber nur von Westen erreicht werden. In ihr lagen, als wir vorbeimotorten, die Boote wie Sardinen, und die Crews lagen in der Durchfahrt in der Sonne und schmorten. Eine unglaubliche Segleridylle, die eigentlich nur von der im Västerfjärden überboten werden kann. Dieses Ankergebiet ist sicherlich das beeindruckendste, das wir bisher gesehen haben. Hier liegen die Boote gruppenweise, allein am Fels oder vor Anker in einer nicht vorstellbaren Anzahl. Im Norden allerdings darf das Naturreservat vom 1. 2. bis zum 15. 8 nicht betreten werden, und man darf sich dem Ufer nicht mehr als 100 Meter nähern. Die Angaben in den Seekarten und den lokalen Touristenkarten gehen in diesem Punkt auseinander, aber de facto halten sich die Segler an das Verbot.

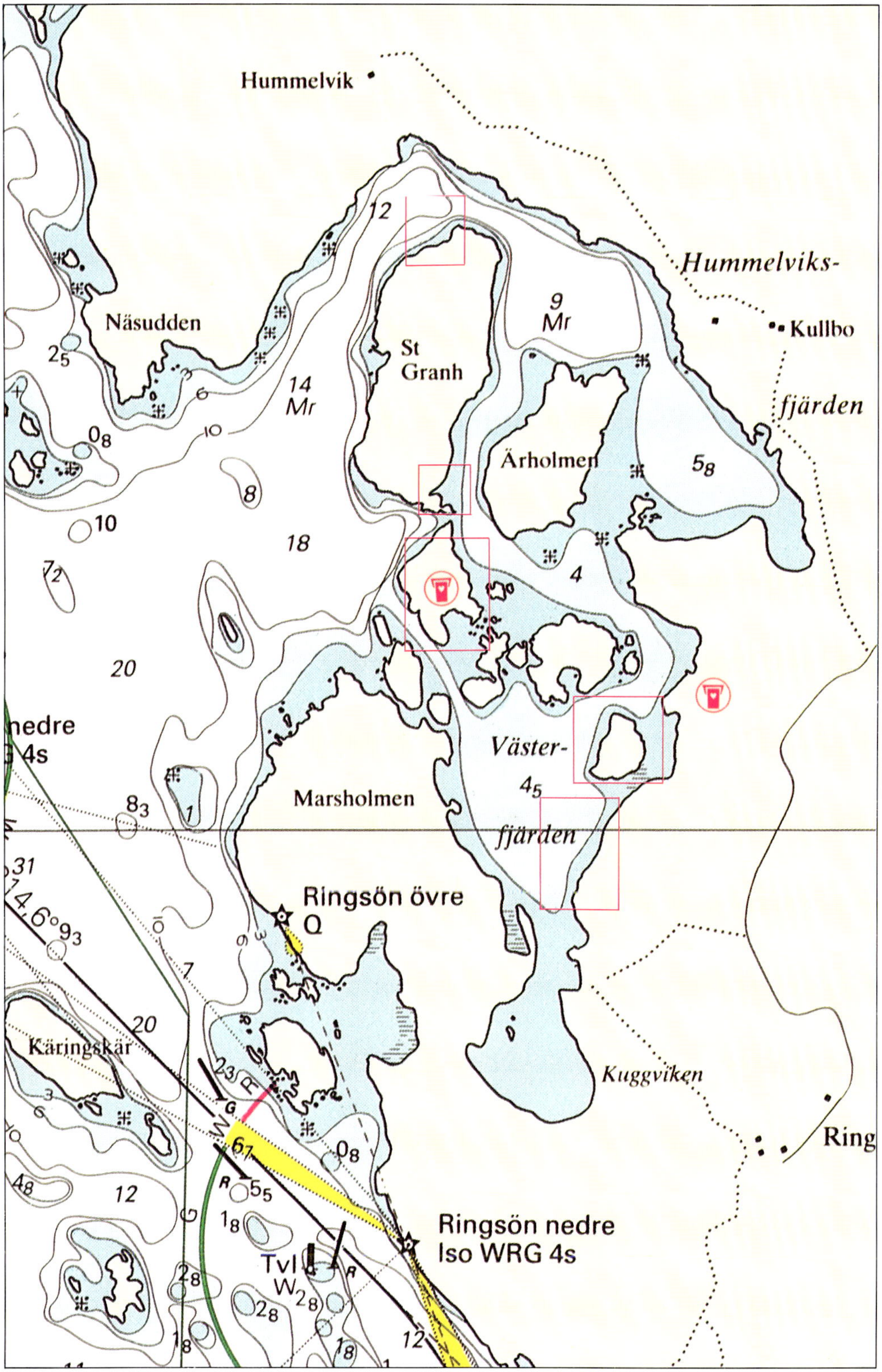

Hummelvik
Hummelviks-
fjärden
Kullbo
Näsudden
St
Granh
Ärholmen
Marsholmen
Väster-
fjärden
nedre
4s
Ringsön övre
Q
Käringskär
Kuggviken
Ring
Ringsön nedre
Iso WRG 4s
Tvl

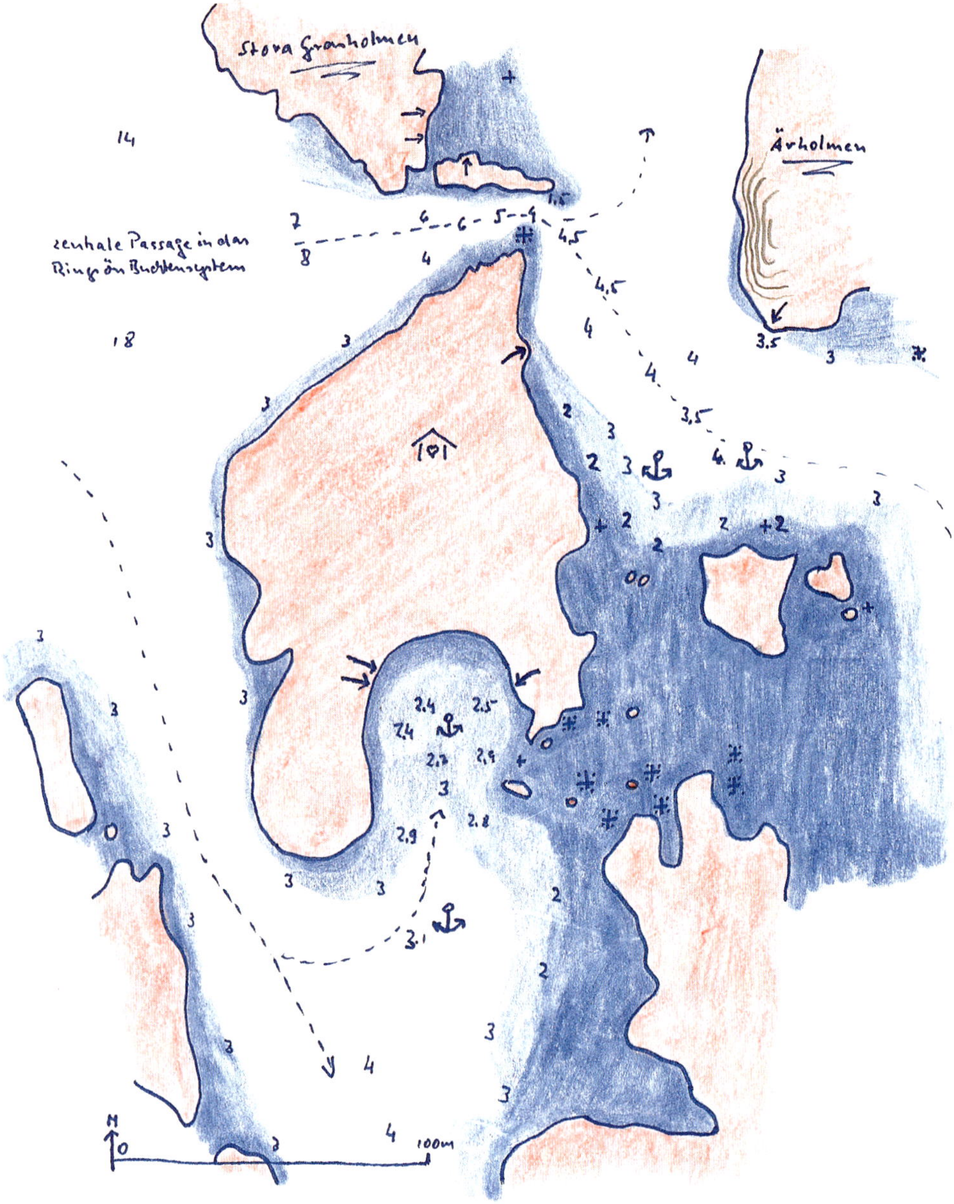
Stora Granholmen
Ärholmen
zentrale Passage in das Ringö-Buchtensystem
100m

Ringsön, in der „Zahnwurzel"

Der Süden des Ringsön Buchtensystems

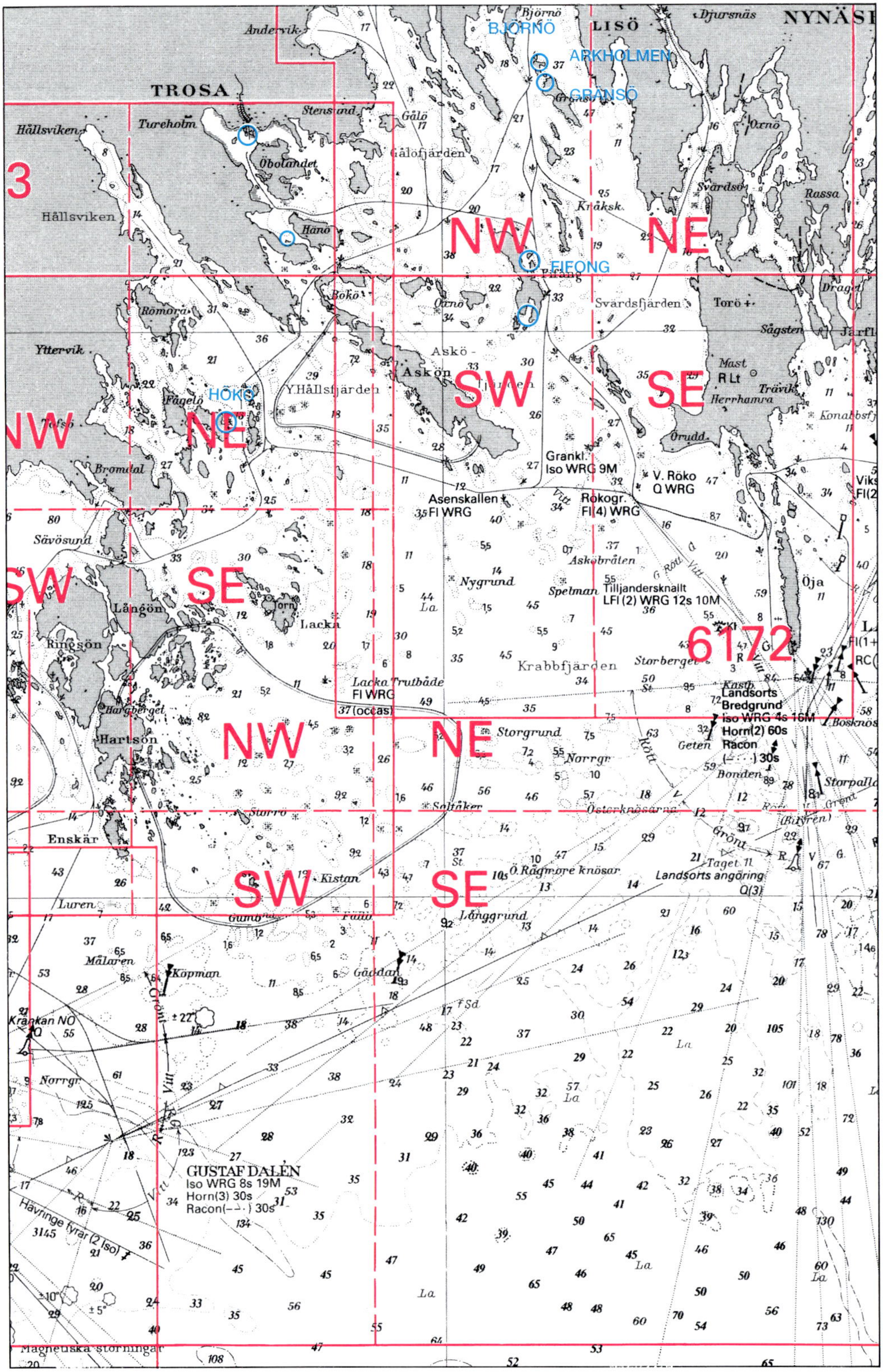
TROSA
NYNÄS
LISÖ
BJÖRNÖ
ARKHOLMEN
GRÄNSÖ
FIFONG
HÖKÖ
NW
NE
SW
SE
3
6172
Hållsviken
Tureholm
Öbolandet
Gålöfjärden
Svärdsfjärden
Y.Hållsfjärden
Askön
Langön
Ringsön
Hartsön
Enskär
Lacka
Krabbfjärden
Öja
Grankl.
Iso WRG 9M
V. Röko
Q WRG
Asenskallen
Fl WRG
Rökogr.
Fl(4) WRG
Tilljandersknallt
LFl (2) WRG 12s 10M
Lacka Trutbåde
Fl WRG
37 (occas)
Landsorts
Bredgrund
Iso WRG 4s 16M
Horn(2) 60s
Racon
Landsorts angöring
Q(3)
Köpman
Krankan NO
GUSTAF DALÉN
Iso WRG 8s 19M
Horn(3) 30s
Racon
Hävringe fyrar (2 Iso)
Magnetiska störningar

Hökö, Position 58° 48'400 N, 17° 32'500 E, Karte No 6173 NE

Auf dem Weg nach Trosa kann man die Insel Hökö passieren, der an der Ostseite mehrere kleine Schären vorgelagert sind. An der Westseite der beiden nördlichen findet man einen Einschnitt, in dem eine winzige Insel liegt. Dieser Einschnitt hat eine Wassertiefe von 2,5 m am Anfang und etwa 2 m bis fast an den Fels. Hier kann man entweder frei oder mit dem Bug am Fels ankern und ist gegen alle Winde außer denen aus Nordwest geschützt.

Direkt vor Hökö liegt eine etwas längliche Insel gegenüber dem oben beschriebenen Einschnitt. Hier lagen ebenfalls zwei Schiffe am Fels, als wir vor Laxkroksholmarna ankerten.

Die Ansteuerung erfolgt von Nord um die Steine im Norden von Laxkroksholmarna herum. Den überspülten Stein zwischen den Steinhaufen kann man auch gut erkennen.

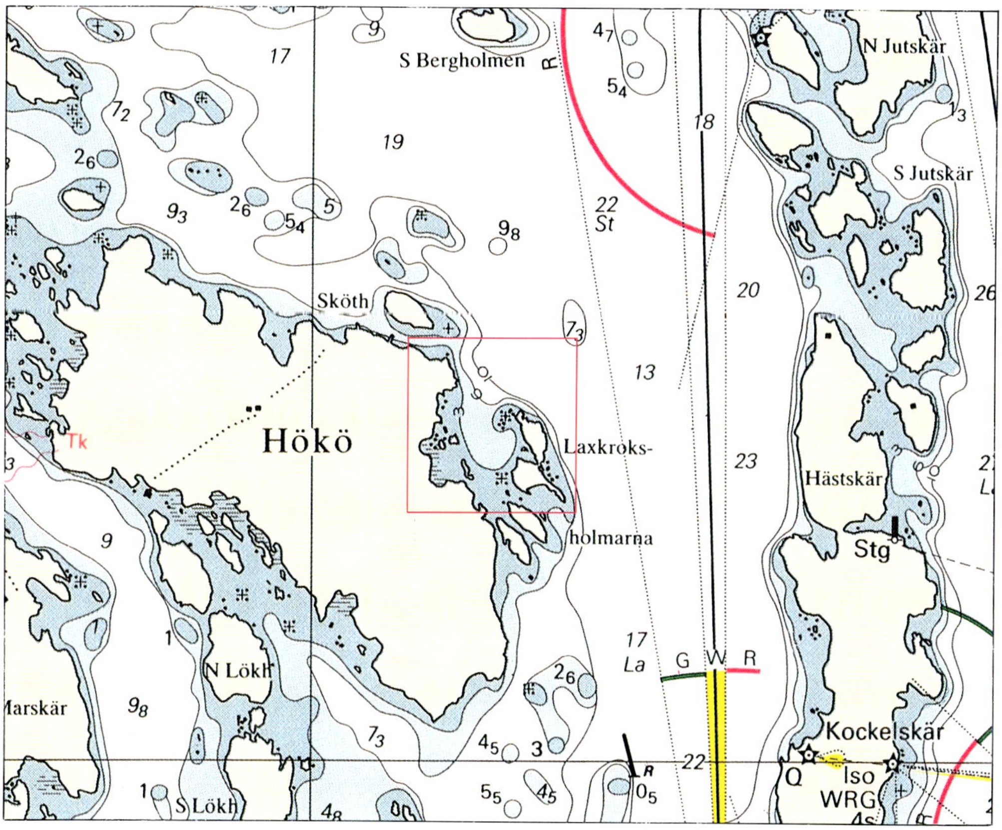

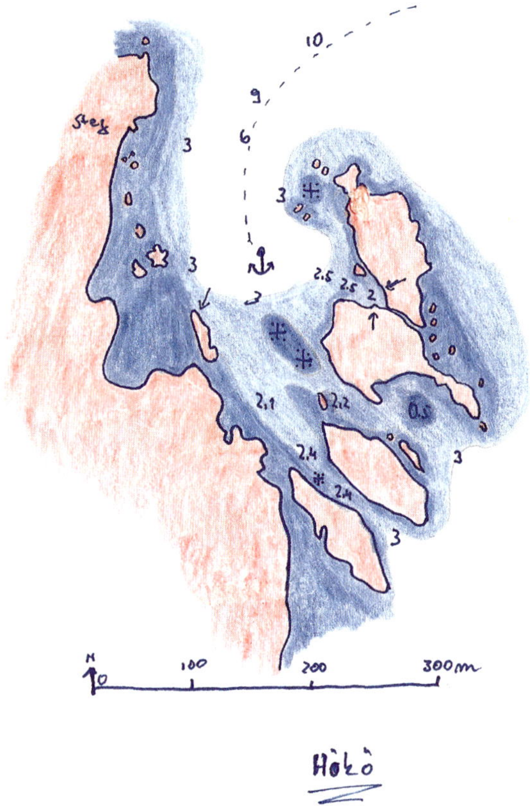

Auf dem Weg passiert man immer wieder solche Häuser mit Anlegern

Trosa, Karte No 6173 NE

Oft wollten wir schon nach Trosa, aber die Angaben in den Seekarten und den Hafenhandbüchern haben uns abgehalten. Diesmal aber folgten wir dem Rat unserer Freunde und probierten es. Also, um es vorweg zu sagen, die Angaben in den Seekarten sind falsch! Der Prickenweg ist nicht 2 m, sondern zwischen 2,8 und 3,4 m tief. Und die Angaben in den Hafenhandbüchern mit den 1,8 m im Hafen beziehen sich auf den inneren, nicht aber auf den äußeren Hafen, der ist nämlich exakt 2 m tief – zumindest an den Anlegern – eher einen Tick weniger, denn bei dem aller geringsten Wellengang hat es bei uns im Schiff gerumst. Also doch kein Dauerliegeplatz. Wir lagen ganz außen am Gästesteg als allererstes Schiff am Holzsteg. Das Wasser davor ist etwa 2,5 m tief. Der Hafen hat an allen Plätzen Wasser und Strom. Es gibt laue Duschen für 5 SKR, eine Männersauna, eine Tankstelle und zwei Werften.

Jedem Schiff mit weniger als 2 m Tiefgang sei empfohlen, diesen Hafen anzulaufen. Es ist zwar ein Touristenort, aber nicht so einer wie Rüdesheim oder Cochem mit Hunderten von Bustouristen. Der Ort hat eine wohltuende Atmosphäre, die zu erleben sich lohnt, weil hier kein Massentourismus gefördert wird. Ein Spaziergang entlang des Flusses mit seinen alten Holzhäusern führt zum inneren Hafen und dann zum Rathaus. Ende des letzten Jahrhunderts wurde Trosa als Badeort entdeckt, bekam ein Familienbad, Hotels und im wesentlichen sein heutiges Aussehen. Sucht man weiter, so findet man das kleine, übersichtliche Heimatmuseum (10 SKR Eintritt) und gleich gegenüber die Stadtkirche vom neuen Trosa, die 1614 erstmal als Holzkirche gebaut wurde. 1710 war die jetzige Kirche fertig und 40 Jahre später wurde die Sakristei angebaut.

Diese Kirche diente 1719 den Russen als Pferdestall und wurde deswegen nicht wie das restliche Trosa und alle anderen Orte der Stockholmer Schären abgebrannt; ebenso wurde auch der Hof des Bauern Petersson verschont, der die Russen damals mit Nahrungsmitteln versorgte. Seit dieser Zeit heißt der jeweilige Hofherr immer noch „Petersson, der Russe". Dieser Name soll in ganz Schweden eindeutig sein.

Die Kirche des alten, ehemaligen Ortes heißt heute Trosa Landkirche. Sie wurde im 13. Jahrhundert gebaut, wobei der Turm im 14. Jahrhundert als Wehrturm angebaut wurde – wahrscheinlich gegen Erich von Pommern, der die Stadt 1445 verwüstete.

Wegen der Landhebung wurde die Stadt immer mehr nach Süden verlegt, denn die meisten Bürger waren auf den Fischfang angewiesen. Das neue Trosa erhielt 1610 die Stadtrechte.

Auf dem Weg zur Landkirche, die vom heutigen Trosa etwa 3 km flußaufwärts liegt, kommt man an der alten Mühle vorbei, die heute als „Kultur Café“ mit Ausstellungen und einer Galerie eingerichtet ist. Hier trinkt man direkt am Wehr und am noch funktionierenden Mühlrad seinen Kaffee, bevor man zur alten Kirche weiterradelt, und wir genossen die zweite Tasse, die unaufgefordert nachgegossen wurde.

Auf diesem Weg kommt man, wenn man dem Radweg folgt, an einer Felswand vorbei, in die die Wikinger zwei Runeninschriften mit Fabeltieren eingeritzt haben. Einer der Steine erzählt, daß Härmond in Livland betrunken umgekommen ist. Livland war damals ein Teil von Estland und Lettland. Gegenüber der Felswand am Straßenrand steht ein dritter Runenstein. Diese Stelle entspricht der alten Küstenlinie.

Wenn übrigens der Hafen zu voll sein sollte, kann man gut vor dem Hafen an der Backbordseite der Einfahrt oder auch schon vor dem Eingang in den Sund in der Gegend des Freibades oder einer anderen Bucht in der Nähe die Nacht vor Anker verbringen (siehe Hänöbucht).

Härmod fiel mit seinem Bruder Bergvid. Sie waren betrunken in Livland

Ein typisches Haus in Trosa

Ein Blick über das Gartentor

Das hölzerne Rathaus von Trosa

In der Landkirche von Trosa. Das Kruzifix ist von 1310.

Die Landkirche von Trosa

Einer der schönsten Runensteine, die wir kennen, an der Straße zur Landkirche von Trosa. Hier war früher die Küstenlinie und auch die ehemalige Stadt.

Ein anderer Runenstein bei Trosa

Hänöbucht, Position 58° 51'600 N, 17° 34'800 E, Karte No 6173 NE

Wem der Betrieb in Trosa doch zu turbulent ist oder der Hafen zu flach, kann entweder vor dem Hafen westlich außerhalb des Fahrwassers ankern oder aus dem Kanal heraus segeln und entweder in der Lagnöviken auf 3,4 m ankern oder in die Bucht von Hänö verholen, wo wir auf etwa 2,8 m in der Nähe des überspülten Steines noch außerhalb des Sperrgebiets für einige Stunden ankerten. Diesen Platz bevorzugt auch die Küstenwacht mit ihren großen Booten.

Von hier blickt man auf den Schilfgürtel, in dem immer wieder kleine Boote verschwinden, weil der eine sehr flache Abkürzung in dem Fahrwasser nach Trosa verdeckt.

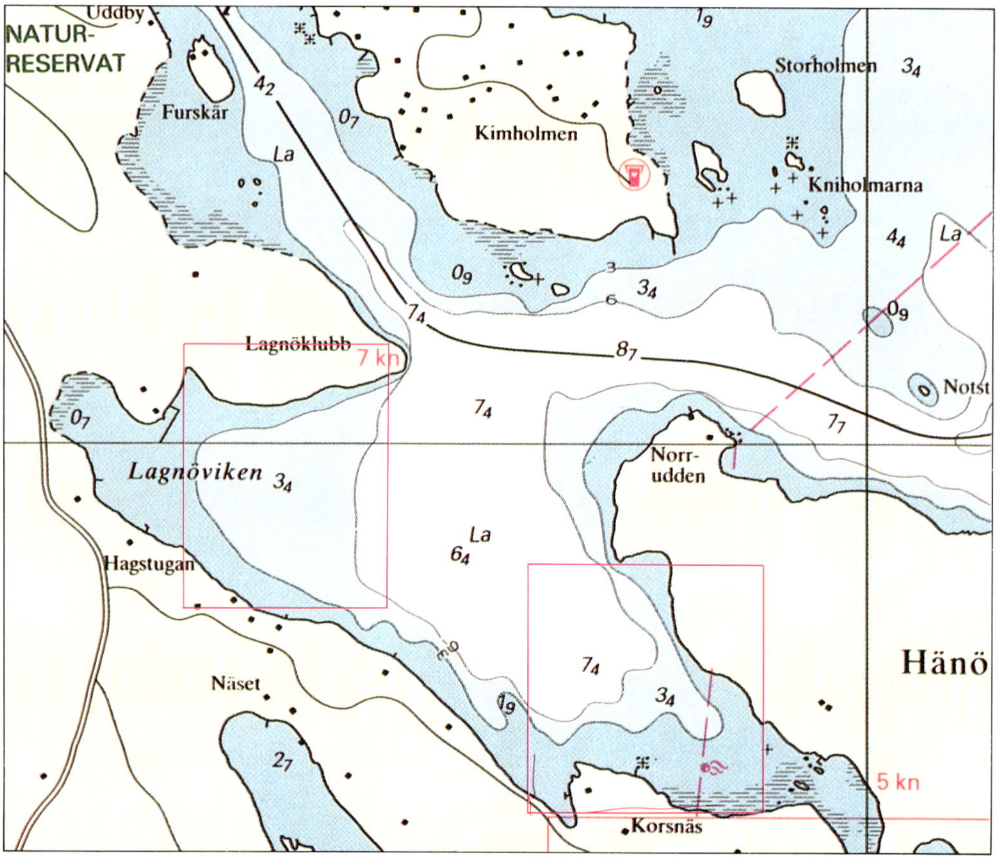

Fifong, Position 58° 51'300 N, 17° 42'700 E, Karte No 6172 NW

Nach dem Gedränge im Hafen von Trosa wollten wir Ruhe haben und suchten einen Platz am Fels von Fifong. Diese Insel bietet eine südliche Bucht, eine kleine nördliche zum freien Ankern und eine größere gleich daneben mit vielen, schönen Plätzen am Fels rundherum. Wir fanden einen Platz auf 3 m Wasser, bequem zum Aussteigen, im Süden von Strömsholmen, gleich neben dem Schilf.

Der einzige Wermutstropfen ist die Großschiffahrt auf dem Weg von und nach Södertälje und in den Mälaren hinein. Sie hinterläßt einen ziemlichen Schwell, aber glücklicherweise kommen nicht allzu viele von diesen dicken Brummern hier vorbei. Wahrscheinlich ist der Schwell auch der Grund für ungewöhnlich viele freie Ankerlieger, was wir in Schweden als ausgesprochene Ausnahme registrierten.

Die Ostseite von Fifong hat den Nachteil, daß man den Sonnenuntergang nicht miterleben kann. Hier kommen auch die Mücken deutlich früher als auf der Westseite der gegenüber liegenden Inseln Tärnskär und Storholmen, auf denen die Schweden gruppenweise zusammensitzen, grillen und klönen.

Etwa in der Mitte der Küste von Fifong ist der Papierkorb und die Toilette. Wenn man auf das Ufer zurudert, sieht man das kleine, blaue Hinweisschild. Und damit es richtig komfortabel ist, werden morgens frische Brötchen und Zeitungen von einem Motorboot vorbeigebracht.

Übrigens ist das Wasser der Bucht im Gegensatz zu dem Wasser draußen selbst in warmen Sommern sauber, das heißt, es blühen keine Algen wie an den meisten Stellen der Schären, wenn es wirklich warm wird.

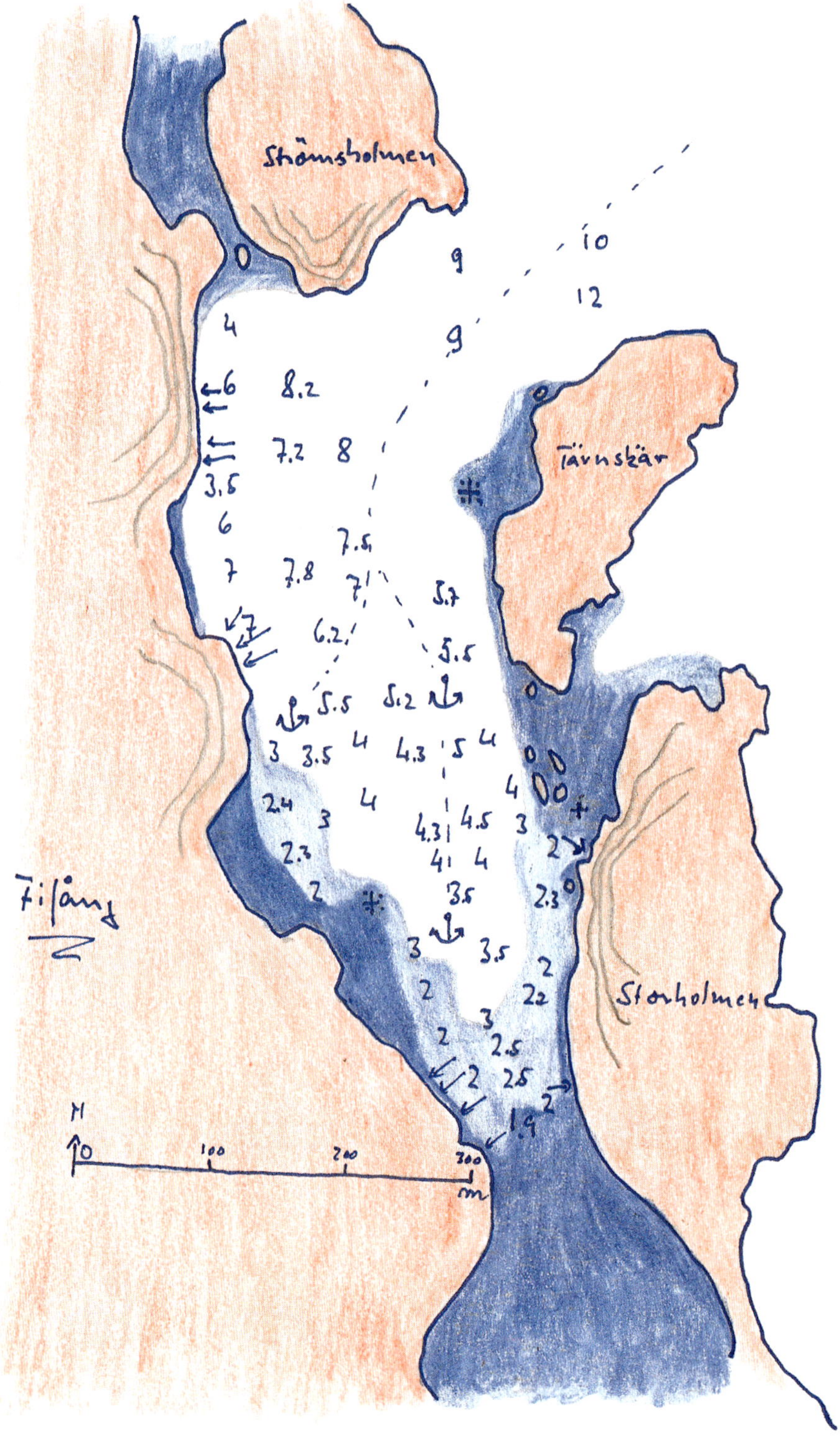
Strömsholmen
Tärnskär
Storholmen
Fifång
N
0
100
200
300
m

Fifong ist ein vorzüglicher Ankerplatz

Blick nach NE zum Fahrwasser

Blick nach Süden in die Bucht hinein

Fifongs Sörviken, Position 58° 50'500 N, 17° 43'200 E, Karte No 6172 NW

Im Süden Fifongs liegt eine tief einschneidende Bucht, in deren Scheitel sich ein paar Stege finden. Diese Bucht ist gegen alle Winde von West über Nord bis Ost gut geschützt, zumal die Insel recht hohe Berge hat.

Die Ansteuerung ist einfach und führt um die südöstliche Ecke der Insel herum. Im Inneren der Bucht kann auf 2 bis 3 m Wasser frei geankert werden, es bieten sich aber auch Plätze am Fels. Besonders beliebt ist bei den Schweden die Gegend im Scheitel, wo auch der symbolische Papierkorb in den Karten eingezeichnet ist.

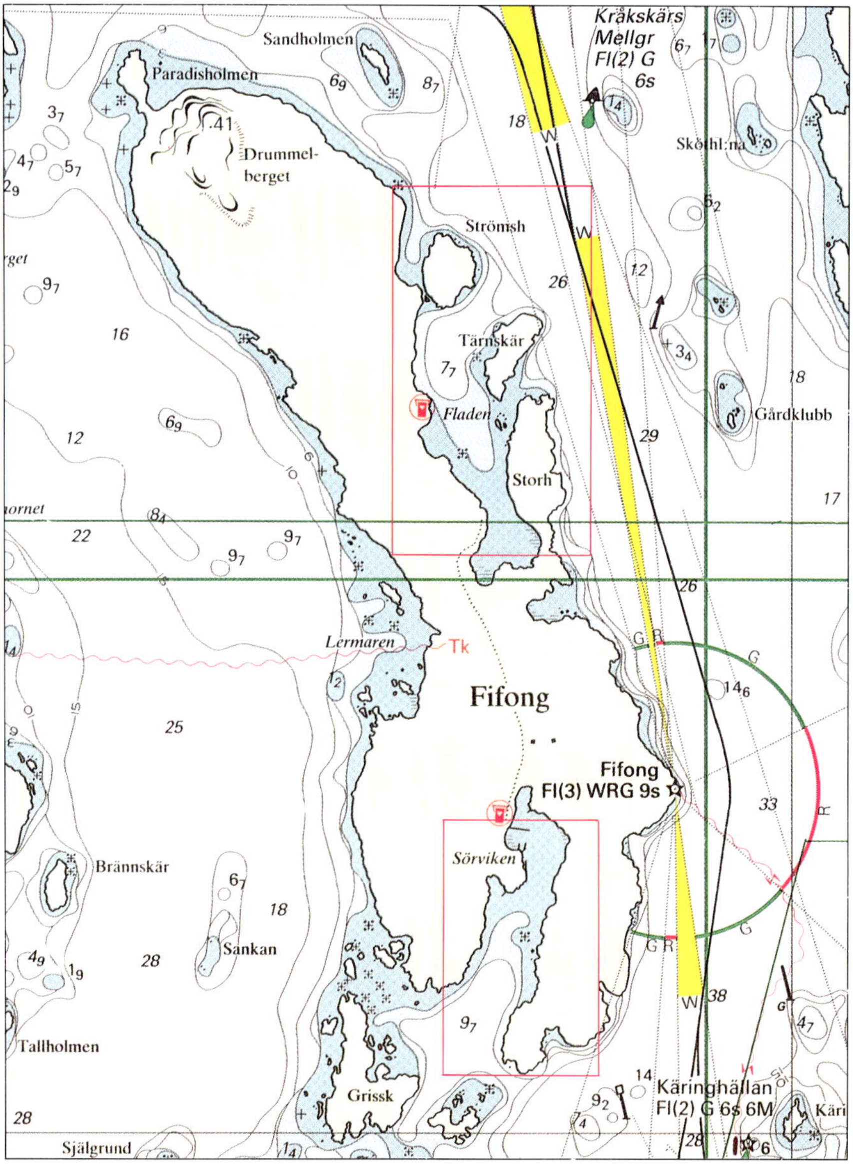

Björnö, Position 58° 55'9 N, 17° 42'3 E, Karte No 6172 NW

Unsere Rückreise führte uns in Södertälje durch die Schleuse aus dem Mälarsee wieder zurück ins Salzwasser. Etwas südlich von Oaxen begannen wir nach einem Ankerplatz zu suchen und entschlossen uns, auf der Westseite von Björnö nachzugucken, ob es da nicht eine vernünftige Möglichkeit gäbe. Die Karte versprach zwar geschützte Plätze für freies Ankern, aber je tiefer wir in die Bucht hineinsegelten, desto sicherer waren wir, auch an den Fels gehen zu können. Schließlich fanden wir den idealen Platz an der Brücke des Oaxen Seil Klubben, direkt an der Nordspitze von Björnö. Da wurden wir von einer der beiden anwesenden Crews an einen Platz ganz am nördlichen Ende des Steges gelotst, der für uns genug Wasser unter dem Kiel bot.

Der Club hat diese Insel von einem adligen Großgrundbesitzer ebenso gepachtet wie den großen Clubhafen südlich der Fähre an der Enge weiter im Norden und erwirtschaftet mit den Liegegeldern nicht nur die Pacht der Insel, von der er nur den nördlichsten Teil kultiviert hat, sondern auch noch das Geld für die Errichtung des Club- und des kleinen Gästehauses. Wir zahlten für unser Boot pro Nacht nur 20 Kronen. Das entspricht 5 DM.

Von unserem Liegeplatz am Schilf sahen wir die dicken Pötte auf ihrem Weg von und nach Södertälje vorbeiziehen. Diese Ecke ist einer der typischen Plätze, wo die Schweden so gern an den Fels gehen, aber hier wurde auf stilvolle Weise der Ankerplatz verbessert, indem die Clubmitglieder an dem sehr steilen und unzugänglichen Fels für sich selbst und die seltenen Gäste eine schmale Holzbrücke mit einem integrierten Grillplatz bauten. Hier liegt man gegen alle Winde ausreichend geschützt mit all dem Luxus eines bequemen Steges. Mit unseren knapp 2 m Tiefgang lagen wir ganz im Norden der Brücke, wo es noch am tiefsten ist. Wenn man um den Fels herum geht, kommt man auf eine gepflegte Wiese, die vom Clubhaus beherrscht wird. Die Toilette steht hinter dem Fels versteckt neben der Mülltonne. Der Rest der Insel ist Wildnis.

Von den einheimischen Seglern erfuhren wir unter anderem, daß man diese Bucht durchaus auch mit 2 m Tiefgang südwärts verlassen kann, wenn der Wasserstand hoch genug ist. Und wenn nicht, soll man sich lediglich im Modder festfahren. Wir glaubten ihnen und sparten uns so den Weg zurück um die Inseln Köpneh und Käringholmen herum.

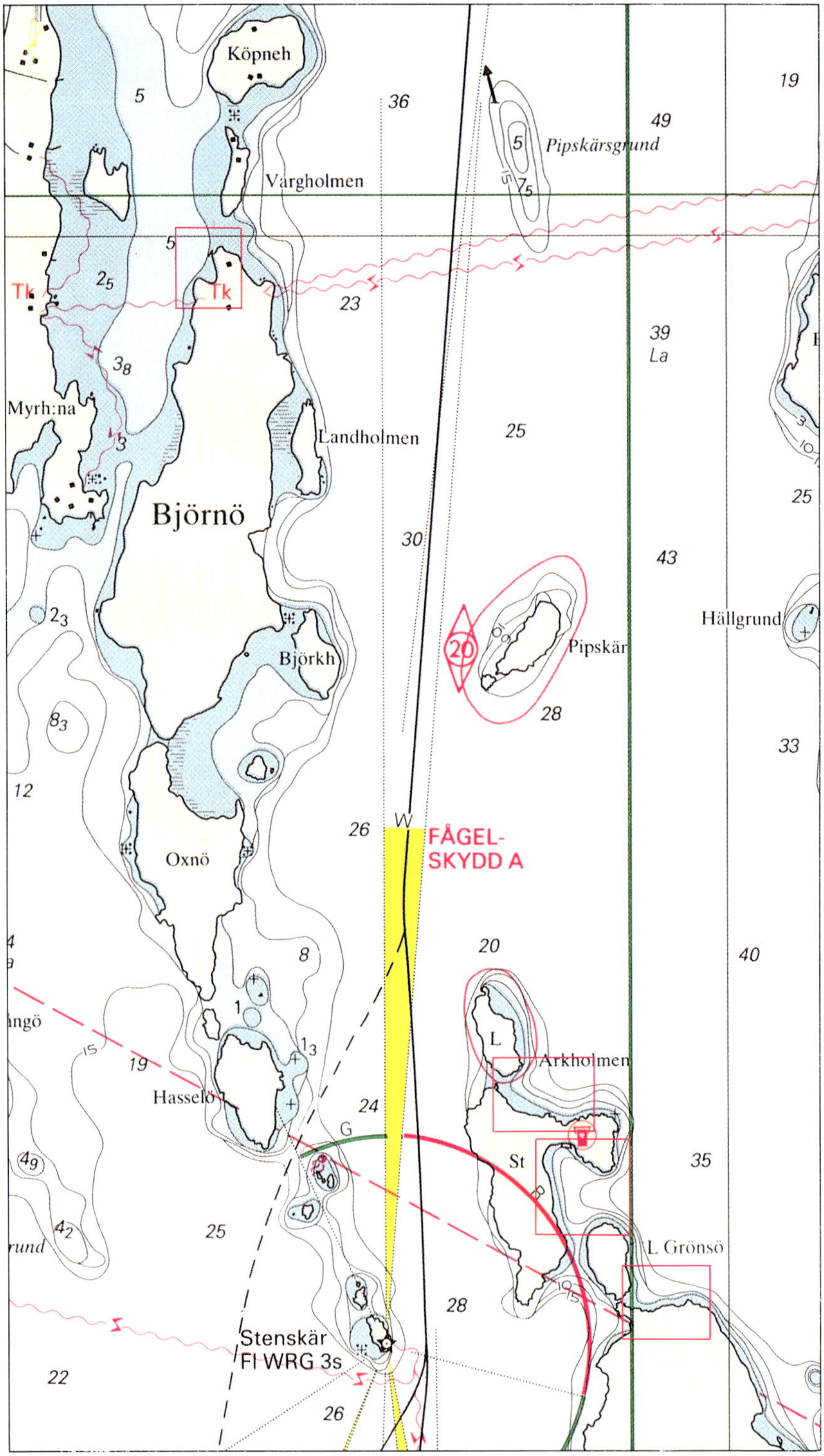

Köpneh
Vargholmen
Pipskärsgrund
Tk
Tk
Myrh:na
Landholmen
Björnö
Björkh
Pipskär
Hällgrund
Oxnö
FÅGEL-
SKYDD A
Arkholmen
Hasselö
St
L Grönsö
Stenskär
Fl WRG 3s

Am Steg des Oaxen Seil Klubben in Björnö

Blick vom Cockpit ins Fahrwasser. Das Schilf hält den Schwell ab.

Lilla und Stora Arkholmen, Position 58° 54'600 N, 17° 43'450 E, Karte No 6172 NW

Kartenausschnitt siehe Björnö

Als wir ein andermal aus dem Mälarsee kamen, blies es uns mit 15 m/sec aus SW entgegen. Also suchten wir bald nach einem Unterschlupf und fanden in der Karte die Inselgruppe von Grönsö und Arkholmen zwischen Fifong und Björnö. Die kannten wir noch nicht, also hin, sonst wäre Fifong ideal gewesen.

Lilla Arkholmen ist zwar ein Vogelschutzgebiet, aber in der kleinen, nördlichen Bucht östlich des nördlichsten Zipfels ankerten viele am Fels und auch frei. Wir aber motorten um die Insel herum und fanden in der östlichen Bucht von Stora Arkholmen zwei lange Gästebrücken etwa dort, wo der Papierkorb in der Karte eingezeichnet ist.

Das Wasser ist überall tief genug, um problemlos an die Inseln heranzukommen, selbst zwischen Lilla Grönsö und Stora Arkholmen hindurch ist auch für uns mit 1,95 m Tiefgang das Wasser tief genug.

Die Gästestege bieten hervorragenden Schutz gegen Winde aus westlicher und nördlicher Richtung, während die Nordküste guten Schutz gegen Südwinde bietet. Auffallend war der geringe Schwell von der Berufsschiffahrt. Wir hätten ihn eigentlich störender erwartet.

Im Gegensatz zu den meisten Ankerplätzen am Fels liegt man natürlich an einer solchen, relativ hoch gebauten Brücke sehr bequem, meistens vor Heckanker oder längsseits, wenn wenig Boote da sind.

Stora Arkholmen mit einem der Gästestege

3
L.
3
Arkholmen
3
3
St.
3
3
3
3
3
Lilla
Grönsö
3
3
M
0
100
200
300 m
Grönsö

Lilla und Stora Grönsö, Position 58° 54'450 N, 17° 43'660 E, Karte No 6172 NW

Siehe Kartenausschnitt und Zeichnung von Arkholmen

Zu der Zeit, als wir uns Arkholmen und Grönsö näherten, wären wir in Arkholmen nicht genügend geschützt gewesen, also guckten wir noch um die Ecke von Lilla Grönsö und fanden da eine steile, felsige Küste. Man kann hier recht gut auch von einem hohen Schiff an Land springen und wieder bequem aufs Schiff kommen. Die Wassertiefe direkt am Fels beträgt zwischen 15 m und 1,6 m. Die Felsen kommen also aus großer Tiefe. Da hilft nur der Ausguck am Bug, denn das Echolot wird in solchen Fällen wertlos. Als wir unseren Platz gefunden hatten, merkten wir bald, daß wir gelegentlich ganz zart aufsaßen, während das Echolot manchmal die 15 m anzeigte, aber im nächsten Augenblick Null. Erst ein Tauchgang klärte die Situation und machte die Angaben des Echos wieder glaubhaft. Es war eine Felsspitze, die steil nach oben kam und erst eine lange Leine von einem Felsnagel in Luv zur Mittelklampe löste das Problem.

Da diese Inselgruppe an der Großschiffahrtsstraße nach Södertälje liegt, ist auch hier mit etwas Schwell zu rechnen. Der kam zwar erst mal ums Eck zu uns und ist viel schwächer als zu erwarten gewesen wäre, aber man sollte ihn nicht ganz vergessen. Für freies Ankern ist diese Inselgruppe wegen des tiefen Wassers, das auch noch nahe dem Ufer 30 m anzeigt, weniger geeignet.

Das Wasser ist überall tief genug, um problemlos an die Inseln heranzukommen, und man findet hier vor allen Winden Schutz, vorausgesetzt man wählt die derzeitige Leeseite.

Stora Grönsös Nordseite

Bootssportkarte Serie A

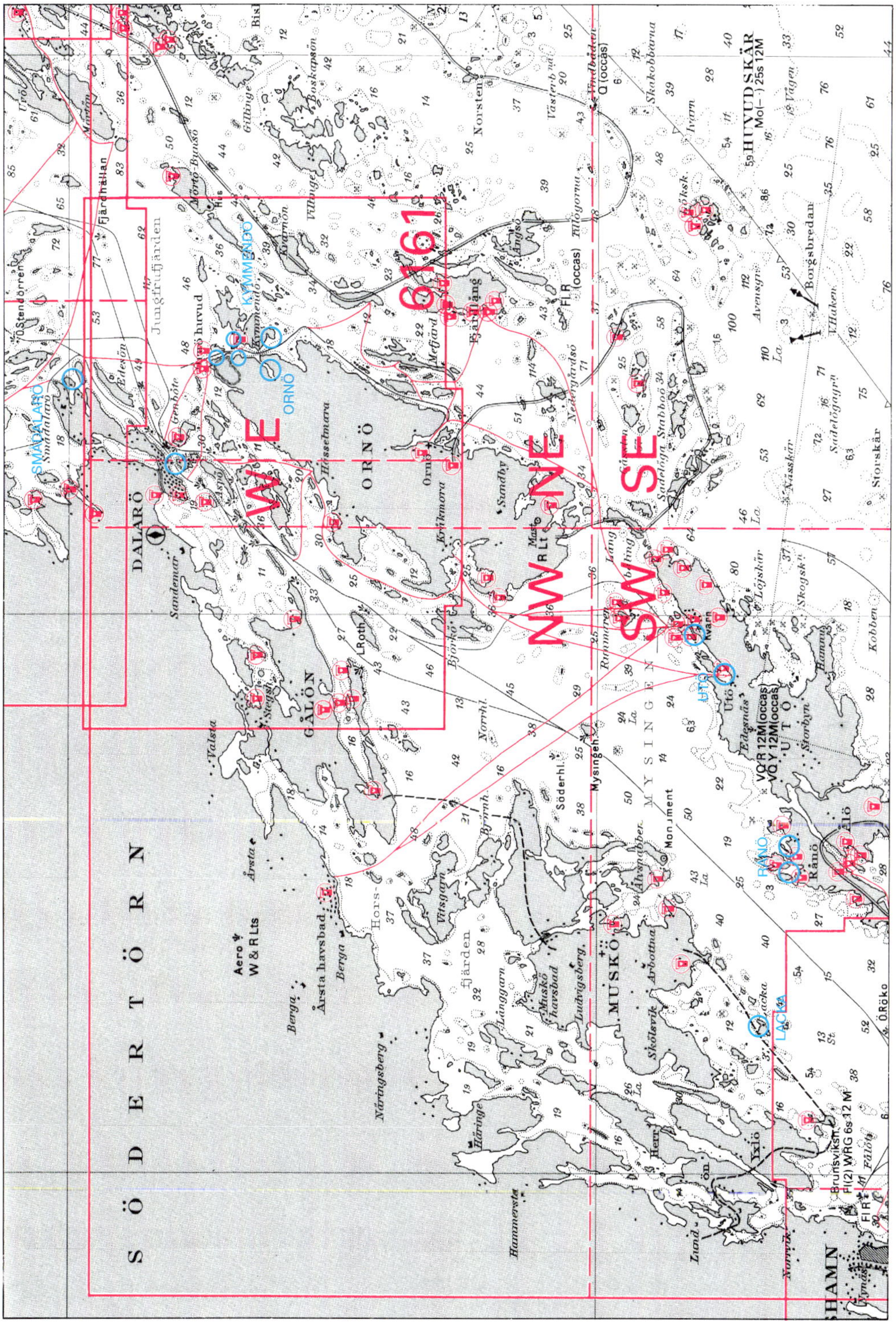

Lacka, Position 58° 56'900 N, 18° 05'200 E, Karte No 616 SW

Freunde hatten uns schon vor Jahren Lacka empfohlen, aber diese Insel liegt im ehemaligen militärischen Sperrgebiet vor Muskö, wo die Schweden ihren großen Marinehafen haben. Bisher war also ein Besuch unmöglich, aber seit ein paar Monaten dürfen auch Ausländer in diese Gebiete reisen und vor allem da ankern.

Lacka ist die Vereinsinsel der Nynäshamn Seil Sellskap und hat eine kleine, wirklich überschaubare Bucht an seiner Nordseite mit zwei Wellenbrechern. Dahinter ist es etwa 2 bis 2,5 m tief bis auf den bezeichneten Bezirk vor dem Sandstrand. Vor der Einfahrt sind zwei überspülte Steine, die mit Parkverbotsschildern gekennzeichnet sind. Von den Marineschiffen kann etwas Schwell in die Bucht stehen und es empfiehlt sich, für die Nacht die Masten zu sortieren, damit sie sich nicht ineinander verhaken können.

Wir lagen, wie auch alle anderen, an dem östlichen Wellenbrecher, wegen des tieferen Wassers und der längeren Abendsonne, also auch einer etwas längeren mückenfreien Zeit, an einer Heckboje.

Eine Nacht kostet 20 SKR, dafür bietet der Club Abfalleimer, eine Toilette, ein Clubheim, Wasser aus einem Brunnen und einen Tanzboden! Die Stege sind ordentlich nach schwedischer Sitte an den Fels, bzw. an den Wellenbrecher gebaut, und überall stehen Tische und Bänke zum Grillen.

Wir waren wohl die ersten Ausländer auf Lacka, und die Einheimischen waren etwas überrascht, aber freundlich. Die Insel ist durch den kleinen Sandstrand, der auch vom Schiff aus gut kontrolliert werden kann, und den Spielplatz dahinter ein wahres Kinderparadies. Hier spielten Kinder von einem Jahr aufwärts bis siebzehn.

Auch hier blühten keine Algen in der Bucht, wohl aber schwammen riesige Algengebilde an den flacheren Stellen.

Vereinsmitglieder erzählten uns, daß etwa bei den Parkverbotsschildern das russische U-Boot gestrandet sei, das die Schweden erst mit Wasserbomben zum Auftauchen zwangen. – Es war fast an seinem Ziel.

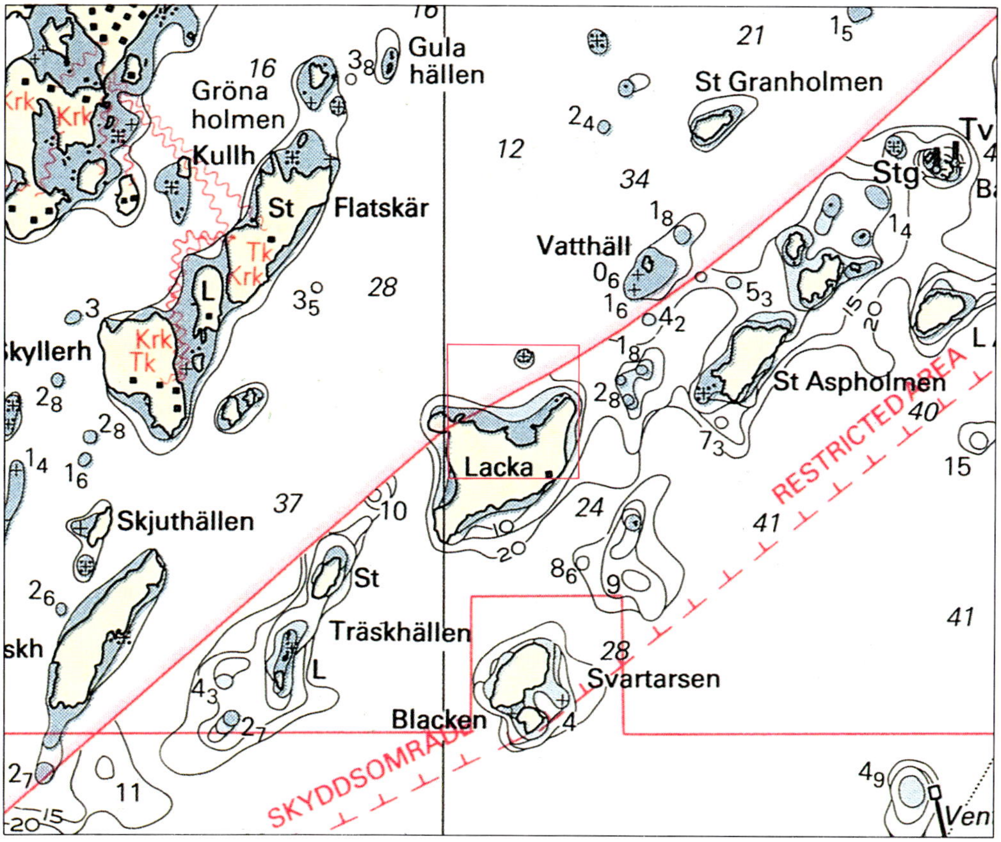

Gula hällen
Gröna holmen
Kullh
St
Flatskär
St Granholmen
Vatthäll
Stg
St Aspholmen
Skyllerh
Skjuthällen
Lacka
St Träskhällen
Svartarsen
Blacken
RESTRICTED AREA
SKYDDSOMRÅDE

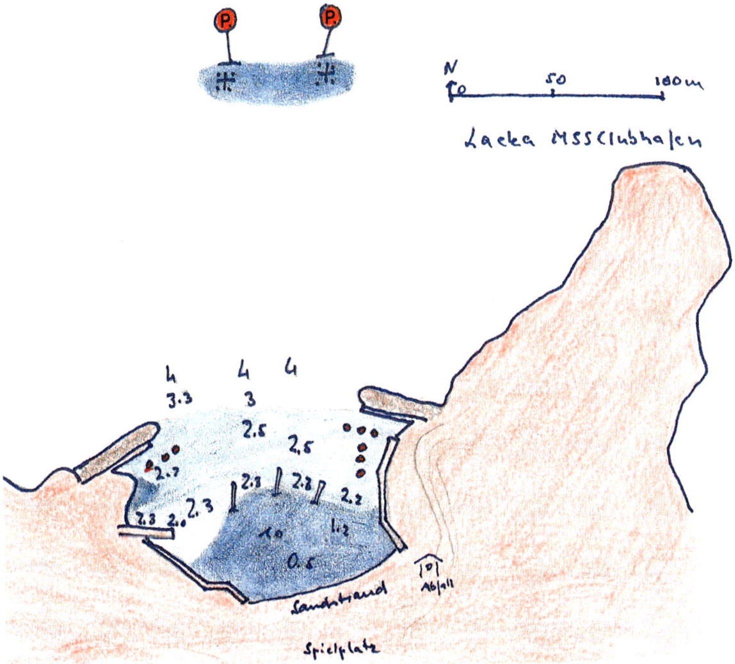

N
0
50
100m
Lacka MSSClubhafen
Sandstrand
Spielplatz

Lacka, ein Traumplatz für Kinder

Bucht von der westlichen Brücke gesehen

Rånö mit Rånöhamn und Hjortholmen, Position 58° 56'4 N, 18° 11'5 E, Karte No 616 SW

Auf dem Weg von der Klovskär nach Stockholm entschlossen wir uns einmal, statt die Abkürzung über Södertälje durch den Mälarsee zu nehmen, für den etwas längeren Weg außen herum. In einer lockeren Tagesetappe erreichten wir Rånö, das wir uns ausgesucht hatten, weil wir nicht spät abends in Utö einlaufen wollten. Von hier aber war es nach Utö nur noch einen Katzensprung.

Rånö bietet an seiner Nordseite zwei brauchbare, sehr reizvolle Ankerbuchten. Eine davon findet sich zwischen Sandskär und Ängsholmen in einem tiefen, fjordartigen Einschnitt, der an seinem inneren Ende viele, sehr geschützte Möglichkeiten bietet, mit dem Bug an den Fels zu gehen. Ankern kann man gut in der kleinen Bucht zwischen Rånö und Sandskär. Wenn es allerdings hart aus Nord bläst, ist es wohl besser, sich in die Bucht zwischen Rånö und Ängstholmen zu verholen, die in ihrem Anfang zu befahren ist. Dieser sogenannte Rånöhamn ist sehr einfach zu finden und bietet keine navigatorischen Schwierigkeiten, wenn man erst einmal die aus der Karte deutlich sichtbare Einfahrt im Norden ausgemacht hat. Entsprechend gern wird sie besucht.

Anders sieht es aus, wenn man sich für die nächste Bucht entscheidet, die sich im Osten anschließt. Die Ansteuerung ist etwas schwierig und muß sehr vorsichtig erfolgen. Der Lohn für diese Mühe ist wahrscheinlich totale Einsamkeit oder aber ganz wenige Besucher, die aber den unerwarteten Ankömmling gern sehen und Respekt vor der Umsicht haben, die ihn hierher finden läßt.

Es handelt sich um einen Ausläufer des Transkärsgrundet. Und zwar um die Bucht, die hinter einer unbenannten, länglichen Insel eine hellblaue Zeichnung hat. Bei der Ansteuerung, die aus der Mitte der Bucht erfolgen sollte, muß man an stb und an bb überspülte Steine bzw. Untiefen beachten.

Wir segelten aus der Mitte der Bucht einen Kurs von 180° auf ein großes, auffälliges Haus am Ufer zu. Etwa in Höhe der Landspitze, die sich uns von Rånö entgegenstreckte, drehten wir steuerbord in die Bucht, wobei wir uns sehr dicht an die südliche Landzunge hielten. Tut man das nicht, läuft man unweigerlich auf die sehr ausgedehnten überspülten Steine, die von Norden her sehr weit in die Bucht hineinreichen. Die Durchfahrt ist in der Karte gut zu erkennen – vielleicht erscheint sie ein wenig zu einfach.

Hat man aber diese Enge überwunden, dann ist man aufgehoben wie in Gottes Schoß. Man ist gegen alle Winde bis auf die aus Nordost geschützt, aber selbst die können hier nicht viel ausrichten. An der Südseite kann man sogar an einen Fels gehen, wenn das Schiff nicht allzu viel Tiefgang hat. Für unsere 1,95 m verbot es sich von selbst. Aber wir nutzten den kleinen Sandstrand zum Anlanden des Dingis. Auf dem Fels neben dem Sandstrand steht ein Tisch mit zwei Bänken, dahinter im Wald steht der Mülleimer und das Klo. Von hier aus sind sehr ausgedehnte Spaziergänge in die Umgebung möglich. Dabei wird man auch feststellen, daß das gepeilte Haus von einer großen Kinderschar bewohnt wird. Bis zu unserer Bucht aber reicht der Kinderlärm bei weitem nicht. Da herrscht traumhafte Ruhe.

Wir liefen auf den einsamen Waldwegen nach Westen und guckten uns die vorher angelaufene Ankerbucht im Rånöhamn an, die mittlerweile noch etwas voller geworden war. Wir aber lagen allein mit einem kleinen Motorboot.

Als wir am nächsten Tag ankerauf gingen, mahnten uns die Schweden mit eindeutigen Handzeichen, uns an die südliche Uferlinie zu halten. Wie recht sie doch hatten! Die Einfahrt ist wirklich eng.

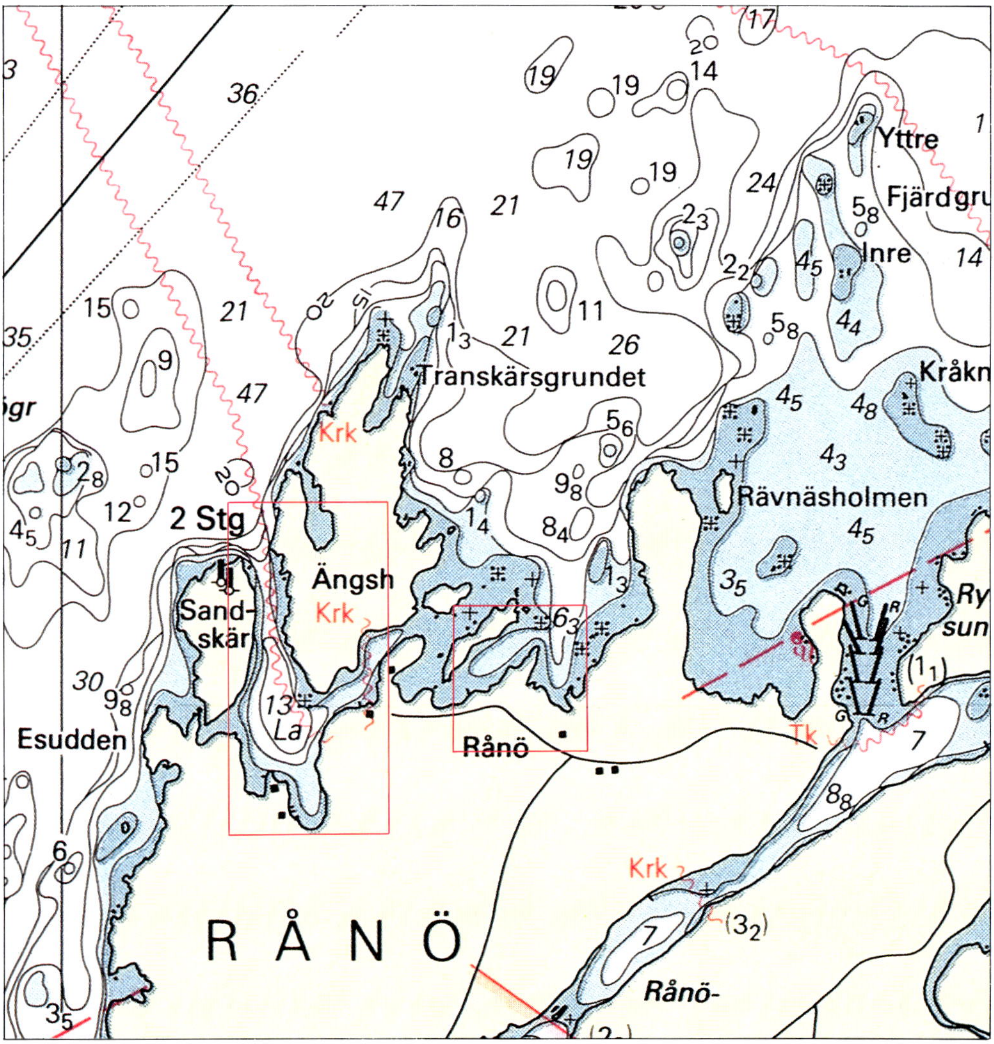

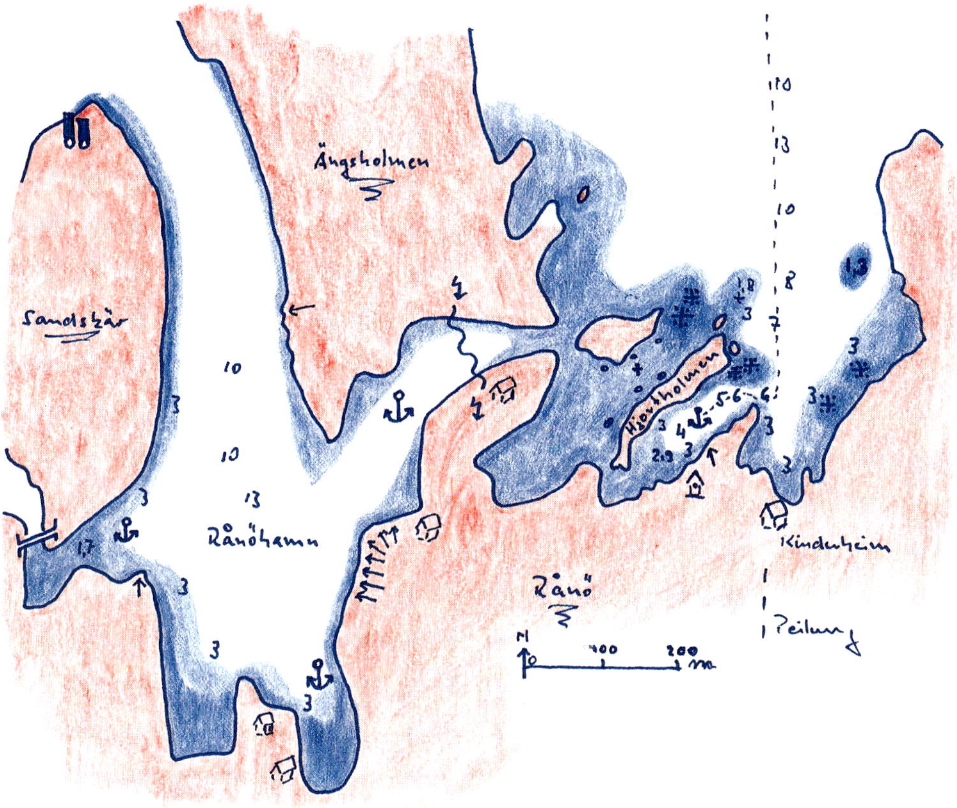
Ängsholmen
Sandskär
Rånöhamn
Hjortholmen
Rånö
Peilung
100
200 m

Ein Boot von 1953 mit einem torpedoartigen Rumpf

Kyrkviken auf Utö, Position 58° 57'600 N, 18° 17'700 E, und das Ankergebiet südlich des Südhafens, Karte No 616 SW

Der Name der Insel Utö begegnet uns jeden Tag in den Stationsmeldungen der Wetterberichte. Die Insel bietet mehrere Möglichkeiten, sie mit dem eigenen Schiff anzulaufen. Eine davon ist der immer volle Nordhafen, die andere der viel ruhigere Südhafen, der ebenso zentral liegt wie der benachbarte Nordhafen, und zum Schluß Kyrkviken als Möglichkeit, beschaulich und ruhig vor Anker zu liegen. Lediglich den Bereich von Ryssviken, südlich des Ryssundet und das nordöstliche Ende von Utö sollte man meiden, da diese Gebiete, zumindest auf den Schildern an Land, als militärisches Sperrgebiet ausgewiesen sind, obwohl in den Karten nichts mehr vermerkt ist. Und da auf der nördlich von Utö gelegenen Insel Muskö die Marine eine der zentralen Hafenanlagen hat, sind die Schweden besonders empfindlich. Wer's wirklich wissen will, muß halt bei einer offiziellen Stelle nachfragen. Vor dem Südhafen kann man übrigens auch recht gut ankern, wenn's ganz voll wird. Mit weniger Tiefgang kann man sogar in der Nähe des Stegendes entlang der Insel auf der nordwestlichen Fahrwasserseite an den Fels gehen. Wir lagen, als wir uns mal von einer längeren Kreuz ausruhen wollten, direkt vor dem lichten Wald und dem schmalen Sandstrand neben dem Schilf auf 3 m Wasser mit einer Menge anderer Schiffe, die auch nicht mehr an die Stege konnten, aber die Sauna nicht missen wollten.

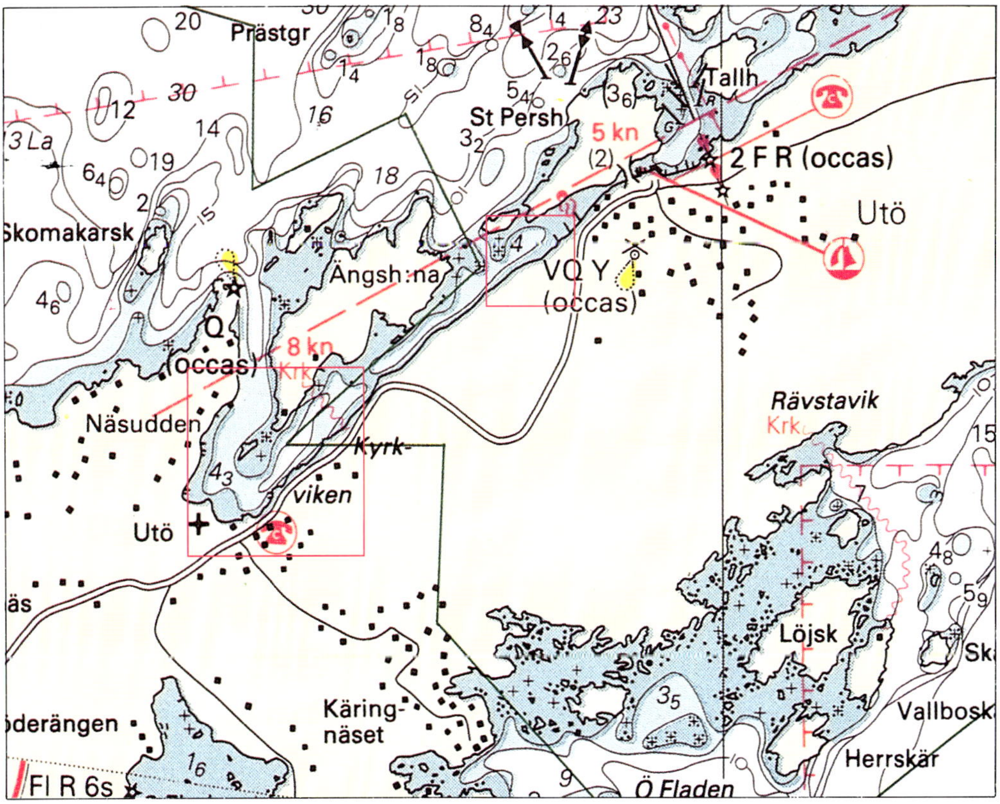

Ein andermal lagen wir zwar im Nordhafen direkt vor der Sauna, aber zu Fuß und mit den Rädern erwanderten wir die Insel und fanden das wunderschöne, verträumte und geschützte Ankergebiet Kyrkviken bei der Kirche von Utö, direkt am Scheitel der hakenförmigen Bucht. Die Zufahrt bietet keine navigatorischen Schwierigkeiten. Ein Ausflugsdampfer läuft sie in regelmäßigen Abständen an. Aber verglichen mit den vielen verschiedenen Dampfern, die andauernd den Nordhafen anlaufen, ist das hier geradezu eine himmlische Ruhe. Hier bieten sich mehrere Möglichkeiten für´s Bleiben an. Nahe dem Schilf kann auf gutem Grund frei geankert werden und will man zur Kirche, landet man das Dingi am Steg außerhalb des Schilfs an. Passiert man die Enge zwischen der Kirche und Bredkobben und geht durch die beiden provisorischen (nördliche und südliche) Untiefentonnen, die in der Karte nicht eingezeichnet sind, dann findet sich ein richtig idyllisches Plätzchen am Fels neben einer Fischerkate am südlichen Ufer.

Man kann den Sund zum Südhafen durchaus befahren! Nur es traut sich kaum einer, weil er nicht ausgeprickt ist. Die flachste Stelle mit 2,3 m findet sich knapp westlich der Utö Varv in der Nähe der Steine. Der Sund ist also nicht nur eine Dingiverbindung zum Südhafen.

Es lohnt auf jeden Fall, diese Insel zu besuchen, so z.B. die Mühle über dem Hafen und die schon von den Wikingern betriebenen Erzbergwerke, die später von den Russen ausgebeutet wurden. Und dann gibt es noch die große Sauna am Nordhafen. Die allein wäre für uns ein Grund.

Im Gebiet des Hafens hat sich ein regelrechter kleiner Markt etabliert, auf dem auch Fancywork von einem alten Fischer angeboten wird. Folke Eriksson hat sich auf betakelte Flaschen und Lampenschirme aus alten Seekarten spezialisiert. Sieht man die Finger dieses Salzbuckels, fällt es einem schwer, sich vorzustellen wie er diese herrlichen Flaschen betakelt und die Karten auf die Schirme spannt.

In einem der alten Lagerschuppen ist eine reizvolle Butik erstanden, in der wir uns trotz allen Widerwillens gegen den Kommerz auf Anhieb wohlfühlten. Ausflüge zu den versteckten und teilweise immer noch für Ausländer verbotenen Buchten im Nordosten, zu der Windmühle über dem Hafen und den alten Erzbergwerken können leicht einige Tage füllen.

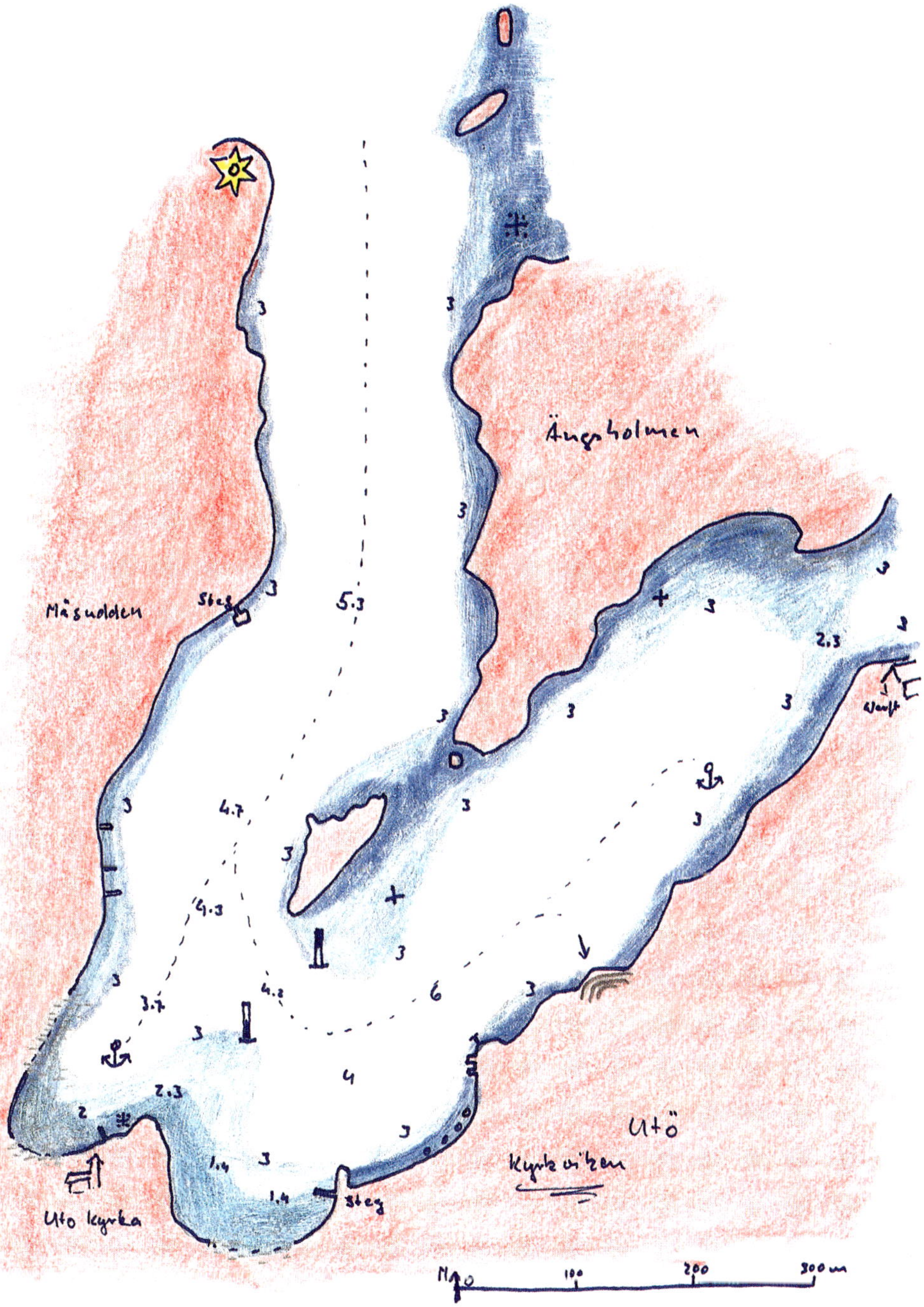
Måsudden
Steg
Ängsholmen
Utö
Kyrkviken
Utö kyrka
Steg
Varft
0
100
200
300 m

Das Ankerfeld vor dem Südhafen von Utö

Kyrkviken

Der Fels im Süden von Kyrkviken ist ein bequemer Ankerplatz

Dalarö, Karte No 6161 W

In Dalarö gibt es natürlich keine Ankerplätze, um's vorweg zu sagen, aber es soll erwähnt werden, weil die meisten Crews staunend vorbeisegeln und nicht wagen, an einen der Stege zu gehen. Dabei lohnt es sich durchaus, denn die Stimmung dieses alten Zollplatzes und Badeortes ist bemerkenswert. Wir lagen für ein paar Stunden in dem kleinen Fischereihafen, schlenderten am Wasser entlang und ließen uns von der Atmosphäre einer Bohèmesiedlung aus der Jahrhundertwende einfangen. Außer dem winzigen Fischereihafen gibt es ganz im Westen einen langen Steg, an dem man mit Heckanker festmachen kann, und weiter östlich einen Hotelsteg, der winkelig angelegt ist und in den im besten Fall zwei Yachten passen.

Das Zollmuseum ist nichts ganz fürchterlich Besonderes, aber in ganz lieb und ungeheuer detailgetreu nachgebildeten Szenen hat man da den Muff der Bürokratie um die Jahrhundertwende wieder hervorgeholt. Betritt man eines der Kontore, glaubt man instinktiv, gleich wieder mal ertappt zu werden. Ja, es riecht sogar nach Büro und in den Schubladen der Schreibtische liegt wirklich der Kleinkram eines Bürodieners. Im oberen Stockwerk sieht man die Schmuggeltricks, die man getrost vergessen kann – auch die Dame mit gehaltvoller Unterwäsche, das heißt, mit spezieller Wäsche voller Flachmänner.

Und danach saßen wir auf der Terrasse des alten Zollhauses und tranken Kaffee zum hausgebackenen Kuchen. Von hier hat man eine wunderbare Übersicht auf den Schärengarten vor Dalarö.

Geht man vom Zollmuseum noch ein paar Schritte die Straße rauf, findet man links ein kleines Fischgeschäft: Majsans Fiske Bod. Dort fanden wir ganz herrlichen, gebratenen Hering, so wie wir ihn aus unserer Kindheit in Erinnerung hatten. Der war so gut, daß wir gleich noch einmal hingingen und die Plastikschale ein zweites Mal auffüllen ließen.

Die Festung von Dalarö ist heute Restaurant und Bühne für Open-Air-Veranstaltungen.

Am Fischereihafen von Dalarö: Ein Steg für ein bis zwei Schiffe für zwei Stunden

Smådalarö, Position 59° 09'700 N, 18° 27'800 E, Karte No 6145 SW

Nach einem Besuch von Dalarö, wo man sein Boot ja nur stundenweise anbinden kann, bietet sich einmal Kymmendö, zum anderen aber auf dem Weg nach Norden auch Smådalarö zum Ankern an.

Da findet sich zwischen Näsudden und Långudden eine tief nach Westen einschneidende Bucht, die in ihrem westlichsten Teil in der Karte mit Söderviken benannt und für die meisten Schiffe zu flach ist. Der äußere Teil aber ist allemal tief genug. Die Bucht ist lediglich nach Nordost ungeschützt, aber sonst sehr gut abgedeckt. Besonders der hohe Berg von Långudden bietet hervorragenden Schutz nach Süden.

Die Landzunge Långudden ist mit Häusern bebaut, und da finden sich auch einige Stege. An einem dieser Stege haben wir in den letzten Jahren die größten Schiffe, die wir in Schweden überhaupt sahen, entdeckt.

Die Ansteuerung ist einmal um die Insel Munken herum möglich, aber auch zwischen Långudden und Munken bietet sich eine Durchfahrt östlich des in den Karten eingezeichneten Steines, der auf 1,4 m liegt. Die Durchfahrt ist etwa 2 m tief und bei unserem Tiefgang eine rechte Zitterpartie.

Nördlich der eben beschriebenen Bucht liegt noch eine andere Bucht, die allerdings nur von Booten mit weniger als 1,7 m Tiefgang befahren werden kann. Dieser Tiefgang ergibt sich aus dem Flach am Eingang der Bucht gegenüber der Ansteuerung zur südlicheren Bucht zwischen Långudden und Munken.

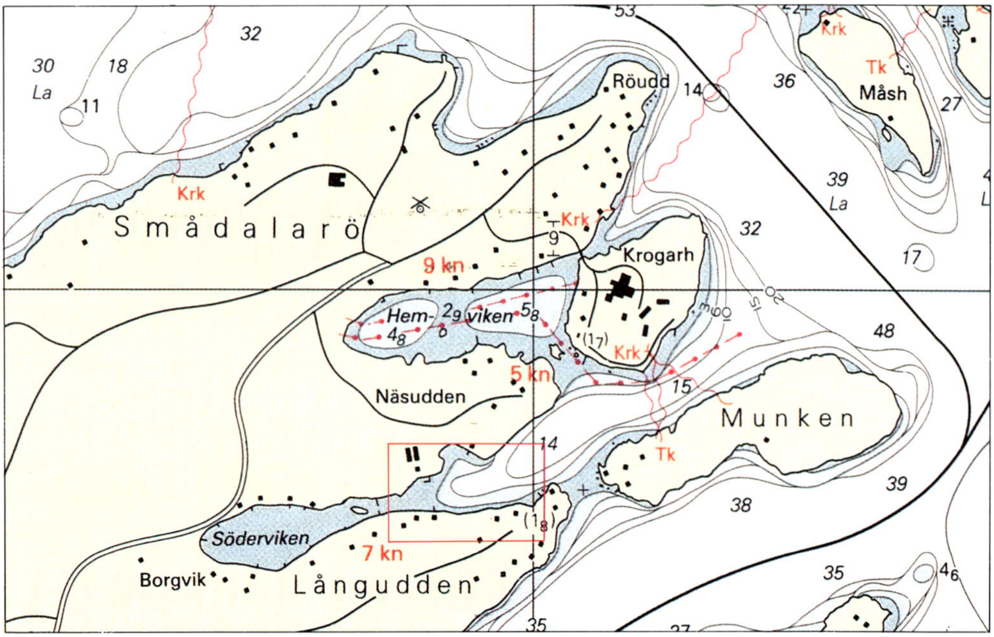

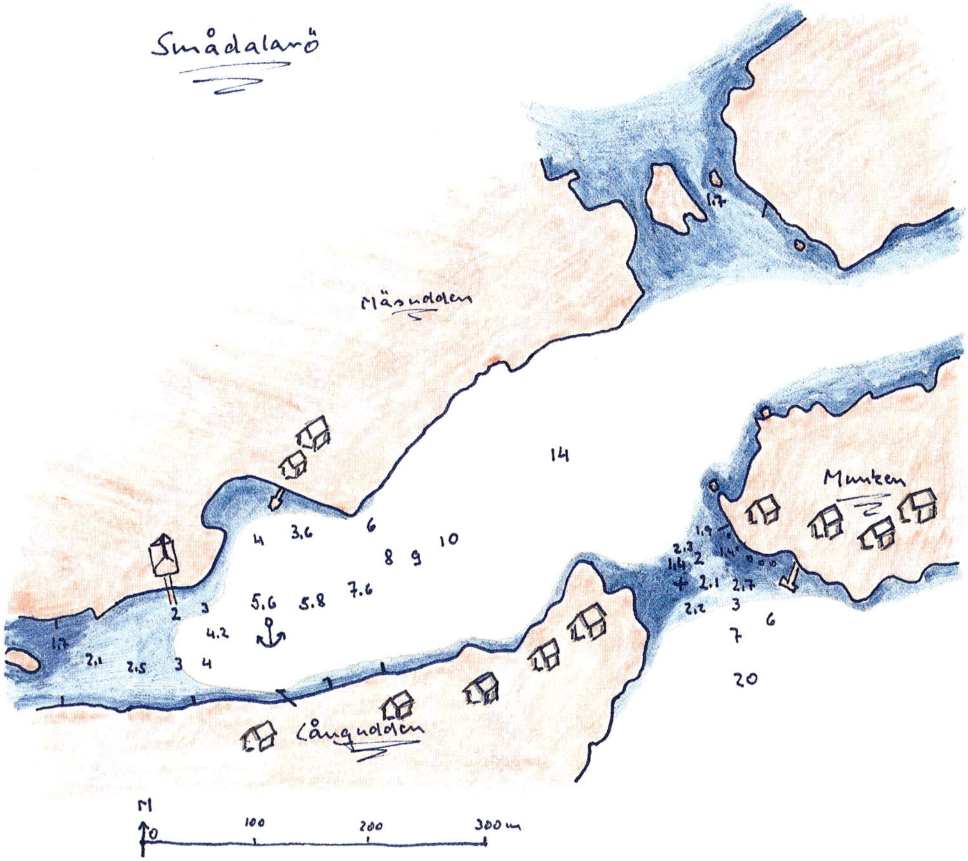

Zum Schärensegeln gehört ein Sommerstrauß

Ornö mit Ornö Huvud, Position 59° 07´300 N, 18° 28´900 E,
Torviken, Position 59° 06´850 N, 18° 29´350 E,
und Söderviken, Position 59° 06´200 N, 18° 28´650 E,
Karte No 6161 E

Kartenausschnitt und Zeichnung: siehe Kymmendö

Auf dem Weg nach Kymmendö passierten wir in der Einfahrt zur Enge zwischen Ornö und Huvudholmen an steuerbord eine kleine, sehr geschlossene Bucht mit einer winzigen Einfahrt am Nordende von Ornö. Darin sahen wir einen kleineren Segler und einige, auch größere, Motorboote.

Diese Bucht bei **Ornö Huvud** bietet Schutz vor allen Winden und ist eigentlich der ideale Ankerplatz in dieser Gegend. Sie hat aber den entscheidenden Nachteil, daß die Einfahrt nur **1,30 m** tief ist, und zwar **nur in der Mitte.** Also für größere Boote schlichtweg zu flach. In der Mitte ist die Bucht 4 m tief und hat knapp an den nördlichen Felsen noch 3,70 m. Ansonsten variiert die Wassertiefe zwischen 1,30 m und 2 m im Süden. Bei so wenig Wassertiefe muß man besonders die möglichen Wasserstandänderungen berücksichtigen!

Weiter im Süden schließt sich **Torviken** gerade gegenüber der Nordspitze von Kymmendö an. Hier kann man auf etwa 3 bis 4 m Wasser ankern und auch am Fels findet sich im Süden der Bucht an einer Felsnase ein guter Platz für weniger tiefgehende Boote mit etwa 1,4 m Wasser. Zu beachten ist allerdings, daß es hier zu erheblichem Schwell kommt, wenn die Ausflugsboote oder kleinere Motorboote vorbeifahren.

Ruhiger kann man noch weiter im Süden in einer Bucht liegen, die fjordartig sehr tief einschneidet. **Söderviken** hat auf seiner ganzen Länge 6 m Wassertiefe. Beachten muß man nur ein Flach am nördlichen Ufer des Schlauches, das sich mit nur 1 m Wasser an die Fahrrinne heranschiebt. Am Ende sind mehrere Stege. Hier kann man auf etwa 3 m Wasser im Scheitel der Bucht frei ankern oder auch am Fels an langen Brücken vor Heckanker liegen. Diese Bucht bietet Schutz vor jedem Wind, aber auch hier ist der motorisierte Freizeitverkehr mit seinem Schwell störend.

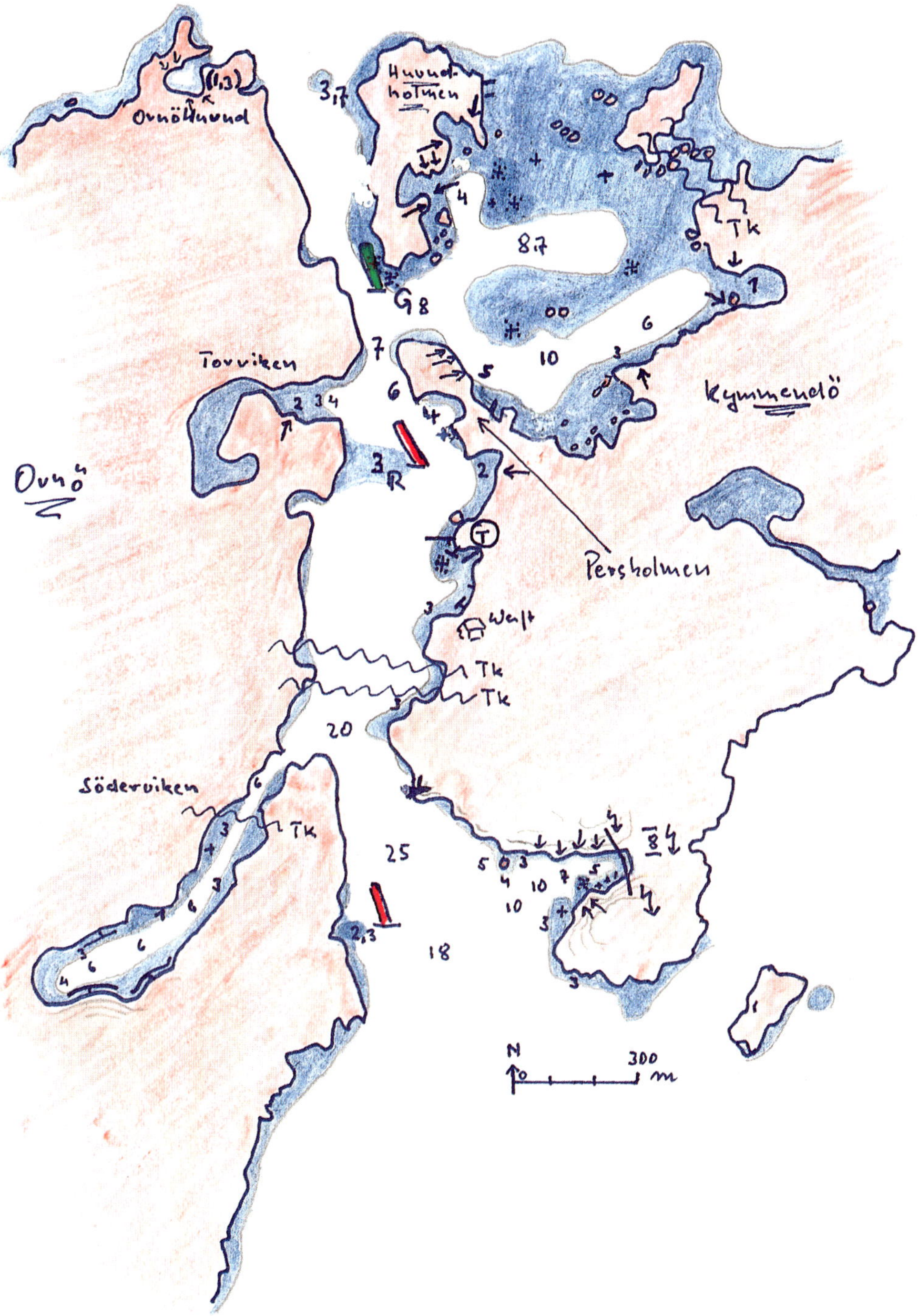

Ornöhuvud
Huvudholmen
Torviken
Ornö
Persholmen
Kymmendö
Werft
Tk
Söderviken
N
300
m

Kymmendö, Persholmen und Huvudholmen, Karte No 6161 E

Am nördlichen Ende von Kymmendö gibt es eine Möglichkeit zum Ankern, wenn man südlich der grünen Tonne in der Enge nördlich Kymmendö östlich hält. An der Ostseite von Persholmen finden sich einige Plätze am Fels.

Folgt man der Küstenlinie nach Osten, so sieht man da noch einige Möglichkeiten, an den Fels zu gehen, und eine geschützte Ankerbucht zum freien Ankern mit ein wenig Strand.

Die Ansteuerung ist nicht allzu schwierig. Hat man erst einmal das Fahrwasser nach Osten verlassen und ist zwischen der grünen Spiere und der Landzunge von Persholmen an den Eingang der großen Bucht gelangt, so muß man sich gut freihalten von dem Flach, das voller überspülter Steine ist. Hält man sich also an der Küstenlinie, so kommt man automatisch zu den Ankerplätzen an der Nordseite von Kymmendö.

Aber auch an der Ostseite der Huvudholmen finden sich einige Plätze am Fels. Dorthin kommt man, wenn man sich um diese Insel herumfädelt. Hier ist man vor dem Schwell, der in der Südbucht von Kymmendö herrscht, ziemlich sicher.

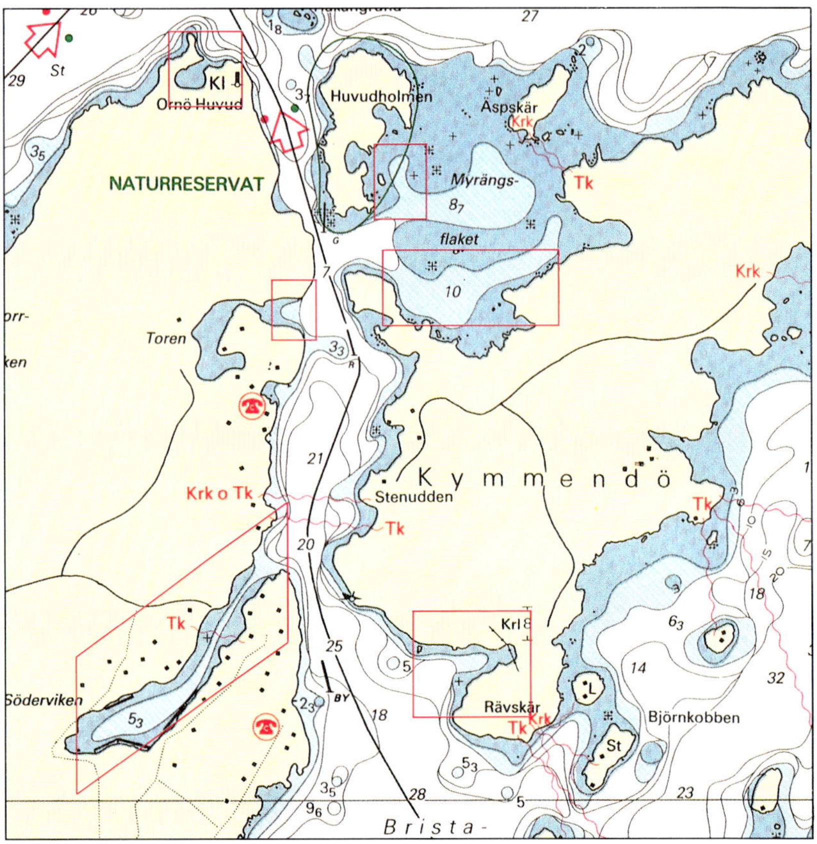

Kymmendö, Südbucht, Position 59° 06'2 N, 18° 29'7 E, Karte No 6161 E

Durch die Lektüre einer Strindberg-Biographie wurden wir neugierig auf Kymmendö. Diese Insel bei Dalarö, wo er auch mehrere Sommer gelebt hatte, liebte er sehr und besuchte sie deswegen häufig. Die Geschichten der Einwohner verarbeitete er in seinem Roman „Die Hämsöer". Noch heute löst die Erwähnung seines Namens daher nicht immer nur Freude aus. Manche Einwohner sind auch heute noch auf ihn böse.

Will man über die Insel streifen und das teilweise noch vorhandene Flair der Jahrhundertwende aufspüren, muß man schon an den Anleger bei der Tankstelle gehen. Am Clubsteg ist kein Fremder gern gesehen, das zeigen einem die Einheimischen deutlich, aber der Kiosk und die Werft bieten Plätze an. Vorsicht ist geboten wegen eines überspülten Steines, südlich der Tankstelle, der häufig markiert sein soll. Aber als wir da waren, war er es nicht.

Wegen der muffigen Auskünfte am Steg neben dem Kiosk zogen wir es vor, vorläufig allein zu bleiben und einen Ankerplatz zu suchen. – Das war nicht schwer, denn folgt man der Küste dieser Insel, so kommt man im Süden zu einer tief einschneidenden Bucht, die hinter einer vorgelagerten Insel Plätze am Fels bietet. **Vorsicht** ist wegen des **Dampferschwell**s aus dem Sund geboten. Wir ankerten daher frei, und das war gut so, denn am Fels ging es ein paarmal so richtig rund.

Im Scheitel der von Felsen eingerahmten Bucht liegt ein Schilfgürtel, über den eine Stromleitung führt. Von da kam eine große Herde Schafe über die Klippen gezogen, die von den Kindern aus den schwedischen Booten aufgemischt wurde.

Dazu kam noch der Bordhund, der das Spiel der Kleinen toll fand. Um die Idylle perfekt zu machen, krächzte von einem Motorboot der Kakadu, den sein Herrchen auf der Schulter trug. Das war eine Stimmung wie im Schrebergarten, mit spielenden Kindern, Kommentaren über den Nachbarn: „Jetzt montiert er ein Moskitonetz.", Grill, Oldies aus dem Radio und dem Kakadu. Und als nach Mitternacht der Vollmond über dem Wald aufging und noch ein Schärenkreuzer hinter uns seinen Anker warf, war das Klischee perfekt.

Geht man an der Nordseite des Schilfs an Land, kann man den Trampelpfaden der Schafe um die eingezäunten Felder folgen und kommt irgendwann auf einen Weg, der mit einem roten Punkt um die Insel führt.

Zu der Farm, wo sich Strindberg mit seiner Familie im Sommer immer einmietete, weist ein Schild: Skrivarstugan. Welche Hütte es nun letztendlich war, erfuhren wir nicht.

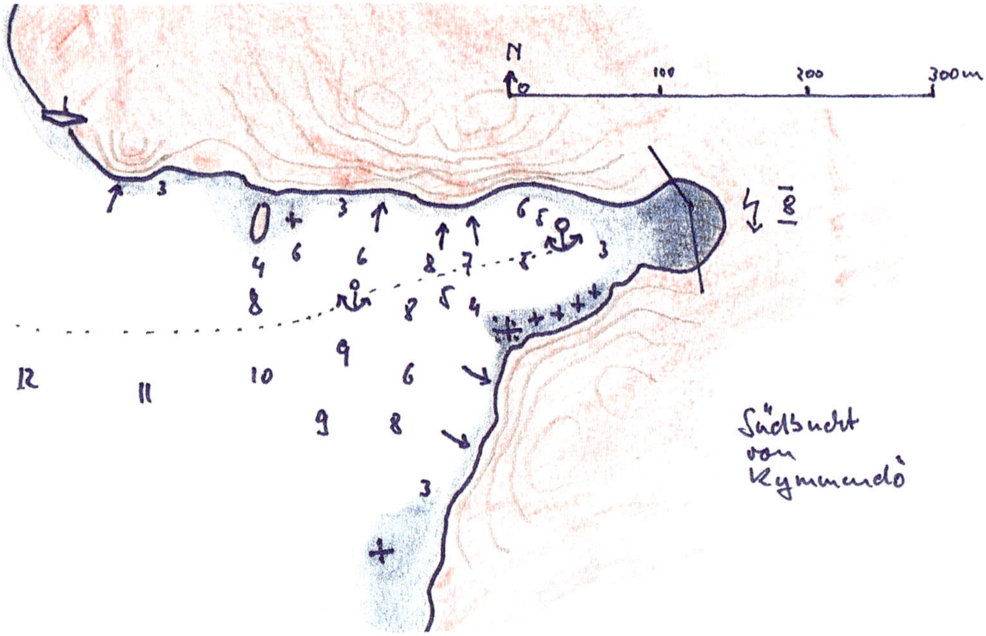

Eine der alten Hütten auf Kymmendö mit traditionellem Zaun und Tor

Die Bucht im Süden von Kymmendö. Blick nach Nordost.

Die Bucht im Süden von Kymmendö. Blick nach Südwest.

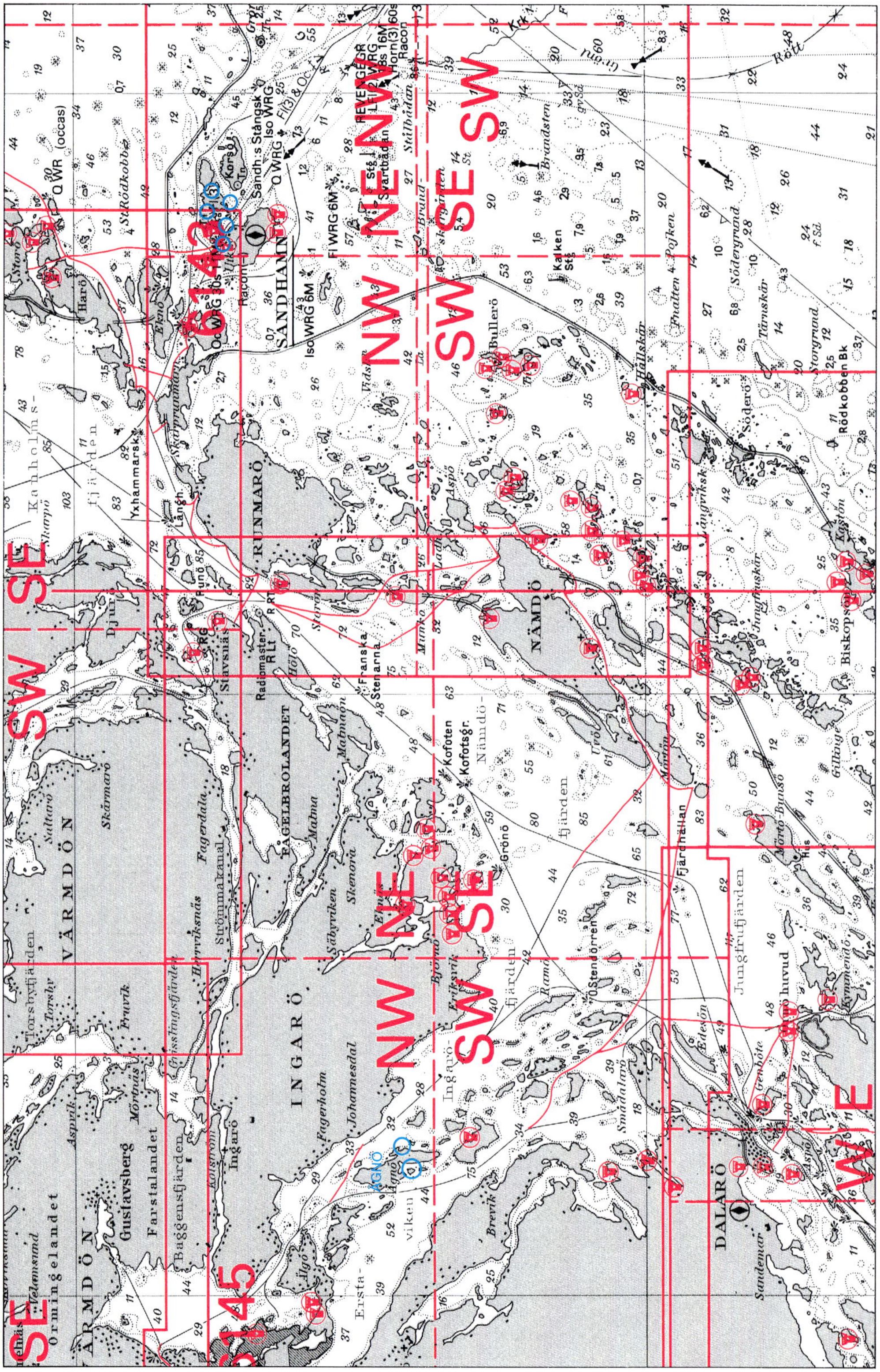
SANDHAMN
RUNMARÖ
FÅGELBROLANDET
NÄMDÖ
INGARÖ
VÄRMDÖN
DALARÖ
Bullerö
Stavsnäs
Strömmakanal
Fjärdhällan
Jungfrufjärden
Gustavsberg
Farstalandet
Baggensfjärden
Ormingelandet

Ägnö mit Napoleonsviken, Position 58° 14'3 N, 18° 24'3 E, und Kälkviken, Karte No 6145 NW

Der Weg von Utö nach Stockholm führt an Ägnö vorbei, einer sehr großen Insel etwas südlich von Saltsjöbåden. Wir erreichten sie bei Raumschotkursen in einer knappen Tagesetappe. Dort wollten wir bleiben. Dabei hatten wir die Wahl zwischen **Kälkviken im Osten,** einer ganz winzigen Bucht mit einigen Stegen unter einem steilen Fels, die gegen alle Winde, ausgenommen die aus Südost, geschützt ist und ohne Schwierigkeiten angelaufen werden kann, und **Napoleonsviken an der Westseite,** einem riesigen Buchtensystem. Beide Buchten sind nur durch einen hohen Berg voneinander getrennt. Wir wählten Napoleonsviken im Westen.

Die Ansteuerung von **Napoleonsviken** zwischen Brandholmen und Söderuddsbergen ist unproblematisch. Lediglich in der Enge an der Nordspitze von Brandholmen liegt mitten im Fahrwasser ein Stein auf 2 m Tiefe, der nur sehr vorsichtig umfahren werden kann. Hat man aber diese Stelle passiert, bieten sich einem reichlich Liegemöglichkeiten am Fels oder auch frei vor Anker auf etwa 9 bis 10 m Wassertiefe. Wir gingen an der Südseite der nach Osten weisenden Bucht mit dem Bug an den sehr steilen Felsen, weil da niemand sonst liegen wollte, und blieben auch prompt weit und breit für uns allein. Alle anderen Ufer in den restlichen Buchten waren mit einer unglaublichen Menge von Booten gefüllt.

Napoleonsviken ist umgeben von hohen Felsen, die meistens sehr steil und glatt sind. Springt man an Land, ist es notwendig, reichlich Leinen mitzunehmen, da direkt am Ufer nur wenige Bäume wachsen. Als wir erst einmal festlagen, hangelten wir uns an einem Seil, das ich zu den ersten Bäumen gespannt hatte, bergauf und kraxelten von da an wie die Gemsen weiter. Hat man erst einmal halbwegs Höhe erreicht, geht's auf Trampelpfaden um das ganze Buchtensystem, wobei im Norden die höchsten Felsen zu finden sind, die damit auch die beste Aussicht über den Schärengarten bieten. – Man kann von hier sogar bis nach Stockholm gucken. An der Nordostseite von Napoleonsviken findet sich hinter dem Gebüsch und einem Wald ein Tal mit einem Brunnen an der Ostecke, so daß sogar von der Wasserversorgung her eine längere Liegezeit eingeplant werden könnte.

Der von uns gewählte Platz war bei starken, westlichen Winden nicht ganz problemlos. Aber mit einem zweiten Heckanker in Luv und einer mittschiffs angebrachten, sehr langen Leine, die zusammen mit dem Luvanker die Windstöße abfederte, lagen wir sicher und bequem und nicht mitten zwischen den anderen, dichtgedrängten Booten. Dafür waren die aber in Lee. Den bei weitem hübschesten Ankerplatz sahen wir vom Kamm des im Norden gelegenen Berges. Er liegt hinter der Nase, die im Norden von Napoleonsviken in die Bucht hineinragt. Wir ankerten auf tonigem Grund.

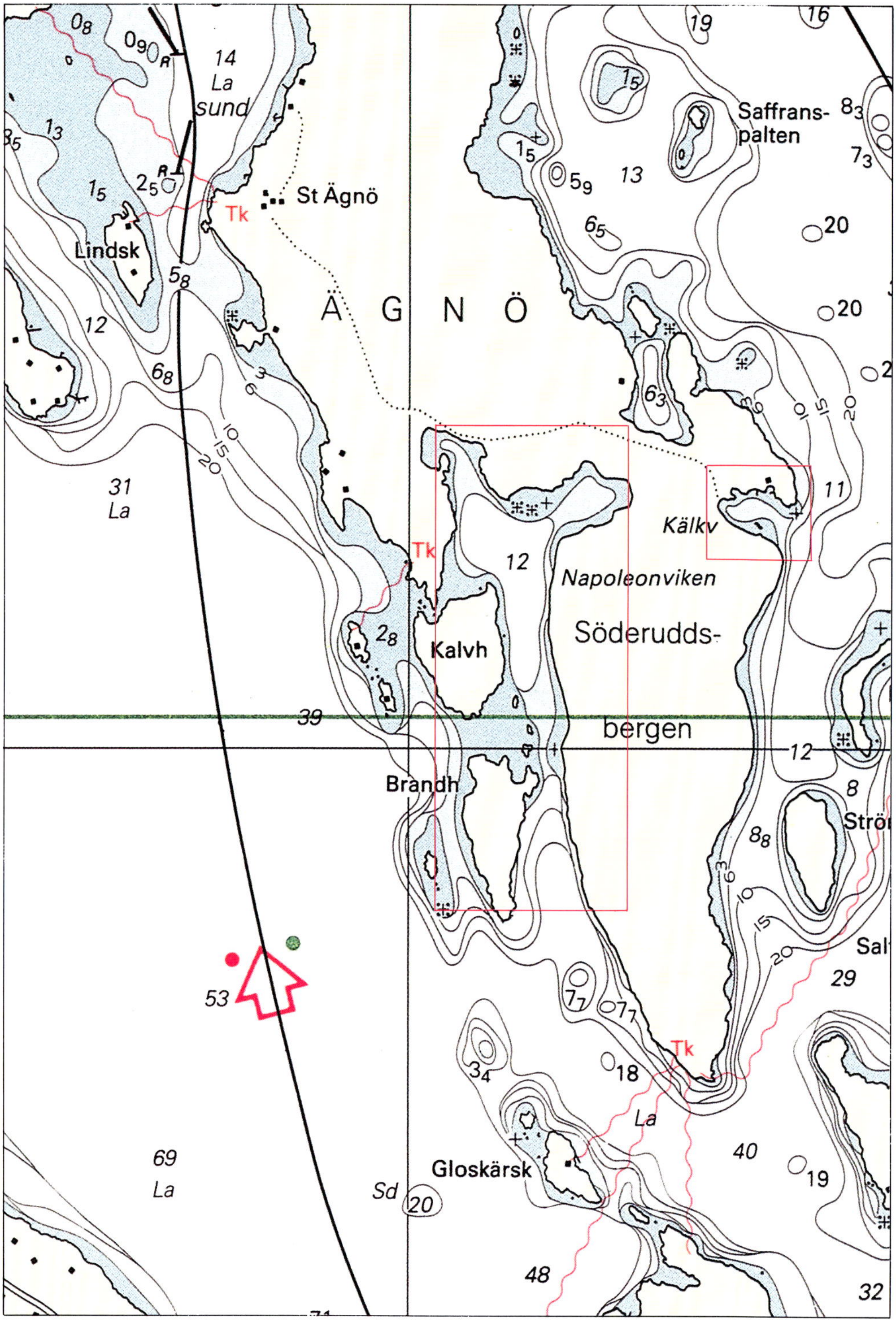

Ägnö mit Napoleonsviken im Westen und Kälkviken im Osten

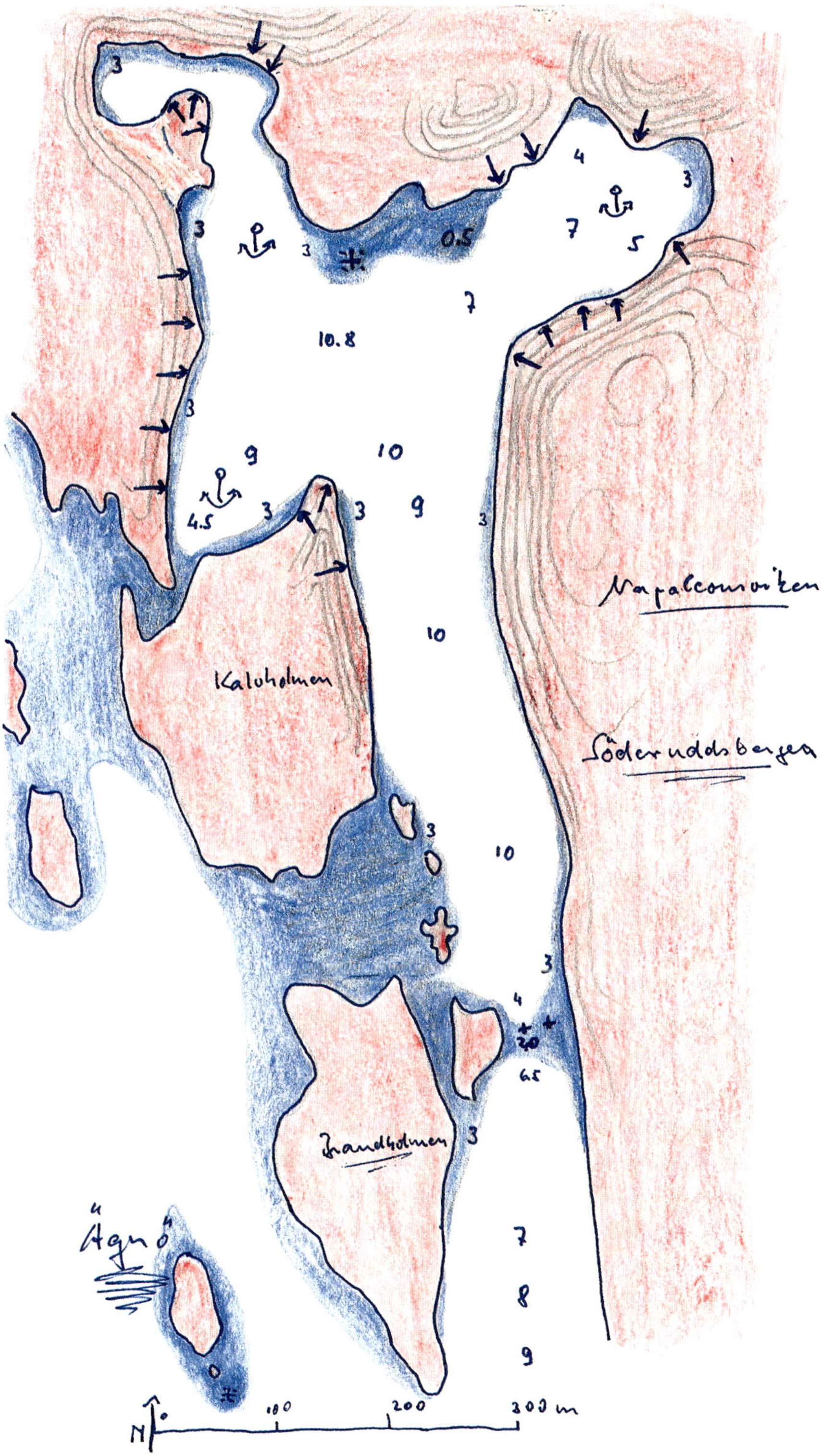
Kalvholmen
Söderuddsbergen
N
0
100
200
300 m

Im Tal liegen nicht ganz so viele Bäume quer wie auf den steilen Hängen.

Der ideale Platz in Napoleonsviken ist hinter dieser Halbinsel im Norden der Bucht.

Die Ostbucht hat sehr steile Hänge. Wir benötigten 20- und 30-Meter-Leinen. Blick nach Südwesten.

Auf unserer letzten Reise hatten wir ein Schlüsselerlebnis:
Während wir am Abend noch verzweifelt versuchten, Radio Sölvesberg zu empfangen und dem alten Kiel Radio nachtrauerten, beobachteten wir einen Nachbarn, der seine Satellitenschüssel montierte und wenig später mit einem Polaroidbild der ARD-Wetterkarte im Cockpit erschien. Das war sein Wetter!

Das beobachtete auch ein anderer Nachbar und fragte uns: „Wat wollt ihr denn wissen? Det Wetter von Morjen oder von die nächsten Taje?“ Verschwand im Schiff und kam wenig später mit einem Ausdruck des gewünschten Wetters für jeden wieder zurück. Peter hat einen FMD 20 von Fastnet, und unser Wetter sieht heute auch so aus.

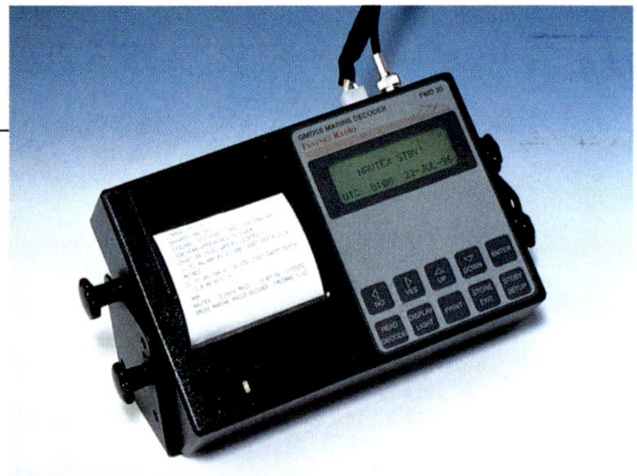

```
ZENTR.OSTS. (58.0N 20.2E) WT: 8 C
SA 15. 00Z: NW-N    3   /        0.5
M //
SA 15. 12Z: N       4   /         1
M //
SO 16. 00Z: N     4-5   /        1.5
M //
SO 16. 12Z: N-NE  4-5   /        1.5
M //
MO 17. 00Z: NE-E  3-4   /         1
M //
MO 17. 12Z: SW      5   /
M //
DI 18. 00Z: SW      5   /
M //
DI 18. 12Z: S-SW  4-5   /
M //
MI 19. 00Z: SE-S  4-5   /
M //
MI 19. 12Z: SE    4-5   /
M //

CH01   147kHz RTTY  14-11-97 11:25UTC
GMDSS MARINE RADIO DECODER FMD20BN 1.16
RASMUS                 PARCZYK
```

```
WETTERLAGE:
TIEF 1003 SONNABEND POLEN, NORDOSTZIEHEN
D. HOCH 1022 SONNABEND
MITTLERES DEUTSCHLAND, VERSTAERKEND,
NORDOSTAUSDEHNEND, SONNTAG
1026 LITAUEN, MONTAG 1033 NORDWESTRUSSLA
ND, AB DIENSTAG 1035
WEISSRUSSLAND FESTLIEGEND. STURMTIEF
956 SONNABEND AUF 58 NORD 30
WEST NORDOSTZIEHEND. NEUES TIEF 972
MONTAG AUF 48 NORD 25 WEST,
LANGSAM NORDOSTZIEHEND, MITTWOCH 975
WESTLICH IRLAND.
```

Fastnet Radio AG, Deichstraße 45, 20459 Hamburg,
Tel. 0 40 / 36 98 98-0, Fax 0 40 / 36 98 98-10

Svenska Högarna, Position 59° 26'7 N, 19° 30'9 E, Karte No 613 SE

Als wir vor einigen Jahren aus Rußland zurücksegelten, machten wir in Mariehamn Station und wollten von da weiter nach Gotland. Aber bei heftigem Südwest konnten wir nur mühsam gegenan bolzen. So fragten wir uns spät abends, ob denn das wirklich notwendig sei, und suchten einen Ankerplatz. Ich konnte mich an einen Leuchtturm vor der schwedischen Küste erinnern. Hinter dem müßte es ja ein Lee geben, wenn er auf einer Insel steht. Tat er auch. Und so begannen wir mit der Lupe in der Karte nach Steinen vor dieser Inselgruppe zu suchen und uns einen Weg zu einer Ankerbucht zurechtzulegen.

Als wir mitten in der Nacht ziemlich fertig da ankamen und uns von Osten her Meter für Meter mit einem starken Handscheinwerfer an den Steinen vorbei fädelten, da winkte uns plötzlich aus der Dunkelheit jemand mit einer Taschenlampe zu. Der Mann im Dunkeln nahm auch unsere Leinen an, und dann fielen wir in einen bleiernen Schlaf. Am nächsten Morgen wunderten sich die Schweden, daß Deutsche den Weg hierher mitten in der Nacht fänden. Wir wären sicherlich schon oft hier gewesen.

Svenska Högarna ist die östlichste Inselgruppe weit draußen vor den Stockholmer Schären. Sie ist Naturreservat. In dem besonders harten und eisreichen Winter 1995/96 reichte die Eisdecke von Stockholm bis nach Svenska Högarna, und viele Stockholmer machten Ausflüge auf ihren Schlittschuhen bis hierher. Auf der Ostseite der Hauptinsel Storön liegt ein nur wenige Meter breiter Graben zwischen der Hauptinsel und der vorgelagerten kleinen Insel Skrubben, in dessen nördlichem, ausgebuchteten Teil sich gute Plätze am Fels finden. Ganz tief in diesem Einschnitt liegt der Colin Archer des Leuchtturmwärters an einem kleinen Steg wie in Gottes Schoß, und noch etwas südlicher kann man an den Fels gehen.

Bei heftigem Südwest, wie wir ihn hatten, wird man an der Nordostseite von Storön ankern, also in der Bucht, in der wir lagen. Je nach den Windverhältnissen gibt es auf Storön aber auch im Süden und Westen weitere Ankermöglichkeiten am Fels.

Bei der Ansteuerung ist wegen der überspülten Steine, besonders im Nordosten, Sorgfalt geboten und keinesfalls sollte unser nächtliches Einlaufen als Aufmunterung aufgefaßt werden. Von Westen kommend wird man bei Winden aus den südlichen Quadranten die nördliche Passage zwischen Storön und Manskär nehmen und sich um die überspülten Steine tasten. Vorsicht ist an der nordwestlichen Kante von Skrubben geboten, denn da liegt eine Felsplatte in Wasserhöhe, die aber gut auszumachen ist.

Bei Winden aus dem nördlichen Quadranten ist die Ansteuerung an der Südseite von Storön zu erwägen. Man wird dann Kapten Kl mit seinem charakteristischen Kreuz ansteuern und an Stb lassen. Bei östlichen Winden bietet sich die Westseite von Storön an.

Auf der Insel leben zwei Familien, die den Leuchtturm, die Radar- und die Wetterstation bedienen. Vor einigen Jahren gab es Gerüchte, daß der alte Leuchtturm durch eine moderne Stahlkonstruktion ersetzt werden sollte. Möglicherweise haben die massiven Proteste der Segler dies verhindert. Jedenfalls ist er jetzt saniert und leuchtet freundlich rot mit seinen filigranen Stahlstreben über See.

Hier auf Svenska Högarna trifft man längst nicht so viele Besucher wie auf den inneren Schären, und von den Inseln im Stockholmer Schärengarten ist es sicherlich die reizvollste Gruppe. Sie nimmt es sogar mit den Schären von Tjust und Gryts auf, die wir besonders lieben und für die schönsten überhaupt halten.

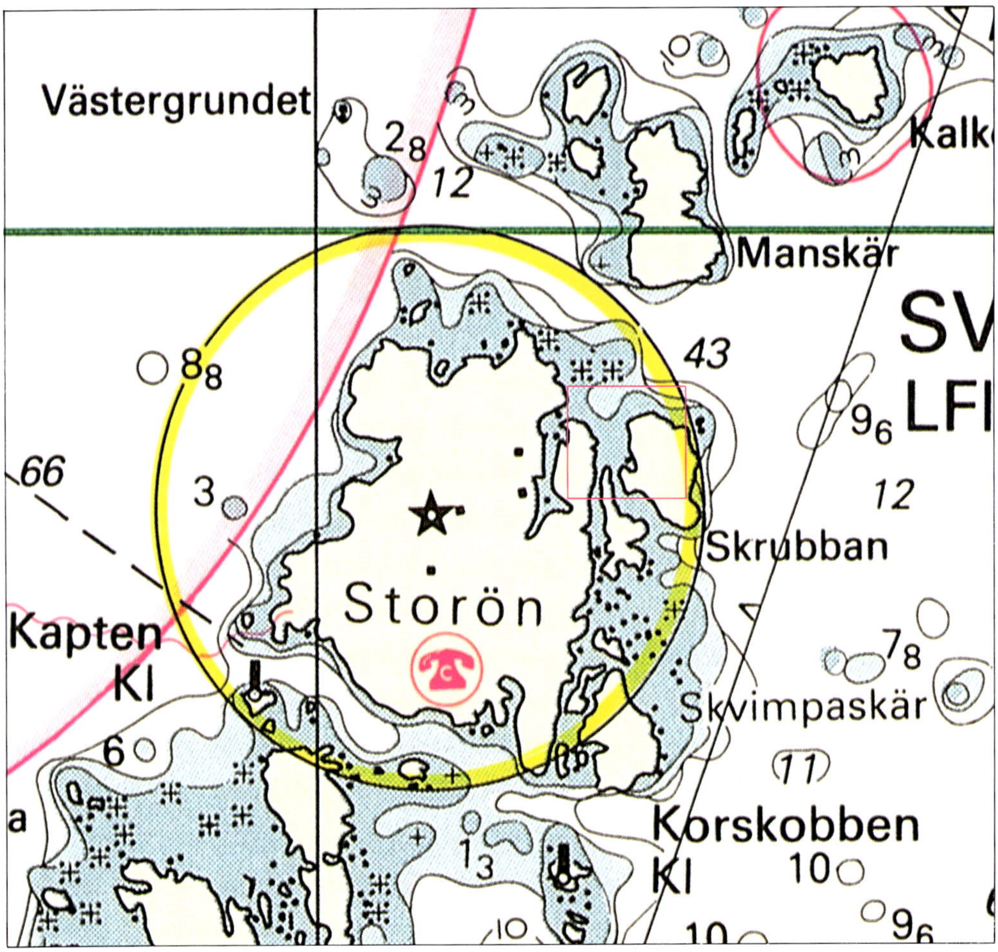

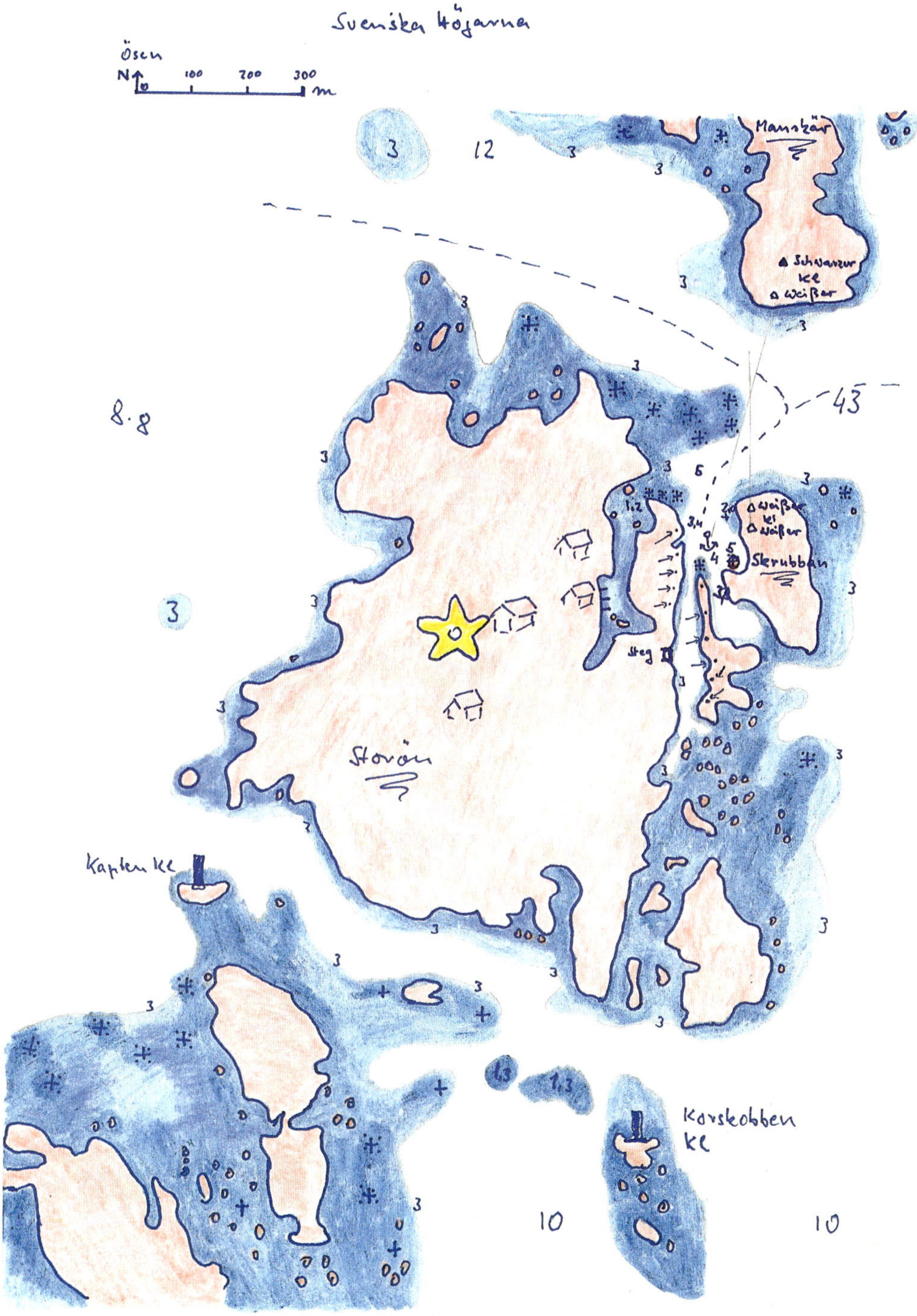

Svenska Högarna
Ösen
N
0
100
200
300
m
Manskär
Schwarzer
Ke
Weißer
43
8.8
Skrubban
Steg
Storön
Kapten Ke
Korskobben
Ke
10
10
12

Svenska Högarna

Sandhamn, Position 59° 17'300 N, 18° 55'400 E, Karte No 615 NW und 6144 NE

Kartenausschnitt: siehe Lökholmen, Zeichnung siehe Kroksö Ostkobben.

Sandhamn ist als Clubhafen des Königlichen Schwedischen Segelclubs KSSS Regatta- und gesellschaftlicher Mittelpunkt der ostschwedischen Segler. Man erreicht Sandhamn vom betonnten Fahrwasser nördlich Sandön. Der Club hat für ganz flache Boote Richtmarken ausgebracht, die ein Fahrwasser markieren, das zwischen Telegrafenholmen und Lökholmen sehr knapp an einer 80-cm-Stelle vorbeiführt und einen Tiefgang von höchstens 1,90 m zuläßt.

Wir liefen hier einmal bei viel Wind und nach einer sehr langen Reise ein, um unsere Sachen zu trocknen. Man liegt an Stegen vor Heckanker in relativ gut geschützter Lage. Nach einem kurzen Spaziergang um den Hafen und durch das Dorf fanden wir unser Schiff frei um seine Heckboje schwoiend wieder. Die Bugleinen waren gelöst und auf das Deck geworfen worden. Solche Freundlichkeiten lassen nachdenklich werden!

Daß es aber auch anders kommen kann, beweist die Geschichte, die uns befreundete Finnen erzählt haben. Die ankerten ganz in der Nähe des Hafens frei und waren mit dem Dingi zum Einkaufen gerudert. Als sie wieder zurückkamen, fanden sie ihr Boot an anderer Stelle an einer Boje vertäut und der Anker lag auf dem Vordeck. Ein in der Nähe arbeitender, junger Fischer hatte nämlich beobachtet, wie das Schiff verdriftete, hatte es auf den Haken genommen und an seine Boje gelegt.

Diese beiden Geschichten markieren wohl die Eckpunkte seglerischer Erlebnisse in dieser Gegend. Man sollte es also durchaus versuchen und eigene Erfahrungen sammeln. Eines scheint aber sicher: Der Ruf der Gastronomie und Hotelerie in Sandhamn ist nicht der Beste. Die vielen „Promis“ haben anscheinend den Ton gegenüber den Fahrtenseglern recht nachteilig verändert.

Auch wenn der Ort selbst recht hübsch ist, würden wir das nächste Mal wieder einen Ankerplatz in der Nähe vorziehen. Es gibt mehrere Möglichkeiten, in der direkten Umgebung des Hafens zu bleiben.

Lökholmen, Karte No 615 NW und 6144 NE

Die erste Möglichkeit, in der Nähe von Sandhamn zu ankern, bietet sich in der Bucht zwischen Lökholmen und Kroksö. Zwar sind auch da, ebenso wie auf dem Weg dahin, Stege des KSSS am Fels oder verankert, wo auch Gäste willkommen sind, aber im nördlichen Teil der Bucht finden sich an der Küste von Kroksö in einer kleinen Ausbuchtung einige Plätze am Fels, und auch freies Ankern ist hier möglich. Allerdings sollte genau überprüft werden, ob der Anker wirklich hält.

Die Ansteuerung dieser Bucht ist einfach. Man segelt um die vorgelagerte Insel herum in die enge Durchfahrt, die mit weniger als 1,9 m Tiefgang noch befahren werden kann. Vorsicht ist allerdings geboten wegen eines überspülten Steines, der gegenüber der Ausbuchtung auf der Kroksö Seite recht gut zu erkennen ist. Ein weiterer überspülter Stein liegt der Kroksö Küste vorgelagert, etwas hinter der Steganlage. Die Wassertiefe in der Bucht beträgt kurz hinter der Einfahrt bereits 5 m und in der Nähe des Steges 3 m.

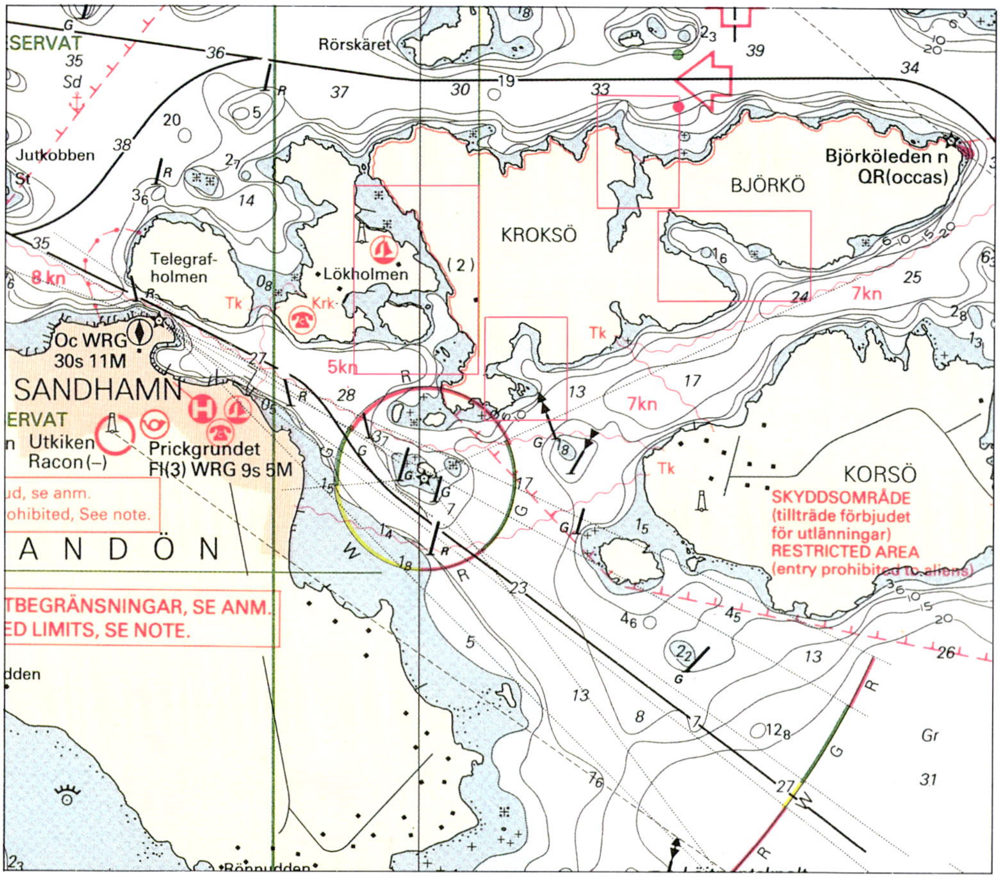

Kroksö Ostkobben, Position 59° 17'400 N, 18° 56'350 E, Karte No 615 NW und 6144 NE

Kartenausschnitt: siehe Lökholmen

Eine weitere Möglichkeit, in der Nähe von Sandhamn zu ankern, bietet sich in der westlichsten Bucht von Kroksö hinter der Halbinsel Ostkobben. Hier findet man den besten Schutz in der kleinen Ausbuchtung, die nach Westen weist. Im vorderen Teil der Bucht können auch noch tiefer gehende Schiffe ankern, weiter hinten wird es recht flach.

Der nach Norden weisende Teil dieser Bucht hat aber genügend Wassertiefe für alle Yachten. Hier kann man geschützt vor allen Winden ankern – es sei denn, es weht stark aus Süd. Plätze am Fels bieten sich an der Westseite an. Bei Veranstaltungen in Sandhamn kann es aber auch hier recht voll werden.

Die Ansteuerung von Sandhamn aus ist einfach, und der im nördlichen Teil der Bucht gelegene überspülte Stein bietet auch keine Schwierigkeiten.

So ein alter Holzschlitten läge bei uns nicht lange im Wald . . .

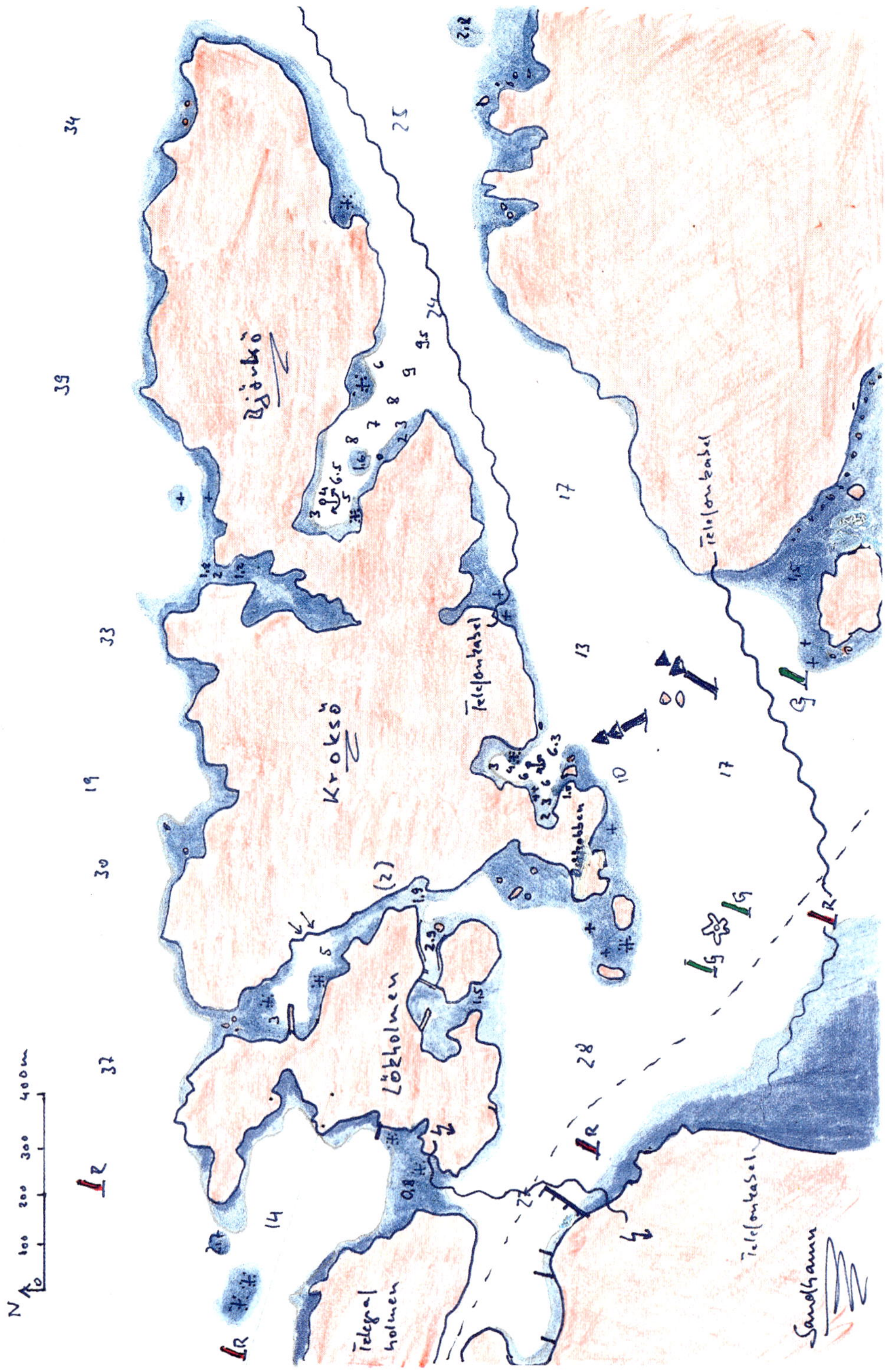

Björkö
Kroksö
Lökholmen
Telegraf holmen
Sandhamn
Telefonkabel

Södra Björkösundet, Position 59° 17'600 N, 18° 56'850 E, Karte No 615 NW und 6144 NE

Kartenausschnitt: siehe Lökholmen, Zeichnung bei Kroksö Ostkobben.

Eine andere gute Möglichkeit im Sandhamn-Archipel zu ankern bietet sich im südlichen Björkösund an. Dies ist die etwas größere, nach Westen ziehende Einbuchtung, die Kroksö und Björkö trennt. Die Bucht zeigt eine unproblematische Einfahrt, bei der lediglich auf der östlichen Seite ein überspülter Stein zu beachten ist. Weiter drinnen ist an der Kroksö-Seite noch ein Flach von 1,6 m zu beachten, das einheimische Segler häufig mit einer Plastikflasche markieren.

Am besten ankert man im innersten Teil der Bucht auf 5 bis 6 m Wasser. Der Ankergrund ist, wie fast überall, gut. Hier ist man vor allen Winden geschützt. Nur starker Südost kann ungemütlich werden.

Norra Björkösundet, Position 59° 17'700 N, 18° 56'600 E, Karte No 615 NW und 6144 NE

Kartenausschnitt: siehe Lökholmen, Zeichnung bei Kroksö Ostkobben.

Für kleinere Boote bietet sich im Norden von Björkö eine fjordartige Einbuchtung zum Bleiben an. Die Wassertiefe geht bereits vor der Öffnung des Fjords auf weniger als 2 m, so daß wir mit unserem Schiff gar nicht erst versuchten, hineinzukommen. Schiffe mit einem Tiefgang von 1,7 m und weniger können aber gut vor und in der Enge der Einfahrt ankern. Hier ist das Schiff bereits vor allen Winden aus West über Süd bis Ost geschützt. Dieser Platz wird wesentlich seltener als die beiden anderen von den Schweden besucht. Die Markierung als militärisches Sperrgebiet gilt seit dem 1. April 1997 nicht mehr.

Stockholm, Wasahafen und Navishamn, Karte No 6142 SW

Schon von Ägnö aus sahen wir eine riesige, silbergraue Kuppel und erfuhren erst, nachdem wir durch den Baggensstäket Kanal nach Stockholm motort waren, daß es sich um ein Eislauf- und Sportstadion handelt. In dieser weitläufigen Stadt auf so vielen Inseln wären wir in einer Menge privater Häfen auf dem Weg als Gast willkommen gewesen. Aber lediglich der Wasahafen und der Navishamn auf Djurgården liegen wirklich nah an der City. Den Wasahafen guckten wir uns nur kurz an, drehten eine mühsame Runde in beispielloser Enge und fühlten uns schon dabei wie in einer Sardinendose. Später fanden wir heraus, daß direkt neben dem Wasahamnen ein sehr gut besuchter Vergnügungspark Lärm macht. Dagegen liegt der Navishamn nur etwas weiter vom Zentrum weg zwischen der Werftinsel Beckholmen und der Halbinsel Valdemarsudde mit ihrem Schlösschen – übrigens direkt gegenüber dem Danvikskanal, der in den Mälaren führt. An den Innenseiten der Stege ist das Wasser etwa 5 m tief, legt man sich aber an die Außenseite zu Valdemarsudde hin, muß man aufpassen, um nicht auf dem Flach vor Valdemarsudde aufzulaufen. Da lagen wir dann bequem mit reichlich Platz um uns herum an einem der großen Stege und empfanden die Gastfreundschaft dieses Clubs als einen wahren Segen. Der Hafen ist durch einen Zaun gesichert und man braucht einen Zahlencode für die Tür, den man beim Hafenmeister bekommt. Direkt vor dem Eingang zu diesem Hafen ist eine Straßenbahnhaltestelle und etwas weiter in Richtung Wasahamnen liegt ein kleiner Supermarkt etwas zurückgesetzt hinter ein paar Bäumen an der südlichen Straßenseite.

Im Gegensatz zur Enge und Marina-Hektik im Wasahamn liegt man im Navishamn in einem Clubhafen mit recht intimer Atmosphäre neben einem Bojenfeld mit alten Schrottkähnen, zwischen Selbstbauern, Bastlern und Langzeitseglern, Lebenskünstlern und anderen – seltenen – Gästen. Dieser Hafen hat wegen des Schwells aus dem Fahrwasser einen etwas zweifelhaften Ruf. – Nicht völlig zu unrecht, aber wenn man es den Dauerliegern abguckt, wie sie´s machen, ist es ziemlich harmlos: Die legen nämlich, wenn sie nicht mit dem Bug zum Fahrwasser hin festmachen können, ihre Boote nicht einfach parallel zum Fahrwasser an den Steg, sondern stellen den Bug etwas zum Schwell und so wandern die Wellen längslang unter dem Schiff durch. – Das ist nicht unangenehm. Der Schwell beginnt mit dem ersten Ausflugsboot so gegen 9 Uhr und hört mit dem letzten gegen Mitternacht auf. In diesem Hafen gibt es übrigens eine Tankstelle.

Von hier aus radelten wir durch die Stadt oder erkundeten sie mit unseren Freunden im Auto. Und wie es so oft am Abend in den Schären passierte, wurde auch hier unsere weitere Route durch Tips und Erzählungen unserer Freunde beeinflußt. Eines Tages erzählten sie vom Mälaren – von der Insel, auf der Schweden gegründet wurde und von Schloß Gripsholm. – Jesses, hat´s da bei mir gefunkt!! – Kurt Tucholsky kennt zwar in Schweden fast niemand, aber in einem Antiquariat fanden wir trotzdem eine besonders schöne, schwedische Ausgabe von „Gripsholm Slottet" und verschenkten sie als Dank für den Tip.

Stockholm hat 120 Museen. Ein paar davon in allernächster Nähe. So liegt direkt am Wasahafen, also auf der Insel Djurgården, das Wasa Museum, in dem das 1628 kurz nach dem Start zur Jungfernfahrt gesunkene Regalschiff Wasa vor den Augen des Publikums restauriert wurde. Die Konstruktion des erfahrenen holländischen Schiffsbaumeisters war zwar korrekt, aber durch ständige Änderungswünsche der Admiralität am Batteriedeck wurde das Schiff bereits während des Baues kopflastig und kenterte in einer Bö bei der Insel Beckholmen nach 500 Metern auf dem Wasser. 400 Arbeiter hatten 3 Jahre gebraucht, um das Schiff zu bauen.

1956 wurde es von Marinetauchern in 32 Metern Tiefe geortet, ein Bergungsunternehmen transportierte das Wrack in 18 Etappen unter Wasser vor die Insel Kastellholmen, 1961 wurde es mit großem Aufwand gehoben und an seinen heutigen Platz gebracht. Seither dauert das Abenteuer der Konservierung und Restaurierung an. Acht Ausstellungen, Modelle, Filme und Computeranimationen bringen dem Besucher die Arbeit der Restaurateure ebenso näher wie das Leben der Werftarbeiter und der mehr als 400 Soldaten an Bord des damaligen Kriegsschiffes, die beim Untergang fast alle ertranken. Im Museum werden auch Funde aus dem vor Öland gesunkenen Regalschiff „Kronan" gezeigt.

Zwischen Museum und Hafen liegen ein Eisbrecher und das Feuerschiff „Finngrundet" vom Beginn dieses Jahrhunderts.

Zwischen Wasahafen und Navishamnen befindet sich auch das älteste Freilichtmuseum der Welt: Skansen. Hier werden ca. 150 Höfe und Häuser aus verschiedenen Epochen und sozialen Verhältnissen vom Mittelalter bis ins 20. Jahrhundert gezeigt, die aus den schwedischen Regionen zusammengetragen und hier wieder aufgebaut wurden. In der alten Seglora Holzkirche finden noch jeden Sonntag Gottesdienste statt. Sie ist eine beliebte Hochzeitskirche geworden. Im Sommer werden in einigen Häusern traditionelles Handwerk und Handarbeiten gezeigt, wie z.B. Glasbläserei, Silberschmiede und Druckerei. Der Tierpark von Skansen vermittelt einen Überblick über die skandinavische Tier- und Pflanzenwelt und der Spielpark von Skansen ist ein wahres Kinderparadies.

Ganz in der Nähe des Navishamnen, quasi auf der östlichen Begrenzung des Hafens, liegt Valdemarsudde mit der Gemäldesammlung des Prinzen Eugen. Bei einem Kaffee kann man von hier die Aussicht auf die bezaubernde Einfahrt nach Stockholm besonders gut beobachten. An dieses Gelände schließt sich ein Park mit einem Freibad an.

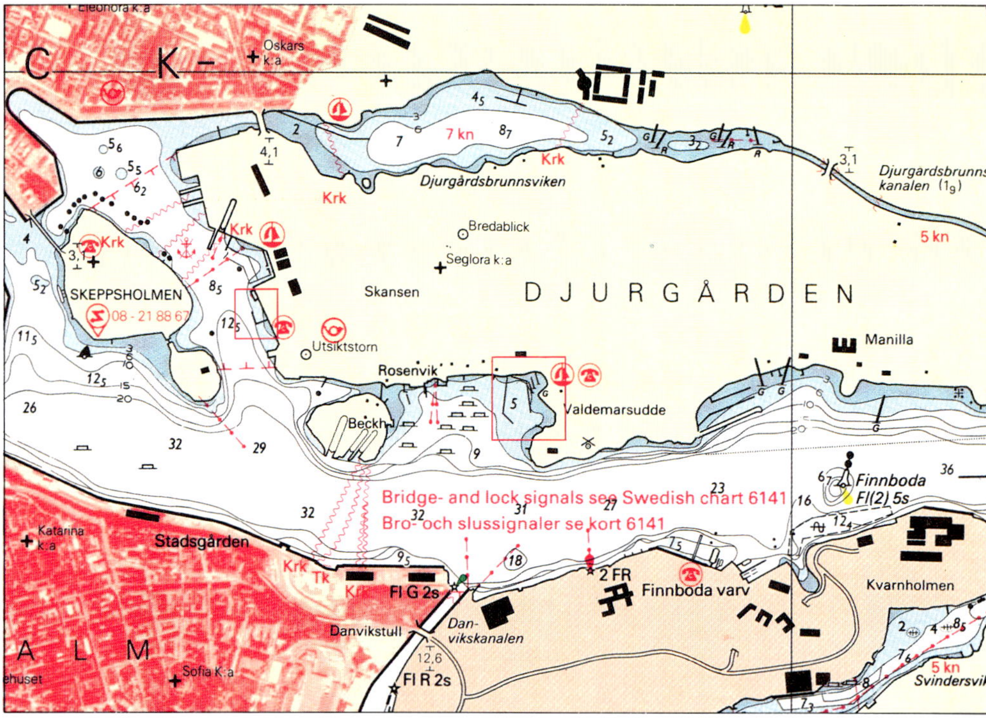

Ein typisches Haus der Jahrhundertwende auf dem Weg nach Stockholm, nördlich von Saltsjobåden

Eine schier berauschende Aussicht hat man vom Gipfel des Fåfängan, des Berges, der südlich des Navishamnen genau gegenüber auf der anderen Seite des Fahrwassers neben dem Danvikskanal liegt. Auf dem Gipfel ist ein Café, das von einem Österreicher bewirtschaftet wird. Sein Kuchen ist übrigens hervorragend.

Erwähnen will ich noch das Stadtmuseum südlich der Altstadt, das in einem restaurierten Palast aus dem 17. Jahrhundert untergebracht ist. Hier werden Ausstellungen zur Entwicklung Stockholms im Lauf der Zeiten gezeigt, von denen die Sammlungen aus der Wikingerzeit besonders eindrucksvoll sind.

Das Schloß Drottningholm liegt 11 km vor der Stadt auf der Insel Lövö im Mälarsee. Es ist seit 1982 Residenz der königlichen Familie, steht aber zum Teil für Besichtigungen frei. Es wurde zwischen 1662 und 1700 erbaut und ist mit seinen weitläufigen Parkanlagen Versailles nachempfunden. Im Schloßtheater, in dem auch im Sommer gespielt wird, herrscht heute noch die Rokoko-Atmosphäre wie vor 200 Jahren. Die Musiker des Orchesters tragen immer noch Perücken und die Kleidung der Zeit. Auch die originale Technik der Bühne ist noch in Betrieb.

Pflichtübung für jeden Touristen ist Gamla Stan, die Altstadtinsel mit ihrer Bummelmeile. Dort findet man den bemerkenswertesten maritimen Trödler, den ich kenne: Fartygsmagasinet in der Östra Långgatan war ein Schiffsausrüster, der etwa 1700 gegründet wurde und heute scheinbar noch von seiner Grundausstattung von damals lebt. Am anderen Ende von Gamla Stan kommt man in die Västerlånggatan. Da liegt das Lord Nelson Hotel. Der Besitzer ist narrischer Sammler von samischer Volkskunst und man erzählt sich, daß seine Lord-Nelson-Sammlung größer sei als die im englischen Nationalmuseum. Im Hotel kann man schnuppern. Ihm gehört auch das noch hübschere Hotel Lady Hamilton gerade um die Ecke. Es ist mit Schiffsmodellen und gestickten Kapitänsbildern über und über dekoriert. Selten habe ich eindrucksvollere Modelle gesehen als hier. Die Schönsten sind allerdings nur von innen zu sehen. Nur zu, bessere Public Relation ist kaum möglich. Also fragen. Das Hotel liegt in der Storkyrkobrinken 5.

Ein ebenso interessantes Erlebnis ist Gamla Stan abends zwischen 9 und 11 Uhr. Erst da fallen die vielen originellen Kneipen richtig auf, und die Musik, die aus den offenen Fenstern schallt, macht ganz schön an.

Als wir von unserem nächtlichen Bummel durch die Altstadt zurückkamen und über die Brücke nach Djurgården radelten, entdeckten wir unter uns einige schwimmende Restaurants und Cafés (in denen es zwar auch Kaffee und Kuchen, aber hauptsächlich Bier und Wein gibt) mit ihrer Lichterpracht und einer sehr einladenden Musikkulisse.

Die Sehenswürdigkeiten Stockholms sind so zahlreich, daß sie nur angedeutet werden können. Zu ihnen gehören auf jeden Fall die alten Dampfer, die heute noch den Schärenverkehr betreiben und zumindest auf uns eine magische Anziehungskraft ausüben, so z.B. die Wilhelm Tham für den Götakanal-Verkehr und die Mariefred für den Mälarsee. Es ist auf jeden Fall sinnvoll, sich im Touristbüro ausführliche Informationen mit einer Zusammenstellung der Museen zu besorgen und darin die Ausstellungsthemen der Museen nachzuschlagen. Die Adresse ist: Sverigehuset, Kungsträdgården, S-10393 Stockholm. Es ist sicherlich auch eine gute Idee, sich hier für ein, zwei oder drei Tage die „Stockholmkortet/Key to Stockholm" zu kaufen, die für alle öffentlichen Verkehrsmittel in und um Stockholm einschließlich Bussen und Schiffen für Stadtrundfahrten gültig ist. Auch fast alle Museen und Schlösser kann man mit dieser Karte gratis besichtigen.

Die Einfahrt in den Danvikskanal mit der Klappbrücke

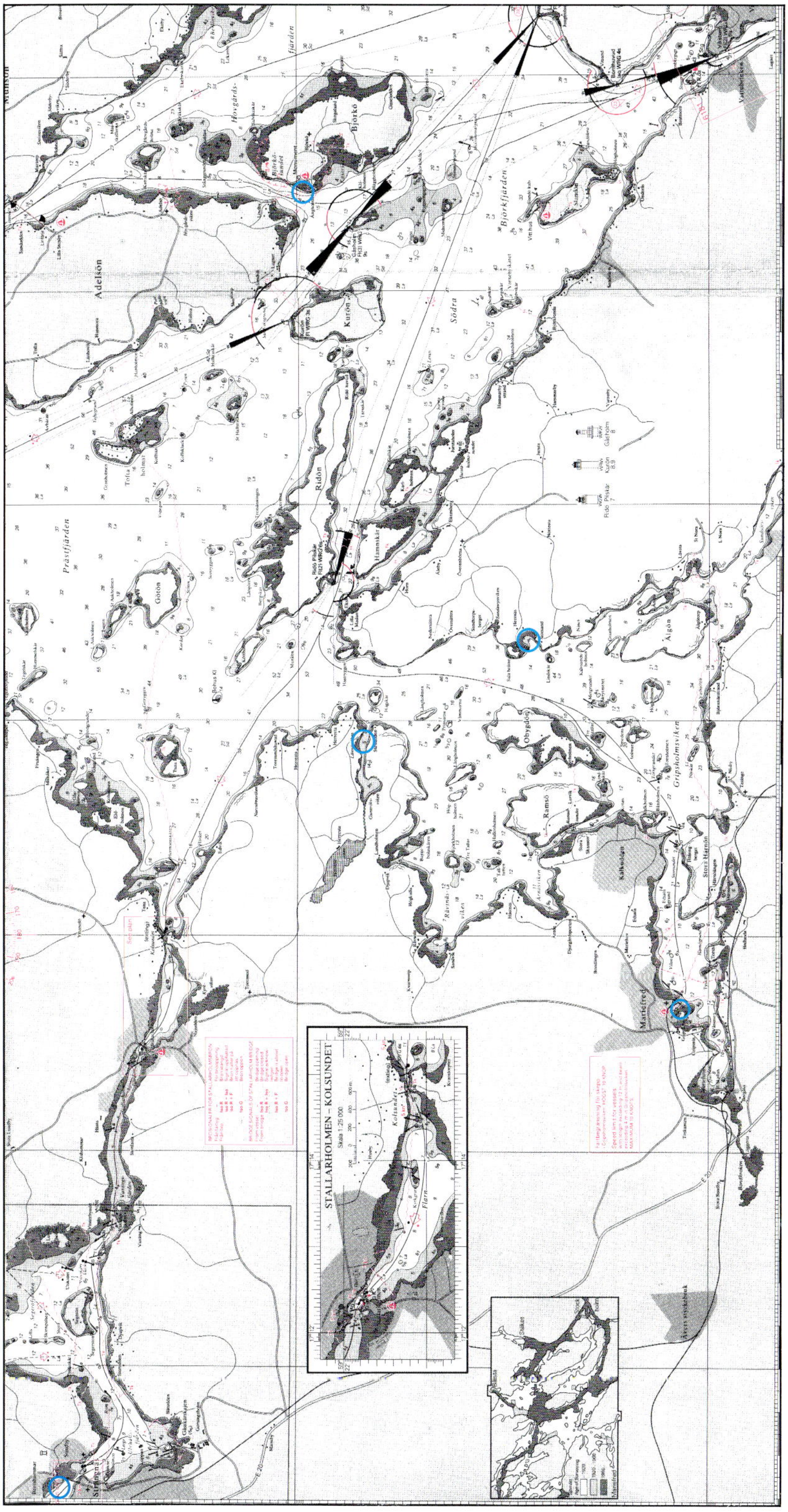
STALLARHOLMEN – KOLSUNDET
Adelsön
Björkö
Ridön
Prästfjärden
Gripsholmsviken
Mariefred

Auf dem Mälaren, schwedische Karte Mälaren Östra Delen 111

Der Ausflug auf den Mälarsee war nicht geplant, und so hatten wir auch keine Karten. Als wir welche kaufen wollten, gerieten wir an einen ganz untypischen Verkäufer. Der schickte uns erst mal ins Sverigehuset, damit wir uns einen Stadtplan holten. Darauf zeigte er uns die Route durch den Kanal, ein Stück sollten wir ohne Karte fahren und erst dann eine einzelne Seekarte vom Mälaren benutzen. Das war um einiges billiger als der komplette Kartensatz. Der Laden mit den Seekarten ist übrigens ganz ausgezeichnet sortiert und führt auch deutsche nautische Literatur. Zu finden ist „Nautiska Magasinet" in der Slossplan 5 in der Gamla Stan.

Versehen mit weiteren Tips vom segelnden Verkäufer machten wir uns auf den Weg – mit etwas Herzklopfen. Ich passierte keine einzige Brücke mit meinem 18 m Spargel, auf dem noch Antennen stehen, ohne daß mir das Herz in Hosenbodenhöhe bumberte, aber unsere Ratgeber hatten recht. Es war überhaupt kein Problem, mit dem Stadtplan durch Stockholm zu motoren. Das entspricht zwar nicht seglerischer Korrektheit, aber es geht auch so. Auch das fehlende Anschlußstück hatte er so gut beschrieben, daß uns die Karte nicht fehlte. Am Weg lag der versteckte Clubhafen im Schilf und das Haus mitten im Berg mit der 20-m-Wasserrutsche ebenso wie Kungshatt, die Insel, die ihren Namen von der Ähnlichkeit mit einem Königshut hat.

Am Mälarsee ist nicht nur Mariefred mit Schloß Gripsholm sehenswert, sondern für Liebhaber industrieller Monumente auch der Bruksleden, der Hüttenweg, ein 230 km langer Wanderweg durch Moore und Wälder, vorbei an Seen, der bei Avesta nahe Västerås beginnt. Unterwegs kommt man an den Spuren ehemaliger Werke und Bruksgemeinden vorbei.

SS Mariefried voll unter Dampf. Der Rauch hängt noch lange in der Luft.

Björkö, Position 59° 19'9 N, 17° 32'5 E, Karte Mälaren Östra Delen 111

Unser erstes Ziel war die Insel Björkö, die in der deutschsprachigen Literatur als Birka bekannt ist und auf der die Wikinger eine Siedlung gegründet hatten, in der sie einen lebhaften Handel mit dem damals bekannten Rest der Welt betrieben. Diese Insel gilt als Geburtsstätte Schwedens und sie ist die am häufigsten besuchte Insel im Mälarsee überhaupt. Sie ist sehr eindrucksvoll für jemanden, der sich mit der Geschichte der Wikinger auseinandergesetzt hat. – Und da wir in einem Antiquariat Rudolf Pörtners Wikinger-Saga gefunden und ich mich in dieser Schwarte festgelesen hatte, paßte sie ganz hervorragend ins Programm.

Die jetzige Brücke entspricht nicht dem Hafen, in dem früher die Langboote anlegten. Heute liegt man an einem langen Steg in einer Bucht, die von dem im letzten Jahrhundert errichteten Kreuz beherrscht wird. Ankern ist zwar da nicht verboten, aber die Unterwasserarchäologen bitten, es zu unterlassen, um die da noch vermuteten Funde nicht zu zerstören. Im Norden der Insel dagegen herrscht striktes Anker- und Tauchverbot.

Wer das Gedränge am Steg und die teuren Hafengebühren sparen will, kann im nördichen Teil von Kassviken auf gutem Grund seinen Anker werfen, wird da aber nicht weniger durch den Schwell der vorbeifahrenden Großschiffahrt belästigt.

Die Wilhelm Tham fährt im Liniendienst von Stockholm über den Mälaren, durch die Schären, über den Götakanal und die großen Seen nach Göteborg und zurück. Das Schiff stammt aus der Jahrhundertwende.

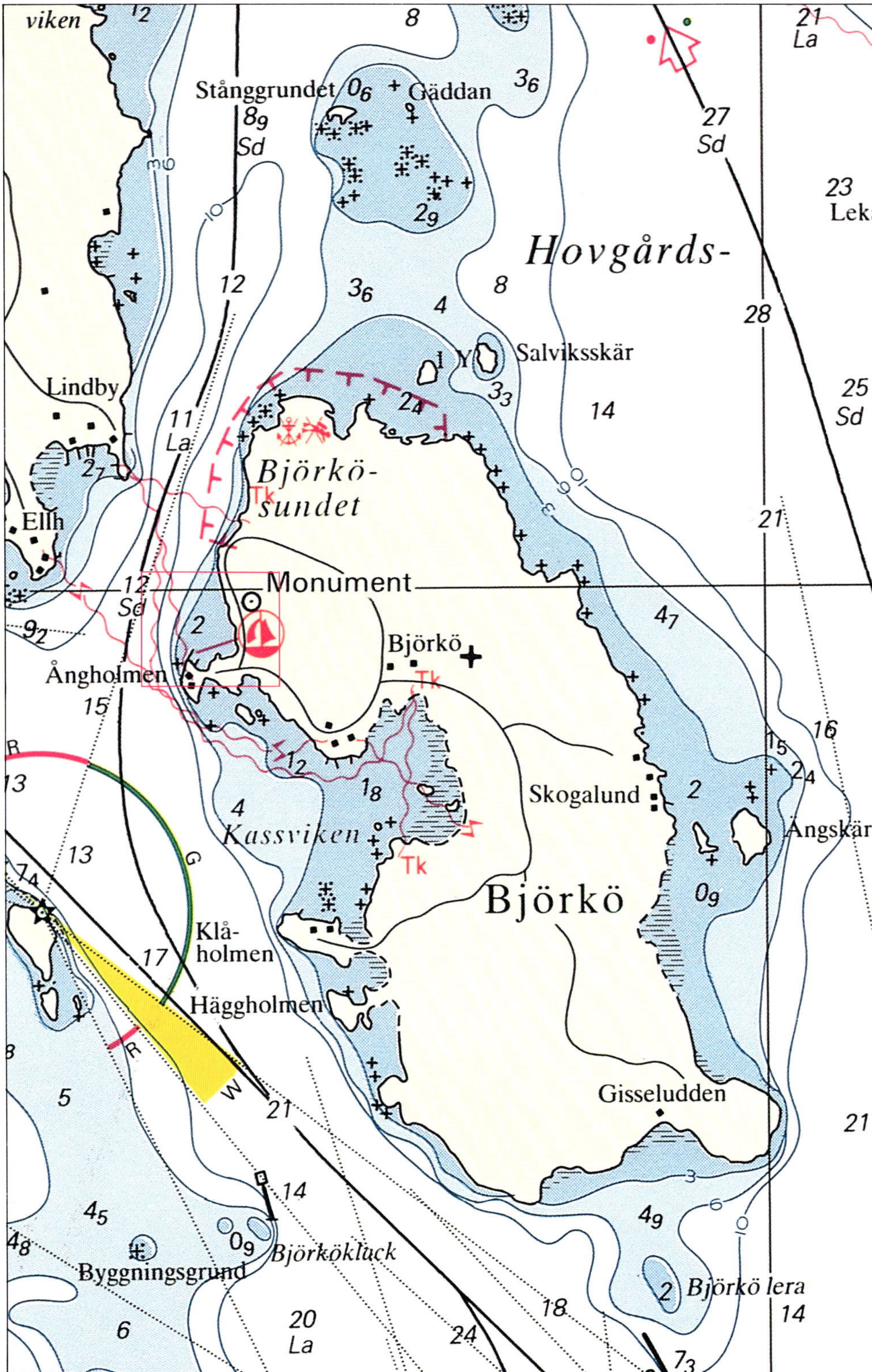
viken
Stånggrundet
Gäddan
Hovgårds-
Leka
Salviksskär
Lindby
Björkö-
sundet
Ellh
Monument
Björkö
Ångholmen
Skogalund
Ängskär
Kassviken
Björkö
Klå-
holmen
Häggholmen
Gisseludden
Björkökluck
Byggningsgrund
Björkö lera

Monument

Der Steg von Björkö

Mariefred, Karte Mälaren Östra Delen 111

Björkö liegt am Weg nach Mariefred. Wir erreichten die einige Seemeilen lange Bucht an einem Nachmittag, als die Sonne auf Gripsholm schien und das Licht die roten Mauern sehr intensiv strahlen ließ. Das Schloß beherrscht die gesamte Bucht. Vor der Kulisse des Schlosses liegt der Hafen von Mariefred, einer kleinen Stadt, die auch wegen ihres Schmalspur-Eisenbahnmuseums bekannt ist.

Von Stockholm aus läuft ein Dampfer regelmäßig Mariefred an, der für diesen Liniendienst 1903 gebaut wurde und ihn seither ohne Unterbrechung versieht. Er läuft immer noch mit derselben Dampfmaschine, die ursprünglich eingebaut wurde, und wird auch heute noch mit Kohle befeuert. Wenn er den Hafen verläßt, liegt noch lange die Rauchfahne über der Bucht. Sie vermischt sich mit dem Dampf und Rauch der Schmalspurbahn, die im regelmäßigen Pendelverkehr zwischen Läggesta und dem Hafen von Mariefred fährt und die ankommenden Passagiere aufnimmt. Auch wenn ich mit Eisenbahnen gar nichts am Hut habe, hier begeistert sich sogar der Nüchternste für diese Relikte aus vergangenen Zeiten, wenn er staunend zwischen den Schuppen und Gleisen herumstrolcht und auch die alten und liebevoll restaurierten landwirtschaftlichen Geräte, die auf den Güterwagen verladen sind, bestaunt. Einige der Maschinen stammen übrigens aus Deutschland.

Es sollte eigentlich nicht wundern, daß hier auf dem Friedhof Kurt Tucholsky begraben liegt. Es überraschte und rührte uns aber, wie wir sein Grab vorfanden: Mit frischen Blumen geschmückt macht es den Eindruck, als wenn nicht nur sein entzückendes Buch mit dem Namen des Schlosses immer noch sehr beliebt ist. Dafür sprechen kleine Kränze aus Gänseblümchen und auch Herzen, die aus kleinen Kieseln zusammengelegt sind.

Das Schloß Gripsholm wurde im 16. Jahrhundert aus der Ruine einer mittelalterlichen Burg errichtet, später verändert und erweitert. Der bekannteste Bauherr war König Gustav Vasa. Hier hungerte König Erik XIV., den sein Bruder König Johann hier gefangen hielt, bis er ihn mit Erbsensuppe vergiftete. Im Burghof finden sich zwei russische Bronzekanonen und vor dem Schloß Runensteine, die die Geschichte wikingischer Eroberer erzählen. Im Schloß ist übrigens die staatliche Portraitsammlung untergebracht.

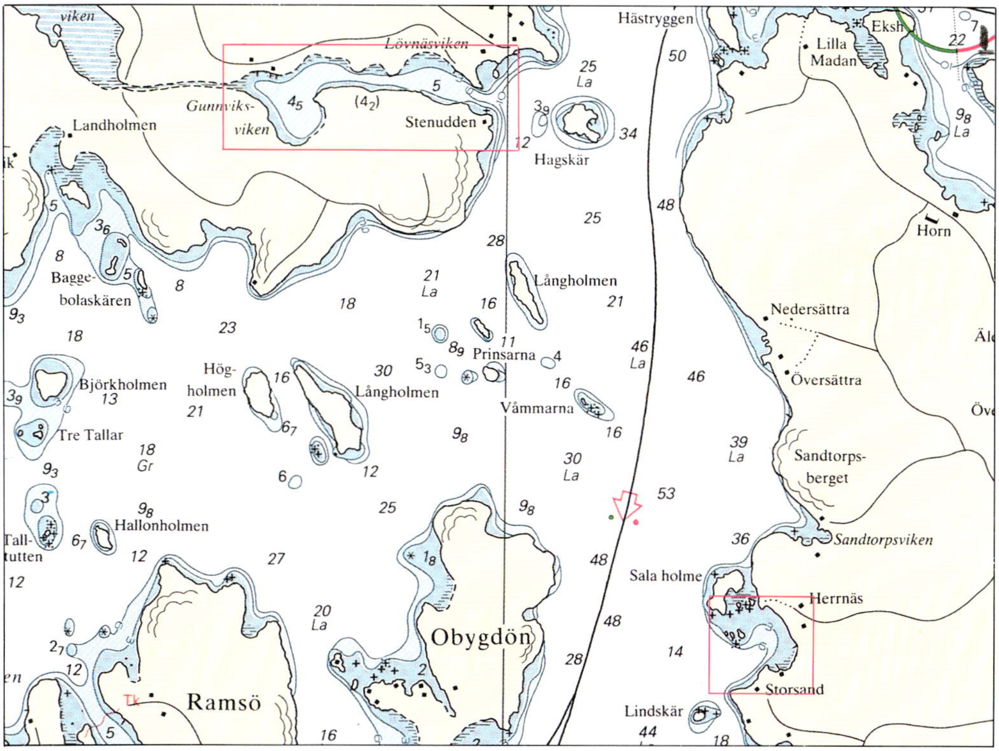

Schloß Gripsholm

Tucholskys Mariefred

Tucholskys Grab

Die russischen Kanonen im Burghof sind von den vielen Hosenböden der Jungen ziemlich blank.

Text auf dem Runenstein vor Schloß Gripsholm:
Sie kämpften wie Männer in der Fremde nach Gold und im Osten gaben sie dem Adler zu fressen (töteten viele Feinde)
Sie starben im Süden in Serkland (Sarazenenland)
11. Jahrhundert

Lövnäsviken, Position 59° 19'2 N, 17° 19'5 E, Karte Mälaren Östra Delen 111

Kartenausschnitt: siehe Seite 281

Auf der Rückreise blieben wir für einige Tage in einem langgestreckten Buchtensystem einige Meilen nordöstlich von Mariefred. Hier findet man Schutz vor allen Winden, vor allem im hinteren Teil, der längs des Ufers meist mit Schilf bestanden ist, aber auch gute Plätze am Fels bietet. Obwohl die Bucht gut besucht war, hatten wir nicht das Gefühl eng aufeinander zu liegen. Das Schönste aber waren die Wassertemperaturen. Waren wir bis dahin in den Schären nur 15-17°C gewöhnt, so überraschte uns der Mälarsee in dieser Bucht mit 19°C. Das genossen wir weidlich.

Im vorderen Teil von Lövnäsviken gibt es nur drei Möglichkeiten am Fels, bzw. zwischen den Bäumen festzumachen – und das auch nur für Boote mit sehr wenig Tiefgang. Im hinteren Teil aber finden sich reichlich Plätze am Fels und am Rand des Schilfs. Und auch wenn sich bereits im Eingang zum vorderen Teil der Bucht romantische Ecken anbieten, sollte man noch weiter nach hinten durchsegeln und sich die Situation da ansehen, denn es lohnt sich! Die Ansteuerung ist problemlos. Wir ankerten frei im vorderen Teil.

Unterwegs vor dem Schärengarten

Storsand, Position 59° 17'30 N, 17° 21'90 E, Karte Mälaren Östra Delen 111

Kartenausschnitt: siehe Seite 281

Am Eingang zur Gripsholmviken liegt am östlichen Ufer in Höhe der Insel Obygden eine kleine, nach Westen offene Bucht, die nach Norden von der Insel Salaholmen und einigen ganz kleinen, mit Bäumen bestandenen Inseln geschützt wird. Sie ist bis auf ihr südwestliches Ende rundum mit Schilf bestanden.

Hierher zogen wir uns zurück, als uns der Betrieb in Gripshamnen, dem Hafen von Mariefred, einmal zu turbulent wurde. Um die Bucht verteilt stehen einige Sommerhäuser mit Stegen, die im Schilf kaum auszumachen sind. Das Wasser ist, wie zu erwarten, sauber und Ende Juli '97 war es 24°C warm – so warm wie nirgendwo anders. Die ideale Badebucht.

Uns gefiel es hier, weil die Bucht klein, übersichtlich und recht intim ist und weil wir hier nach dem Baden ein Gewitter geschützt abwettern konnten, wobei die Böen zwar im Rigg zu hören waren, aber wir unten im Cockpit fast gar nichts davon abbekamen.

Wir lagen auf 3,5 m Wasser frei vor Anker. Plätze am Fels gibt es nicht.

Strängnäs, Position 59° 32´800 N, 17° 01´750 E,
Karte Mälaren Östra Delen 111

Nach Strängnäs zu segeln reizte uns bereits im ersten Jahr unserer Mälarsee-Erkundung, aber ich übersah den Hinweis, daß die Brücke im Kolsund öffnet. Diesmal guckten wir genauer hin, zumal wir durch Hinweise arg neugierig gemacht worden waren.

Den Weg kreuzen insgesamt zwei Drehbrücken, die von 6 bis 22 Uhr stündlich geöffnet werden. Aber es ist ratsam, seinen Öffnungswunsch an der Nock des Brückenleitwerkes kund zu tun.

Das idyllische Strängnäs hat einen kleinen Stadthafen mit Gastplätzen an der Ostpier, aber es können auch freie Mietplätze nach Rücksprache mit dem Hafenmeister belegt werden. Hier sind die Schweden wirklich unter sich.

Strängnäs war ein heidnischer Kultort, in dem der hl. Eskild 1080 von Wikingern erschlagen wurde. Damals war der Ort bereits ein bekannter Marktplatz. Im 13. Jahrhundert begann man, den mächtigen Dom zu errichten, dessen Bau 200 Jahre lang dauerte und bei dem man ungeniert Runensteine ins Mauerwerk verarbeitete, die zum Teil zu sehen sind. 1523 wurde der 25jährige Gustav Vasa im Bischofspalast Roggeborg vom Reichstag zum König gewählt.

Unser Rundgang begann im Grassagården, einem alten Handwerkerhof, der original erhalten ist, mit Kaffee und Kuchen. Er liegt auf dem Weg zur Windmühle am Beginn der hübschen Altstadt, die im 12. und 13. Jahrhundert ihr Gesicht bekam und deren erhaltene, d.h., nicht abgebrannte Teile seither unverändert vom Dom überragt werden. Der Grassagården ist mindestens seit dem 17. Jahrhundert ein Hof, in den man einkehrte, wenn man zur Mühle fuhr. Hier gab´s selbst gebrautes Bier und Schnaps im Tausch gegen Korn. Das vom Museum betriebene Café hat also Tradition.

Im Dom beeindruckten uns die drei Altäre, von denen der herrliche, dreiflügelige Hauptaltar von 1472 bis 1490 in Brüssel geschnitzt wurde. In einer der Seitenkapellen finden sich noch Kalkmalereien von 1342, die wir so noch nicht gesehen hatten.

In der eher uninteressanten Kapelle der Familie Gyllenhjelm steht der Sarkophag des Reichsadmirals Carl Carlsson G., des unehelichen Sohns von Carl IX. Der mußte für seinen Vater in den Krieg ziehen und ließ seine beiden verlorenen Schlachten an den Seiten der Gruft in Stuck darstellen. Für den Segler interessant ist die Schlachtaufstellung der Flotten vor Danzig.

Die schwedische Reformation begann in Strängnäs durch einen jungen Diakon, der in Wittenberg studiert hatte (s. auch im einleitenden geschichtlichen Abriß: Gustav Vasas Geldmangel und die Enteignung der kath. Kirche in Schweden).

Wir konnten uns an der wunderhübschen, mittelalterlichen Altstadt mit ihren geduckten Holzhäusern nicht sattsehen und schlenderten durch alle Gassen in den Abend hinein, bis wir in einem Pub landeten. Als wir bei einem Glas Guinness saßen, verwandelte sich der Laden plötzlich in eine Disco. Als Kontrastprogramm auch nicht schlecht. Danach kam uns die Ruhe im Hafen allerdings vor wie das Paradies.

Waren in Trosa eher einzelne Gebäude oder Runensteine beeindruckend, so ist es hier das gesamte mittelalterliche Stadtbild mit dem alles überragenden Dom. Die Stadtväter haben die mittelalterlichen Häuser mit Leben versehen, indem sie sie vor einigen Jahren sehr billig an Künstler verkauft haben.
So könnte Strängnäs sogar eine Winterreise wert sein!

Blick durch eine der Altstadtstraßen auf den Dom

Der erste Blick auf Strängnäs

Der Gästeteil des Hafens

Beim Silberschmied

Stichworte zu Schiff und Crew des „Rasmus von Cochem"

Crew: Dr. Wido und Beate Parczyk

Stander: Transocean, Laboeer Regatta Verein

Schiff: Najad 390, 11,75 m, 3,50 m, 1,95 m, gemäßigter Langkieler mit einlaminiertem Eisenballast, zusätzliche Rovingmatten im Unterwasserbereich für die Schären, 66 qm am Wind, Genua 1, 2 und 3, Stagsegel, durchgelattetes Groß mit Lazy Jacks, Blister und Sturmsegel. Volvo 4-Zylinder Diesel mit 62 PS und festem Propeller. Im Schärengarten segeln wir grundsätzlich mit der sehr hoch geschnittenen Genua 2, um voraus eine einwandfreie Sicht zu haben.

Ausrüstung: Neben der traditionellen Barfuß-Navigation auch **GPS.** Navigiert wird meistens im Cockpit. Kurzwellenfunk (DH 1 PAW) und UKW-Funk.

Barograph und elektronische Wetteraufzeichnung.

Da wir möglichst selten Häfen anlaufen, ist das Schiff mit einem **Wind- und** einem **Wellengenerator** ausgestattet, die sich hervorragend bewähren und monatelangen, sorglosen Verbrauch ohne Steckdose ermöglichen.

Eine **Windfahnensteuerung** und eine **elektronische Selbststeueranlage** machen lange Strecken für die kleine Crew erst erholsam.

Ein **festes Dingi** mit stählerner Rutschschiene zur Schonung des Rumpfes beim Anlanden wird kopfüber auf dem Vordeck gefahren und über einen Hahnepot mit dem Spifall abgefiert und aufgeholt. Dazu gehören Ruder, Segel und ein ungeliebter Außenborder.

20 kg **Bügelanker** an 50 Meter **Kette** (8 mm), Heckanker: 15 kg Bügelanker mit Sorgleine an 5 m Kette und große Ankerolina. Ein 20 kg Bruce Anker und 30 Meter Kette sowie weiteren 30 Metern Leine wird in Reserve in der Messe am Mastfuß unter dem Tisch gehaltert. 15 kg Reitgewicht.

Sorgleinen (Flachbänder) bds. vom Cockpit zum Bug, **Schwimmweste** mit an Bord festgeknoteter Rettungssleine und eine **Rettungsboje** wurfbereit an der Rudersäule, eine **Rettungsinsel,** 2 **Radarreflektoren** über den Salingen.

Zusätzliche 2-Weg-Dieselfilter mit Wasserabscheider, Kühlwasser- und Trinkwasserfilter, Kojensegel in der Messe für unterwegs. Das Schiff ist mit 2 cm dickem Schaumstoff aus der Luftfahrt zusätzlich wärmeisoliert.

Geheizt wird mit einer Alladin Lampe und mit der Wärme des Motors, falls er warm ist. Notfalls, wenn Kleidung getrocknet werden muß, auch mit einer Eberspächer Dieselheizung. Fenderbrett / Bugleiter. Reichlich Werkzeug und Ersatzteile.

Moskitonetz, das am Ankerplatz abends über das Cockpit gehängt wird. Alle anderen Öffnungen des Schiffes können mit **Mückengittern** geschützt werden. 2 Mountainbikes und hohe, feste Wanderschuhe.

Nautisches Material: Schwedische Bootssportkarten.
Küstenhandbücher Schweden, Jachtpilot und das DSV Hafenhandbuch 2.

Der Autor,
Dr. Parczyk

Beate,
mein geliebter Smut
und Navigator

Zur Person

Der Autor ist 1939 in Oberschlesien geboren und ab ´45 in Mittelfranken, später in Frankfurt aufgewachsen. Schule und Universitätsausbildung in Frankfurt am Main mit dem Abschluß als Dr. med.

Verheiratet mit der Ärztin Beate Parczyk, zwei Kinder. Die klinische Ausbildung erfolgte in Ffm, Mainz und Trier. Von 1976 bis ´95 war er niedergelassener HNO-Arzt in Cochem an der Mosel zusammen mit seiner Frau, die ihm die Narkosen für seine OP´s führte.

Erste harmlose Kontakte zum Wassersport mit 14 Jahren in Frankfurt am Main, später für kurze Zeit ein kleines Motorboot (Reisen in die Bretagne und das Mittelmeer). Zum ersten richtigen Schiff, einer alten „Rasmus" von HR kam er wie die Jungfrau zum Kind, als eine völlig entnervte Crew von der Küste, die zum Mittelmeer wollte, im Cochemer Hafen lag und aufgab.

Theoretische Ausbildung zusammen mit Beate in der Kameradschaft Mayen des DHH, praktische Erfahrung auch immer mit seiner Frau durch try and error seit dem Frühjahr 1982 (Vater sitzt mit dem Glas auf dem Deck und guckt nach den Spis der anderen Boote, sagt plötzlich: „Jetzt weiß ich, wie´s geht!" und setzt das erste Mal seinen Spi).

1982 bis ´83 Dänemark, 1984 bis ´86 die ersten Schwedentörns, 1987 England (Heimweh nach der Ostsee), Oktober 1987 akutes Leberversagen und Anfang November Lebertransplantation, 1988 Mosel-Rhein-Holland-Nordsee-Schweden rund, seit 1990 wieder jedes Jahr in Schweden. Zwischendurch auch mal mit Freunden in der Karibik (Heimweh nach der Ostsee), 1992 St. Petersburg, seit 1993 ziemlich systematisch in den ostschwedischen Schären.

Rasmus von Cochem

Index:

Ägnö 255
–, Kälkviken 255
–, Napoleonsviken 255
Äspholm 162
Äspklubben 71
Arkholmen, Lilla 228
–, Stora 228
Aspö 196
Ålö, Lilla 113

Båtsviken 105
Björkö im Mälarsee 277
Björkösundet, Södra, Sandhamn 269
–, Norra, Sandhamn 269
Björnö 225
Broken 192

Dalarö 244
Drottningsviken 121

Fågelö 62
Fångö 123
Fifong 221
Fifongs Sörviken 224
Figeholm 59, 62
Finnhamn 123
Fläskö 58
Fyrudden 121

Glohalsen 80
Gottenvik 171
Granholmen 202
Grönsö, Lilla 230
–, Stora
Gubbön 126
–, West- und Südbucht 126

Hänöbucht 220
Harstena 130
–, Hafen und Lagune 130
Hasselklubbarna 202
Hasselö Bergö 180

Håskö, Nordbucht 138
–, Südostbucht 143
–, Westbucht 142
Hjortholmen 235
Hökö 211
Huvudholmen 250

Kälkviken, Ägnö 255
Käringskäret 71
Kättilö 124
Kalmar 55
Kalvholmen, Stora 117
Katsholmarna 80
Kålmålsö 102
Kårö 105
Kejsaren, die Tonne 165
Klintemåla 74
Klovskär 202
Kolmosö 109
Konvaljeholmen 99
Kråkelunds Lotshus 66
Kristianopel 53
Krokö 84
Krokholmen, Stora 196
Kroksö 267
–, Ostkobben 267
Kupa Klint 152
Kymmendö 250
–, Persholmen 250
–, Söderviken 251
Kyrkviken 239

Lacka 232
Långskär 189
Långviken 111
Lindholmen 123
Lökholmen 266
Lövnäsviken 285
Lövö 157
Lotsskackelshamn 105
Lundasund 174

Mälaren 276
Malmö, Södra 92
Marö Kupa 169
Mariefred 280
Missjö 149
Mjödö 86

Napoleonsviken, Ägnö 255
Navishamn, Stockholm 270
Nyköping 185

Örnklubbarna 201
Ormöarna 165
Ornö 248
–, Ornö Huvud 248
–, Söderviken 248
–, Torviken 248
Orrholmen 69

Päronholmen 80
Persholmen 250

Rågholmen 62
Rånö 235
–, Hjortholmen 235
–, Rånöhamn 235
Ringsön 206
Risö 162
Romholmen 191

Sackholmen 194
Sandhamn 265
Slipholmen 99
Smådalarö 246
Smedviken 95
Solberganäset 58
Södra Malmö 92
Söderviken, Kymmendö 251
–, Ornö 248
Spårö, 80
Stendörren 196, 198
–, Aspö 196
–, Stora Krokholmen 196
–, Vasskroksholmarna 198
Stockholm 270
–, Navishamn 270
–, Wasahafen 270
Storsand 287
Strängnäs 288
Svartsskogskär 176
Svenska Högarna 261

Torhamn 51
Torviken, Ornö 248
Trässö, Lilla 181
Trollholmen 109
Trosa 213

Utklippan 49
Utö 239
–, Kyrkviken 239
–, Südhafen 239

Väggö 146
Västervik 89
Vasskroksholmarna 198
Verkholm 159
Vinökalv 95
Vippholmen 76
Vrångö 162

Wasahamn, Stockholm 270

Yttre ön 159